震災を語り継ぐ

関東大震災の記録と
東日本大震災の記憶

石井正己著

三弥井書店

命を守るために

――東日本大震災から一二年、関東大震災から一〇〇年

平成二三年（二〇一一）三月の東日本大震災から一二年が経とうとしています。報道はめっきり減り、三月一一日になると、思い出したかのように話題になります。当事者は深い悲しみの中にあっても、次第に記憶の風化が進んでしまったことを認めざるをえません。それどころか、この春から夏にかけて、福島第一原発の汚染水が海洋放出されようとしています。東日本大震災はなおその渦中にあって、復興の出口がなかなか見えません。

思えば、私は、震災後すぐに被災地を訪ねようとは思いませんでした。若いときから三陸海岸を歩いてきましたし、平成七年（一九九五）の夏には青森県の階上《はしかみ》から宮城県の唐桑《からくわ》までたどりました。そうした中で、明治二九年（一八九六）の明治三陸大津波や昭和八年（一九三三）の昭和三陸大津波について一定の知見を持っていました。むしろ、すぐに動いたのは、川島秀一さんと、山口弥一郎の『津浪と村』（三弥井書店、二〇一一年）を復刊することでした。

そして、余震の続く東京にいて、何ができるかということを考えて、それを実行することにしました。七月に被災地から研究者や語り手を東京学芸大学にお招きしてフォーラムを開催し、その記録を『震災と語り』（三弥井書店、二〇一二年）に残しました。このフォーラムは翌々年（二〇一三）七月にも継続して開催し、やはりその記録を『震災と民話』（三弥井書店、二〇一三年）としてまとめました。

その一方で、ご縁のあった岩手県の釜石《かまいし》と宮城県の山元《やまもと》で講演を続けました。同じ被災地でも、釜石はリアス式海岸に位置し、山元は仙台平野に位置するので、地形も産業もずいぶん違います。しかし、それぞれの地では漁火《いさりび》の会とやまもと民話の会が活動し、民話の力で復興に寄与したいという点で一致していました。やまもと民話の会とは、

『復興と民話』（三弥井書店、二〇一九年）を残しました。

しかし、東京にいると、東日本大震災が忘れられてゆく、という危機感を強くするようになりました。東日本大震災を他人事《ひとごと》にしないためにはどうしたらよいかと考えて、九〇年を迎える大正一二年（一九二三）の関東大震災を呼び起こすことにしました。首都圏にいた作家たちはおびただしい文章を書き残していますので、それらを地理的に整理して、『文豪たちの関東大震災体験記』（小学館、二〇一三年）をまとめました。

同時に、東京で取り上げてきたのは、関東大震災の後、東京市の小学校の児童が書いた作文と第一高等学校の生徒が書いた作文でした。それらは作家が書いた文章と違って素朴ですが、悲しみを乗り越えて復興を進め、次の時代を担おうとする心情がよく表れています。哀話や美談を書いた出版はいくつか見られますが、興味本位の感じが否めません。それらに比べて、これらの作文は学校教育の中で書かれ、一人一人の署名もあるので、資料としても信頼を置くことができます。

しかし、この間、令和二年（二〇二〇）一月から新型コロナウイルス感染症が拡大し、令和四年（二〇二二）二月からロシアによるウクライナ侵攻が始まりました。今、世界規模で甚大な影響を及ぼしていますが、日本の場合、東日本大震災がありますので、三重苦と言っていい状況にあります。そうした中で、今年の九月には関東大震災から一〇〇年を迎えることになります。

そこで、こんな時機だからこそ、東日本大震災の記憶を風化させず、関東大震災の記録を蘇らせて、次の命を守りたい、と考えました。本書は、平成二四年（二〇一二）から令和元年（二〇一九）にわたって、東京と被災地を往還して行った一三回の講演を四章に分けてまとめました。語り継がれてきた民話に学んで、「震災は語り継げるか」という難しい問題に正面から向き合いました。実際に講演でお話しした言葉がみなさまの心に届けば、これ以上幸せなことはありません。

二〇二三年一月

石井正己

目次

Ⅲ　三陸大津波の釜石――記録の力

Ⅳ　柳田国男・宮沢賢治・井上ひさし――文学の力

凡例
現代では差別的と判断される表現が見られますが、歴史的な意味を考慮して、そのまま引用しています。引用にあたっては、新漢字・現代仮名遣いに改めました。なお、『東京市立小学校児童震災記念文集』の表記は改めたところがあります。

本書の講演について一言

本書は一三章をⅠからⅣに分類して編集しましたが、講演の順番に並べると、次のようになります。その流れでお読みくだされば、時期による講演の展開が把握できると思います。

1　原発事故と昔話――今、梁川の昔話を語ること（二〇一二年一一月一〇日、福島県伊達市の福祉会館にて講演）
2　地域の言葉で語ること――心を癒やす方言（二〇一五年二月一日、岩手県釜石市のイオンタウンにて講演）
11　河童や幽霊は今もいるか？――命を見つめて生きるための『遠野物語』（二〇一五年一二月四日、東京学芸大学附属小金井中学校にて講演）
4　関東大震災の本郷――子供たちの声に耳を傾ける（二〇一六年三月一九日、文京区立本郷図書館にて講演）
12　宮沢賢治を食う！――「グスコーブドリの伝記」など（二〇一六年六月一八日、釜石市立図書館にて講演）
13　渡された「思い残し切符」――宮沢賢治と井上ひさし（二〇一七年三月一八日、岩手大学にて講演）
5　関東大震災の本所――子供たちの体験を知る（二〇一七年三月二〇日、文京区立本郷図書館にて講演）
3　復興を支える民話の力――内発的発展の可能性（二〇一七年三月二五日、山元町中央公民館にて講演）
8　釜石を歩いた柳田国男と佐々木喜善――「豆手帖から」と「辺土の浜」
6　小学一年生が書いた関東大震災――「震災を忘れない」ために（二〇一七年九月九日、釜石市立図書館にて講演）

（二〇一八年三月二一日、文京区立本郷図書館にて講演）

9　残された教訓を未来へつなぐ――『地震並津浪の常識』の活用　（二〇一八年一〇月一四日、釜石市立図書館にて講演）

7　エリートたちの関東大震災――第一高等学校『大震の日』　（二〇一九年三月二三日、文京区立本郷図書館にて講演）

10　明治三陸大津波と釜石――雑誌『風俗画報』に見る　（二〇一九年九月八日、釜石市立図書館にて講演）

I　震災・復興と福島・岩手・宮城——民話の力

『復興の歩み』（宮城県山元町震災復興企画課、2018年）の表紙

1 原発事故と昔話——今、梁川の昔話を語ること

1 民俗学の果たした役割と限界

今年（二〇一二）の八月八日は、民俗学を興した柳田国男が亡くなって五〇年でした。ずいぶん柳《やなぎ》田《た》国《くに》男《お》に関する講演を行ってきて、新聞にもいくつかの文章を書きました。民俗学は「民」という字に「人に谷＝俗」という字を書くわけですけれども、人々が言い伝えてきたことの中に、日本人の大事な歴史が埋もれているのではないかと考えました。そのためには、まずきちんと書き残しておかなければならないという危機感の中で、多くの人が一〇〇年近くかけて日本の村々を歩き、記録を残してきたわけです。その最初の出発点が『遠野物語』という作品で、明治四三年（一九一〇）に発行されました。二〇年前に『遠野物語』と触れて、この作品をつかめば柳田国男の一番大事な根っこがわかるのではないかと考えました。

遠野は、北上山地のお臍《へそ》のような場所にある小盆地です。そこに生まれ育った佐々木喜善《ささききぜん》が東京で柳田国男に会って、いろいろ不思議な話をしました。その中には、神様や妖怪・幽霊などが次々と出てきます。そういう神様や妖怪・幽霊と人々が親しく接しながら暮らしてきたのです。あの作品を読むと、かつての日本人の精神性がよくわかりました。柳田はそうしたことの大切さに気がついて、それを記録しておこうと考えたわけです。その後、日本にはそういった記録がたくさん残され、振り返ってみれば、『遠野物語』が出発点になったのです。

民俗学者たちは全国の農山漁村に行って、土地の古老と言われるお爺さんやお婆さんから話を聞いて、昔どうしていたか、そして、今どうしているかを聞いて調べました。さまざまな話を聞いた中に、昔話があったのです。この辺りでは「ざっと昔」と呼びますが、全国を統一する言葉としては「昔話」を使いました。昔話を聞いて書き留めておかなければ消えてしまうという義務感は、大きな励みになったはずです。

民俗学者たちはたくさんの昔話を集めました。一〇〇年の間に六万話と言われていますけれども、もっと多くて、たぶん一〇万話以上あると思います。こんなに南北に長い、小さな列島に六万話とも数えられるほどの昔話が残っているというのは、世界的に見ても驚くべきことです。今年は『グリム童話集』が出てからちょうど二〇〇年ですから、ヨーロッパでは、日本より一〇〇年前に昔話の価値に気がついていました。

ところが、イギリスで産業革命が起こって、各地で早く産業化が行われますと、農山漁村で伝えてきたものは急速に失われて、昔話を語り伝える人たちは早くからいなくなってしまいます。いま、ストーリーテリングと呼ばれる活動で、新たに本から語り起こしていますが、伝統からは切れているようです。しかし、アジアの小国・日本には、今もこうして昔話を語り継ぐ人たちがたくさんいるわけで、それは世界的に見ても驚くべきことです。

民俗学者たちは昔話を集めましたが、集めた昔話を地域に戻して生かそうとはしませんでした。なぜかというと、自分たちが集めた昔話が地域に戻ると、古いものを知りたいと思う場合の邪魔になるからです。例えば、昔話集を見て覚えた話を語り始めれば、できるだけ純粋な昔話を求めたいと思っている民俗学者たちにとっては迷惑だったのです。ですから、民俗学はそこでストップしてしまいました。せっかく集めたものが地域のために活用されず、研究者が図書館や研究室に抱え込んでしまったのは、やはりこの学問の限界だと思います。

2　昔話の語り手たちの強い意志

民俗学者たちは昔話はなくなってしまうという危機感を抱きましたが、確かに、多くの昔話が伝えられないままにこの一〇〇年間に消えていったと言えましょう。一つは、昔話を語った囲炉裏《いろり》がなくなっていったことがあります。今、ここ梁川《やながわ》でも、「私の家は囲炉裏で生活しています」と言う人はいないでしょう。さらには、炬燵《こたつ》や火鉢《ひばち》もあまり使われなくなったようで、エアコンや床暖房のような設備が入ってきて、ストーブさえ目にしなくなりました。

昔は、お爺さんが山へ柴刈《しばか》りに行き、お婆さんが川へ洗濯に行くというふうにしていました。里山で集めてきた柴で、囲炉裏や竈《かまど》・風呂の火を焚《た》いたわけですね。ところが今は、ガス・水道・電気が完備されていますので、ピッと押せばご飯が炊け、お風呂が焚けるわけで、洗濯もピッと押せば乾燥までできる時代を迎えたわけです。文明がどんどん進歩して、私たちは便利な生活を手に入れました。その結果、特に女性たちは労働の負担が小さくなり、それに代わる時間を持つことができるようになりました。

そういう環境の変化に伴って、昔話が失われていったことは確かですけれども、二一世紀に入る頃から、語り手の会が全国にふつふつと生まれています。都会には伝統がありませんから、本を読んで覚えて、図書館や児童館で語り聞かせを始めています。担い手に男性もいますが、多くは女性です。昔話を語り伝えて、なくしてはいけないという強い意志が全国で生まれているのです。

昔話は、「桃太郎」にしてもそうですけれども、そんな話が本当にあったのかと言えば、嘘話《うそばなし》や法螺話《ほらばなし》で、取るに足りない子供だましの話にすぎないと見られがちです。しかし、柳田国男は、東北地方では、長い間、大人も一緒に昔話を楽しんできたと述べています。ここは柳田の考えの重要なところで、昔話を子供から引き離して、日本人を考える手段にしていったのです。確かに昔は娯楽が少なかったということがあると思いますけれども、東北地方は昔話を大事にしてきた地域であり、それだけに、今、語り継ぎたいと思っている人々がやはり多いのだろうと思います。

遠野は、昭和四五年（一九七〇）の岩手国体の際に、町の中に何かないかと探して、一つは『遠野物語』、もう一つは昔話を観光資源にしたわけです。その先駆者となった鈴木サツというお婆さんが民宿や旅館で語り、テレビやラジオに出演して、大活躍しました。ところが、遠野の中では、一方で、「法螺話語って、銭コもらって」と冷ややかに陰口をささやきました。サツさんはそのように蔑《さげす》まれながら語り続けたのです。サツさんには生活もあったでしょうが、それだけでなく、昔話を語り伝えたいという強い意志があったにちがいありません。昔話を法螺話や嘘話として軽んじるのではなく、価値観が転換できるのかどうかという点で、大きな岐路にさしかかっています。

そうした歩みから刺激を受けながら、今、全国で語り手の活動が始まっています。しかし、民俗学者はそうした活動には、あまり協力的ではありません。その結果、地域に適切な指導者がいないために、元校長や元教師などが勝手な持論を述べている場合が目立ちます。私自身は、語り手がしっかり昔話の価値を知り、観光に走る前に、教育の場で子供たちに昔話を語り、さらには家庭の中に戻したいとさえ考えています。

3　国際化時代における郷土教育

そもそも、昔話はその土地の言葉、いわゆる方言で語ります。例えば、「桃太郎」は全国にあっても、梁川の言葉で語ることによって、梁川らしさが生まれます。方言には、飾り気のない言葉の中に、その土地に暮らす人だけがわかるような微妙なニュアンスが込められます。それを語ったり聞いたりする人たちの中に強いふるさと意識が育ってきたと思います。

しかし、観光では、外から来る人が聞き手になりますから、強い連帯感が生まれる余地はありません。むしろ、観光客は、「遠野の昔話を聞いても、何を言ってるかわからない。これだったら英語の方がいい」というのが実態だったのです。それは梁川の場合もたぶん同じはずで、観光では必ずそうした摩擦が起きるのです。昔話は地域や家庭で楽しむもので、外部に開かれた言語行為でなかったことは、よく考えていいことです。はっきり言ってしまえば、観光では昔話を消費するだけで、継承にはつながらないことになります。

かつて、方言は汚い言葉だから、できるだけ美しい標準語、共通語を話せるようになりたいと考えました。ところが、今は微妙に価値観が変わってきています。東京学芸大学は東日本を中心に全国から学生が来ていますけれども、昔話の方言について話をすると、方言にプライドを持っている場合が少なくありません。東京出身者は、むしろ、「私にはふるさとの言葉がない」という感想をもらすほどです。関西出身の学生はともかく、以前は大学生になると土地の言葉を隠そうとしましたが、最近は自分たちが育った言葉を大事にしはじめているようです。

方言の危機が言われる一方で、その価値観も変わってきていて、汚い言葉ではなく、自分の気持ちを伝えるときに一番大事な言葉ではないかと気がつきはじめています。腹の底から思っていることを言うのに標準語では駄目で、その土地の生活の言葉が最も力を持つはずです。お母さんが子供を怒るときがそうで、本気で怒るというときにはその土地の言葉が出てきます。子供は大人の顔色を見ますから、それはとても大事な子育てになるだろうと思います。

昨年（二〇一一）度から小学校の教科書が変わって、学校教育の中では昔話や伝説が大事にされ、神話も入ってきました。かつて神話は皇民化教育を進めるための教材になったために、戦後の教育では神話を教えてはいけないとして六〇年以上が経ちました。ところが、日本の神話を日本人が全然知らないということになって、学習指導要領に「神話」が明記され、小学校の低学年で教えるようになったのです。どの教科書も「因幡《いなば》の白兎《しろうさぎ》」か「八岐《やまた》の大蛇《おろち》」

を採択していますので、日本中の子供たちがみんな「因幡の白兎」か「八岐の大蛇」を勉強しはじめています。

そうした教材に合わせて、「みんなが住んでいる地域にはどんな昔話や伝説があるか調べてみよう」という課題がありますから、先生方は神話や昔話・伝説を一生懸命勉強しなければいけなくなりました。ですから、最近、「神話や昔話・伝説はこういうものですよ」ということを、先生方に伝えたいと考えています。しかし、先生方は忙しくて、こうした集まりにはなかなか来てくれませんので、研修会に行ってお話しすることにしています。免許状更新講習もそうですが、いったん話を聞けば、「明日から実践してみたい」という感想を聞きます。先生が昔話を理解しているかどうかは、とても大きな問題だと感じます。

国際化時代と言うとつい英語教育へ行ってしまいがちですが、外国人から、「日本にはどんなお話があるの？」と聞かれたとき、「日本には何かあったかな？」では会話が成り立ちません。つまらないふるさと意識を刺激して束縛するのではなく、「私のふるさと梁川にはこういう話がありますよ」と言える国際人を育てるような郷土教育が必要です。情報化社会にあっては、ふるさとを知ることと国際社会を生きることは別々ではありません。ふるさとをよく知っている人こそ優れた国際人になれる、という時代が来ています。そのためにも、ふるさとの昔話は決してつまらないものではない、ということを申し上げておきたいのです。

4　『梁川町史』の偉業と「貧乏神」

福島県伊達《だて》郡旧梁川町では、伊達市に合併される前に、『梁川町史　12　口伝え』（一九八四年）を刊行しました。この時に組織された口承文芸調査団は二年ほどかけて町内をくまなく歩き、一五〇〇話を調べ上げ、その中から厳選した昔話と伝説を掲載しました。協力者の名前がすべて出ていますので、ここにおいでの方の中にもお名前がある方がいらっしゃると思います。地区別の編集になっていますので、どの地区に住む誰が、どういう話を語ったか、ということがわかります。これを読めば、「うちのお祖父さんが語ったものだ」とか、「うちのお祖母さんが語ったものだ」となるでしょう。亡くなった方も多いと思いますので、未来に残した貴重な遺産です。県や市ならばともかく、一つの町がこういう資料集を持つことは、日本中探してもそうたくさんあるわけではありません。

調査団長は小沢俊夫《おざわとしお》先生です。小沢先生はグリム童話の研究者としてよく知られ、たくさんの著書があります。副団長は梁川出身で、沖縄民話の研究者である遠藤庄治《えんどうしょうじ》先生です。最高のコンビでこの本が作られたと言ってもいいと思います。先生方が勤めていた日本女子大学や沖縄国際大学の学生や卒業生も手伝い、実に多くの協力者の情熱が注がれた成果だと考えられます。私は刊行後すぐに購入して読み、どんな昔話や伝説があるのかを知りました。

「昔語り」の中には、堰本《せきもと》の菅野フクさんが語った「貧乏神」という話があります。昔、ある怠け者がいました。若い者ですが、働くのが嫌いで、遊んでばかりで毎日暮らしていました。ある日、家だけ残してみんな売って、「こりゃ北海道さでも行かなきゃなんねえ」と考えます。北海道は開拓民のフロンティアでしたので、食いつぶしたら北海道に行くということがあったのです。「こりゃ北海道さでも行かなきゃなんねえ」というところには、ある種のリアリティーがあったと思います。

夜起きて、トントン藁《わら》を打って草鞋《わらじ》を作って出かけようとしたら、家の中からトントントンと音がするというのです。誰だかと見たら、ぼろぼろの衣裳《いしょ》を着て、髭《ひげ》をもじゃもじゃと生やした人が藁《わら》を打っていました。「おめえ何者だ」と聞いたら、「おら、貧乏神で、おめえのあとついていぐばりだから（ついて行くほかないので）、おれ、わらじぶっておめえのあど追っかけていく」って言うのです。これは参ったということになるわけです。

貧乏神について来られてはどうしようもないので、「貧乏神の嫌いなものは何か」と聞いたら、「おれのきれぇなことは、お金と、働くことだ」と言いました。「ほんでは（それじゃあ）この方法をとるほがねえ」と、貧乏神について来られない対策を考えます。それから朝早く起きて、きれいに家を掃除して、毎日うんと働いたら、貧乏神は自然にいなくなって、お金持ちになったそうです。

早起きをする、掃除をする、一生懸命働く、というのは人間の基本的な心がけですが、そうした生き方を貧乏神から教えられたという話です。私たちは「朝早く起きなさい」とか、「働かなきゃいけない」とか言いがちですね。でも、そう言っても、子供や若者はなかなか聞きません。この怠け者が納得して変わったように、自分自身で生き方を決めたことが大事です。昔話では、福の神や貧乏神の力によって、金持ちになったり貧乏になったりするのですが、その背景に人間の心がけがあります。そこにある信仰意識は現代の科学から言えば合理的ではないかもしれませんが、人々は話を通して生き方を学んだはずです。

今、日本は経済不況ですが、この国に貧乏神がいるならば、どうやって外に行ってもらうかを考えなければいけないかもしれません。確かに経済学も大切ですが、これまでの状況を見るかぎりあまりあてにはなりません。神の力によって人々が幸せになったり不幸になったりするというようなことを考えて、敬虔に幸せを願う気持ちは初詣でなどを思い浮かべるだけでも、まだ失われていないことがわかります。私は宝くじを買って一攫千金《いっかくせんきん》を狙《ねら》うより、こうした話を読む方がずっとお金持ちになれるんじゃないかと思いますけれども、どうでしょうか。

5　「阿武隈川の由来」と複合的な価値観

もう一つは「伝説」をあげてみましょう。山舟生《やまふにゅう》の佐藤喜三郎さんの「阿武隈川《あぶくまがわ》の由来」です。伊達市は山と川の自然に恵まれた、まさに「桃太郎」の冒頭の舞台になれるようなところです。昔、何百年だか何千年前だか知らないけれども、この日本の国に大きな人間がいた。どうしようもないくらい大きかったというのですから、巨人伝説です。たいへんな力持ちで、半田山《はんだやま》（桑折町《こおりまち》にある山）とこっちの霊山《りょうぜん》（霊山町《りょうぜんまち》にある山）にどっこいしょとまたがって、小《しょん》便《べん》したのです。きっとたいへんな小便だったのでしょう。糞《くそ》をしたという伝説もあって、その糞で湖ができたとなっています。大話っていうのはどんどん誇張されますから、スケールが大きくなってゆきます。その小便が阿武隈川になったのだということです。

巨人の足跡はあっちこっちにあって、谷地《やち》（湿地）になります。「親指がら何がらすっかり跡あんだ。あずぐら（あそこら）の山の峰にも、あど、半田山のくぎ（山中の細道）にもあるそうだ」と結びます。ダイダラボッチのような名前はありませんが、巨人がここに来て、阿武隈川をはじめとする新たな自然が誕生したという由来を語るのです。確かに、それは決して科学的ではありません。けれども、非科学的でありながら、巨人伝説によって阿武隈川がどうして生まれたのかといういわれを理解しようとした人々がいたのです。

今では荒唐無稽に聞こえるかもしれませんが、伝説というのは、かつては本当のことと信じられた話です。今は科学的な思考が優先しますから、それを本当だと信じる人はいないでしょう。昔の人のなかにも、そう考えなかった人もいたはずです。しかし、子供たちならば、ひょっとしたら信じるかもしれません。「昔こうだったんだよ」と言えば、「えっ本当」と答える、それでいいと思うのです。そうした感受性で自然を受け止めることは、実は科学的に受け止めることと同様に大切ではないかと考えられます。

遠藤庄治先生は「梁川の伝説」という解説で、「阿武隈川は、自然のもたらす恵みと畏怖を代表するものであった。阿武隈川の近くに田畑を作る人たちは、嵐が近づけば収穫を急ぎ、川近くの家では、味噌樽《みそだる》を天井に吊《つる》して浸水に備えた。洪水ともなれば一夜にして濁流は両岸の田畑を水没させ、作物を人々から奪った」と書いています。そして、

「土地の境界は不明となり「論地」や向川原など土地争いの種となった」ということも出てきます。そういう「暴れ川」だったのです。

実は、川の問題というのはとても大きな課題です。日本では、これまでに二〇〇〇くらいのダムが造られています。最近では八ッ場《やんば》ダムを造るか造らないかというのが問題になりました。ダム先進国のアメリカがもうダムはやめようという動きになっていて、ダムの見直しが始まっています。ダムは洪水から町を守り、それとともに、飲料水、農業用水、工業用水を安定的に供給し、さらに水力発電をするという良いことばかりがあるように言われてきました。

しかし、ダムを造ったためにたくさんの泥が溜るのです。護岸工事をすれば、洪水は起きにくくなりましたが、川獺《かわうそ》や河童《かっぱ》が住めるような川ではなくなりました。徹底的に自然を管理してゆくようになり、それが一方で自然破壊を生み出すわけです。さまざまに進めてきた文明化が大きな曲がり角に来ています。例えば、秋田県の八郎潟《はちろうがた》は食糧増産を目的に干拓しましたが、できたらもう米が余っている状況でした。長崎県の諫早湾《いさはやわん》にしても、一度水門を塞いでしまうと、それを開けるのは容易ではありません。今、我々はそういう文明化とどのように向き合ってゆくのかという課題に直面しているのです。

昔話や伝説は、そんな状況に比べれば、ただの話に過ぎないと思われるかもしれませんけれども、子供たちにとってはとても大事な財産です。そこには、歴史に対する認識や未来に対する希望があると思うのです。そういった認識や希望を持てるかどうかは、大人になってゆく上でとても大切なことではないかと感じます。こういう小さなお話を通して、いろいろな知恵を人々は伝えてきたはずです。神様や仏様、そして自然と付き合いながら生きてきたのだろうと思います。

ところが、文明化の思考は、そういった話の世界は迷信に過ぎないとして、過去に押しやってしまったわけです。

一番大事なのは、科学的な思考だと考えてきたのです。もちろん科学的な思考は大事です。けれども、だからといって、こういった話は荒唐無稽で馬鹿げているとして押しやっていいのでしょうか。科学的な思考を尊重しながらも、このように人々が言い伝えてきたということも、やはり尊重してゆくことが必要でしょう。複合的というか、立体的な価値観が、今の日本人には必要なのではないかと思うのです。

6　話を聞いてもらいたいと願うお年寄り

調査団長の小沢俊夫先生はグリム童話の研究者であり、民俗学者ではありません。ですから、この資料集では、もう少し違う考え方をしています。「梁川町の口承文芸」という解説で、「口伝えが消えていくのは、いろりがなくなり、一方ではテレビが普及してきたという外的状況の変化によるところもたしかにあるが、もっと決定的なことは、口で伝えられてきたものなんかに価値はないという、世間一般の意識であることを痛感させられた」と書いています。たとえテレビがあっても、口伝えに価値があると思えば、ないがしろにすることはなかったはずだというのです。

お年寄りから伝えられてきたことを軽んじるような価値観が日本人の中に生まれ、それを近代の合理主義で徹底的に無視してしまったのでしょう。実は、自然の破壊と昔話の消滅の背後にある価値観は、どこかで通底しているものと考えなければなりません。しかし、私たちの学問はどんどん細分化してしまって、それぞれが関わり合う全体像がイメージしにくくなっています。私もそうしたことを考えて、小沢先生の考えに深い共感を覚えながら、ここでお話ししているような次第です。

ところが、一方で、お年寄りたちを訪ねて話を聞くと、話を聞いてもらいたいと思っている人がたくさんいるというのです。しかし、お年寄りは話を聞いてもらいたいと思っても、聞き手がいなくなっているのです。労働や家族の変化などいろいろなことがあったと思いますが、お年寄りの話を聞かなくなったというのは、その頃始まったことではありません。お年寄りのいる場所が家庭にも地域にもなくなっていたのです。

そのときに、梁川町の鈴木正一教育長さんが、「お年寄りへの福祉は、建物を建てることも大切だが、お年寄りの話を聞いてあげることがもっとも大切だということがわかった」と述べたそうです。この会場も福祉会館ですけれども、建物を建てれば事足れりというふうにしてきた日本の福祉行政とは違う、もっとソフトなあり方が三〇年前に発見されていたのです。お年寄りの話を聞くのは重要なことだと言っていることは、改めて見直すべき意見ではないかと思います。

原発事故のことはこれからお話ししますけれども、先般刊行した『震災と語り』(二〇一二年)という本の中に、「原発事故と昔話」という記録が載っています。福島県の浪江町《なみえまち》から栃木県に避難しているお年寄りのところに、東京から語り手たちが昔話を語り聞かせに行ったのです。しかし、もうすっかり心が冷えていて、布団《ふとん》を被って聞こうとしません。ところが、語り始めたら、語っている人の手に手を添えて、布団を被ったまま聞いていたのです。そして、語り終わったら、「ああ、おもしろかった」と言ったそうです。感動的でした。こうした触れ合いは、時間も努力もすごく要るし、たいへんなことだと思います。

そして、毎月のように行くと、ある時から、避難している人たちが自分のふるさとのことを、「今頃はこうしてた」とか、農家の生活を語り始めたのです。つまり、昔話を語りに行った人たちが、逆に聞き手になったわけです。これはとても大事なことです。今、避難している人たちの話を聞く人がすごく求められているはずです。ふるさとを離れた方々を孤独にしないことが大事で、昔話を語る人たちが良い聞き手になって、その心を聞く必要があります。聞くことや話すことの中から未来が見えてくるはずで、どんなに年を取っても、明日を見ることは生き甲斐につながります。

企業や行政は避難者の支援をしていますが、いろいろ耳に入ってくる話は、人間としての尊厳がどこまで尊重されているのか、疑うようなことが多いのです。ボランティアをただで使える労働力のようにずうずうしく考える人があって困るのですが、なかなかたいへんでも、避難者の良い聞き手になってくださる方がたくさん現れてほしいと願っています。話を聞いてもらいたいと思っているお年寄りがたくさんいることは、『梁川町史』の大切な指摘でした。それは、震災とは関わらない普遍的な問題です。介護制度に任せてしまわず、一人一人が考える課題であることは言うまでもありません。

7　昔話や伝説がつくってきた強い人間関係

今、原発事故で苦しむ福島県にあって、『梁川町史』が「口伝え」を高く評価して、その価値を発信していたことは大きな意味を持ちます。昔話や伝説を子孫に伝えなくなるということは、単にそれだけでは済みません。小沢先生は解説で、「昔語りや伝説などの口伝えを伝えなくなるということは、このような強い人間関係をつくらなくなるということである」と述べています。この町史は三〇年近く前にこのことに気がついていたのです。当時はさりげなく読んでしまったことが、今、重くのしかかってきますね。昔話や伝説がなくなるということは、そうした思考を失うだけでなく、人間関係がどんどん薄くなるということ、つまり、震災後に口にされた「絆《きずな》」がなくなることを意味したのです。

ＮＨＫが放映したように、日本は「無縁社会」だと言われています。東京という大都会は、ふるさととの縁を断ち切るようにして出てきた人たちの集まりです。その結果、隣に住んでいる人は誰かわからないことが普通です。そういう中で、「孤独死」の問題などが起きてくるわけです。ＮＨＫの放映によれば、「兄弟でも、もう二〇年以上会ってない。弟が亡くなったと言われても、何ともできない」と言ったのは、確か秋田県の人でした。無縁社会というのは都会だけの現象ではなく、日本人の心の隅々にまで食い込んでいることになります。

そこで何が起こるかというと、隙間《すきま》産業として、遺品整理業者がたくさん生まれています。亡くなった人の遺品を整理して、大事な物だけ残して、あとは処分してくれるのです。今までなら親族がやったことを代行する商売です。かつての地縁血縁社会では考えられないことですが、人間関係の隙間に新たな商売が生まれているのです。また、隙間犯罪ということならば、「おれ、おれ」と言ってだまし取る振り込め詐欺《さぎ》があります。普段から関係があれば絶対に振り込まないはずですけれども、つい振り込んでしまうのです。しかし、これを他人事だと言って笑える人が何人いるでしょうか。

無縁社会というのは、新たな犯罪も生み出せば、新たな産業も生み出してゆくのです。思えば、葬式もそうでしょう。かつての社会では、「うちのお祖父さんが亡くなりました」と言えば、その家では何もやらなくても、集落の人がやるという関係で支え合ってきたわけです。それができなくなると、葬儀屋さんが入ってくるわけです。「おくりびと」(二〇〇八年) という映画は美しい映像でしたが、おくりびと (納棺夫《のうかんふ》) は近代化の中で生まれた隙間産業ですよね。そのように社会が変わってきていて、なかなかストップをかけることが難しい状況にあります。

だから、逆に言えば、人間関係の「絆」を取り戻すためには、多くの人がなくしてしまった昔話や伝説が必要になっている、という論理が成り立つのではないかと考えられます。今、昔話や伝説を取り上げていますが、本質にあるのは、人が話したい、聞きたいというつながりを持つことの大切さです。失った人と人のつながりを回復するために、昔話や伝説は大事な対話の材料になるのではないかと考えてみてはどうでしょう。

また、小沢先生は解説で、「お年寄りたち自身のなかでも、また、お年寄りの身辺の方々、町全体の方々のなかでも、口伝えのもつ価値を再認識し、それを大切にして、次の世代に語り継ごうとする気運が生れることを願ってやまない」と述べています。この資料集に残したような昔話や伝説を語り継いでゆく人たちが出てきてほしいというのです。市町村史はもちろん、昔話集や伝説集でも、こういう希望を述べたものはどこにもありません。

梁川ざっと昔の会が、この本が生まれる前後から三〇年の活動を重ねてきたというのは、やはりこの町史の思想をよく受け継いできたのだろうと思います。これは、ほとんど日本には例がない、奇跡と言っていい出来事です。民話のふるさとを自称した遠野には、町史のような昔話集はついに生まれませんでした。共通の拠り所がないままに、それぞれが勝手に自分の昔話を披露しているにすぎません。こういうすばらしい共有財産を持っている町が、これを町づくりや子育てに生かさない手はないと思うのです。

8 「河童が訴える公害の民話」と原発事故

東日本大震災から明日で一年八カ月が経ちます。福島県がどれだけ苦しんでいるかということを強く思います。ところが、東京での報道は非常に少なくなっています。来年の三月一一日になれば、思い出したように報道されるでしょうが、三月一二日になればまた普段の番組に戻ります。それが現実です。しかも、福島県はそうした復興の報道からも、微妙に外されてゆくような感じがしてなりません。企業や行政は「十分に支援をしている」と言いますので、それ自体が問い直されないままに時が過ぎてゆきます。ただ見守るだけでなく、何ができるのかが問われます。

そのときに、一つのモデルケースになるのが、児童文学の松谷みよ子さんが考えてきたことではないかと思いますので、紹介してみます。『民話の世界』（一九七四年）という新書の中に、「河童が訴える公害の民話」という話があります。福井県大野郡和泉村《いずみ》（今は大野市）に、いまでも河童が教えてくれたという傷薬を持っている家があります。門口《かどぐち》には木の縄掛けがあって、「ここに河童が魚を吊しておいてくれた」と懐かしく語るのです。しかし、魚を吊しておく縄掛けを鉄の鉤《かぎ》にしたら、河童は鉄が嫌いだからと魚を掛けてくれなかった、というような話が前置きになっています。

ところが、ある晩、村の人たちは河童が悲しい声で訴えるのを聞いたというのです。「川の水をかえてくれ、川の水をかえてくれ、水がおとろしい、水がおとろしい」、そう訴えたそうです。何人もの人がその河童の声を聞いたけれども、九頭竜川《くずりゅうがわ》は澄んでいて、何の変化もない。しかし、河童は、「もう住んでおられん」「あの川の水はお前さんらにもようないはずじゃ」、そう言って、山へ立ち去ったというのです。

二年経ったあと、村の人たちは河童のことをすっかり忘れていましたが、県から村長さんが呼び出されて、「九頭竜川がカドミウムに汚染されている。九頭竜川の上流の鉱山から毒が出て、今は設備を改めたからもう出てはいないが、この何年か毒が出ており、まだ消えてはいない。汚染された米については補償する」云々という話でした。

日本では一九六〇年代から七〇年代、急速な工業化によって、各地で公害が起こりましたが、その一つの事例でした。この場合、河童が「もう住んでおられん」と訴えたのは、そういった公害が発覚して、人々が事実を知る前だったのです。さかのぼれば、足尾《あしお》銅山の鉱毒事件が早かったと思いますが、足尾銅山の反省が近代化の中で生かされなかったのだと思います。

人々は河童に申し訳なく思って山へ登り、「河童よう、お前らのおかげでわしらは助かった、ありがとうなあ」と言ったらば、霧の奥から微《かす》かに、「百年したらもどっていくさかい、それまでに川をきれいにしておいてくれえ」と答える声がしたという話になっています。水に棲《す》む河童は、人間が気がつかない川の汚染に気がつきました。これは、近代化に対する警鐘《けいしょう》を鳴らしたということなのだろうと思います。

ここに見える河童の言葉は非常に重いと感じます。「百年したらもどっていくさかい、それまでに川をきれいにしておいてくれえ」という言葉からすれば、環境が回復するのに一〇〇年かかることになります。こうした民話の世界の方が遥かに切実に現実と向き合っているように思います。今、福島県は原発事故を抱えて、どのように未来を考えてゆくのかということがあるわけですが、そうしたことを考えるヒントがこうした話にあるのではないでしょうか。

9　山口弥一郎の書いた『津浪と村』と復興

地震があってすぐあとから準備を始め、六月に『津浪と村』（二〇一一年）という本を出しました。これは会津《あいづ》出身の山口弥一郎という人が昭和一八年（一九四三）に刊行したものです。

三陸海岸は明治二九年（一八九六）に津波に遭い、昭和八年（一九三三）にも津波に遭いました。高台移住をする人々がいましたが、いったん高台に上がってもまた下りてしまったのです。今回の震災でまた被害に遭ったのがそういう場所であることは間違いありません。人々は危険と知りながら、なぜまた海岸に下りてしまうのか。山口は二つの要因があると考えました。一つは経済的な要因です。やはり浜辺へ出ることが経済的に有利で、人々はそこから復興を図ったのです。もう一つは信仰的な要因です。神社やお墓を残して住宅だけ上がっても、元の場所に屋敷神を祀って墓地があれば下りてしまうというのです。こうした記録を残したことは、どんなに評価してもしすぎることはありません。

今度の震災では、国庫補助による防災集団移転促進事業で高台移転を進めようとしていますが、三陸海岸の人々が海と付き合いながら生きてきたことはどうなるのでしょう。強引な高台移転を行って新たな町はできても、空虚な町になることは今までの地方振興を見ても十分に想像できます。高台移転の前に行うべきことは、経済基盤と生き甲斐を創出するための職場の確保だと書きましたが、まったくそうはなっていません。

今、復興が進まないということが言われていますが、原発事故のあった福島県は復興が進まないどころか、それ以前の話だろうと思います。東京は関東大震災に遭っていますけれども、一四万人の死者や行方不明者があり、五七万戸が全壊焼失しましたが、復興完了を六年で宣言しています。後藤新平がリードして大胆な都市再生をやったのです。もし東京ならば、こんなに復興が遅れるはずはありません。復興の遅れに潜む力学を想像してみなければなりません。高台移住は理想ですが、本当に何を生み出すのかと言えば、そう簡単ではないと思います。経済的にも精神的にも非常に難しいところがあります。

昔話は人間関係を作る原点ではないかとお話ししてきました。親子の関係、祖父母と孫の関係、それらを作る大事な出発点に昔話があったと思います。今、福祉や介護の大切さが言われますが、どのような関係を作ってきたか、そうした時にはっきりします。これは断言していいと思いますが、両親や祖父母に抱きしめられて、昔話を聞いて育った人たちは心が豊かです。たとえ貧乏をしていた場合でも、どんなに幸せに育ったかという思い出を持っています。親の愛情を感じて育った子供がどんな状況でも親を忘れないということは、自信をもって言うことができます。

しかし、現実には、家族が介護することは容易ではありません。ふるさとへ帰って介護したくても、仕事を辞めなければいけないとか、いろいろな状況があったりします。家庭を持てば自由にならないことが増えますから、無理がきかなくなるでしょう。海外で暮らしている場合ならば、帰郷は簡単ではありません。そうした現実問題があっても、抱きしめられて昔話を聞いた人間関係は心が離れません。そこには、振り込め詐欺が入る隙間もなければ、遺品整理業者が入る余地もないと思います。

幼いときに抱きしめられて育ったかどうかは、「三つ子の魂百までも」ということわざではありませんが、人生に大きく影響します。今からでも遅くないので、今晩家に帰ったら、お子さん、お孫さんを抱きしめてあげてほしいと思います。その際に、生きてるって大事なことだということを、改めて親子の間で確認してくださることが大切です。そこから福島県の未来が見えてくるのではないかと考えています。

今日、私が最後に申し上げておきたいのは、さまざまな復興支援がある中で、果たして心の復興というものをどう図るのかという課題は後回しになっています。それは行政でも企業でもなかなかできません。そういったところを考えてゆく大切な財産に昔話や伝説があると言うのは、言い過ぎでしょうか。三〇年を迎えた梁川ざっと昔の会の活動が、必ずや復興の心の支えになるのではないかと強く感じています。ぜひその活動を皆様に支えていただきたいということをお願いして、今日の話の結びにします。

（二〇一二年一一月一〇日、福島県伊達市の福祉会館にて講演）

参考文献

・石井正己・川島秀一編、山口弥一郎著『津浪と村』三弥井書店、二〇一一年
・石井正己編著『震災と語り』三弥井書店、二〇一二年
・NHK「無縁社会プロジェクト」取材班編著『無縁社会』文芸春秋、二〇一〇年
・松谷みよ子著『民話の世界』講談社、一九七四年
・梁川町史編纂委員会編『梁川町史　12　口伝え』梁川町、一九八四年

2　地域の言葉で語ること――心を癒やす方言

1　地域の言葉がたどった歴史

日本列島は南北に大変長く、北海道から沖縄までの距離は三〇〇〇キロメートル近くあります。北海道は寒いけれども、沖縄は雪を知りません。南の方はしょっちゅう台風が来ますけれども、この岩手や青森辺りまで強い台風が来ることはあまりありません。一方、太平洋側と日本海側ではずいぶん気候が違います。今年（二〇一五）は秋田など豪雪で苦労していますし、今日は釜石も少し雪が降りましたが、太平洋岸では珍しいことです。雪の多い日本海側と、寒いけれども雪の少ない太平洋側という気候差があります。

そういう自然環境と付き合いながら、それぞれの地域では独特な言葉を育ててきたと考えていいと思います。その地域の言葉を、研究の上では「方言」と呼んでいます。司会をしてくださっている大野眞男《おおのまきお》先生は、東北方言はもちろんのこと、沖縄の方言もよく研究なさっています。日本の地域にはどのように言葉の差があるのかということを、長い間の研究テーマになさってきたわけです。

今日の会では「南部弁」と呼んでいますが、南部藩というのは江戸時代までの藩領で、岩手県と青森県の東側が南部藩です。ですから、「南部弁」と言うときには、「岩手弁」「青森弁」と呼ぶのと違って、ひと時代前にさかのぼって考えて、江戸時代の南部藩で使われていた言葉が現在も強く残っているという考えにもとづきます。

ところが、明治時代になりましてから、廃藩置県の制度によって、岩手県や青森県ができ、新しい行政区画で私たちは生活するようになりました。東京に首都が置かれて、鉄道ができ、さらには高速道路ができて、人々が行き交うようになりました。石川啄木など典型的ですが、あの短歌が明治という時代に生まれたことは間違いありません。明治時代の大きな政策として、さまざまな地域で語られていた言葉をどのように統一し、標準化するかという課題がありました。岩手県の人と沖縄県の人が会って話をしようとしても、お互いの地域の言葉では通じない、ということが起こるからです。そこで、明治時代には、「国語」を標準語として統一し、それを学校の教育の中で普及してゆこうと考えたわけです。

そのときに、地域の言葉である方言は、俗な言葉でいえば汚らしい言葉として排除されました。ですから、方言を矯正《きょうせい》して、ちゃんとした標準語にしなければいけないというのが大きな使命でした。沖縄では、方言をしゃべると、罰ゲームがありました。沖縄方言をしゃべると、首から「方言札」を提げて、友達が方言を使うまで、ずうっと方言札を提げ続けるのです。そのようにして、生活の中から方言を徹底的に消して、撲滅してゆこうとしました。けれども、生活の中の言葉はそう簡単にはなくなりませんでした。標準語を作って、国語を統一しようという政策がうまくゆかなかったということは、井上ひさしの戯曲『国語元年』（一九八六年）にも出てきます。国語統一の政策がうまくゆかなかったというのが『国語元年』のテーマです。しかし、一方で、大野先生が言われるように、今、「おらほ弁」を使う機会がだんだん少なくなっています。年配の人と若者との間に大きな言葉の差が生まれていることも否定できません。

釜石では、今、何と呼ぶんですか？　子供たちは、お父さんですか、父ちゃんですか、パパですか？　昔話の中では、子供がお父さんを呼ぶときには、「とと」とか、「とっちゃ」とか、そういう言い方をします。おじいさん、おばあさんは、「じさま」「ばさま」とで語られます。パパとかおじいさんとかではなく、そういう言葉が暮らしの中に生き生きとあって、それを今日《こんにち》までよく伝えたのは昔話です。したがって、伝統的な方言は、今、昔話の中に最もよく残っていると考えていいと思うのです。

例えば、腹を立てるときに「ごせやく」と言うし、恥ずかしいときに「おしょしい」と言いますね。そうした言葉で言うことで、自分の気持ちが素直に伝えられたはずです。腹を立てるとか、恥ずかしいとか言ってしまうと、よそゆきな感じがします。かつての村の暮らしでは、こうした標準語は浮いてしまったはずです。けれども、今の若い子たちはもう、腹を立てるとか、恥ずかしいとか言っているのでしょう。心の底から思いを伝えようとするとき、今、昔話の中で伝えてきた言葉を取り戻すことがとても大事だと思うのです。

2 鵜住居で語られた魚との異類婚姻譚

思い起こせば、岩手県は日本の昔話研究のトップを走ってきました。まず、柳田国男の『遠野物語』（一九一〇年）がありました。その語り手である佐々木喜善は、東北地方にある昔話を熱心に集めて、『聴耳草紙』（一九三一年）という大きな本を作りました。今日は、『聴耳草紙』の中に出てくる釜石に関わる話を取り上げます。

この南部藩では、昔話は、「むがす」と始まって、「どんどはれ」とか「どっとはれ」とかという言葉で終わります。秋田県へ行くと「とっぴんぱらりのぷう」と終わりますが、南部藩だった鹿角《かづの》地方は「どっとはれ」です。こうしたことに限らず、昔話の語りの形式は、都道府県というよりも、江戸時代の藩ごとに違うくらいバラエティーに富んでいます。

佐々木喜善は、日本にどんな昔話があるのか集めたいと考えて、東北地方を熱心に掘り起こして、書きまとめました。あとで見ますけれども、それはほとんどの記述が標準語で書かれています。標準語で書かないと、日本のあちこちで暮らす人々は読めないので、標準語で書くのが普通でした。戦後、テープレコーダーが普及してくると、録音テープに収録して、そこから文字にしますので、その中には方言がよく残るようになりました。さらにカセットテープ・ビデオ・CDなど、いろいろな技術が出てくると、音声や映像で昔話を楽しむことができるようになります。

しかし、そもそも昔話の発掘に尽力した民俗学を進めた人たちは、昔話はいずれなくなってしまうので、早く集めて記録しておかなければいけないと考えました。大きく変わる時代を見つめ、強い使命感に支えられて、重要な働きをしました。その結果、一〇〇年かけて、日本の中に六万話を超える昔話が残されました。この小さな国に六万話の話が残っているのですから、世界的に見ても、本当に昔話を豊かに育ててきた国だと言っていいと思います。

ところが、今から四五年くらい前の昭和四五年（一九七〇）、岩手県の遠野で、鈴木サツ・正部家《しょうぶけ》ミヤという姉妹が、いや、やはり昔話は本で読むものではなく、語り聞くものだ、だから遠野弁で昔話を語ろうと動きはじめました。二人の妹が、このあと語ってくださる須知《すち》ナヨさんです。菊池力松《きくちりきまつ》という父親は「力《りき》ホラ」とあだ名されたほどの語り手で、その語りを聞いて育った娘たちが日本を代表する語り部になりました。文字で書かれた標準語ではなく、声で語る方言で昔話を伝えてゆくという活動を日本で初めて行ったのです。

それは、時に観光の場であったり、時に教育の場であったりしてきましたけれども、今、二一世紀になったら、鈴木サツさんや正部家ミヤさんが始めた運動が全国に広がり、日本各地に昔話を語る会ができています。昔話を次の時代に伝えてゆこうということが全国的な運動になっていると言っていいでしょう。釜石で活躍する漁火《いさりび》の会も、そういう大きな流れの中にあると思います。

三陸海岸の昔話にはとても不思議な話があって、例えば、『聴耳草紙』の中に「九七番　鮭《さけ》の翁《おきな》」という話があります。これは、釜石市に編入された鵜住居《うのすまい》村の大町久之助というお爺さんが、大正九年（一九二〇）、今から九五年も前に佐々木喜善に語った話です。佐々木は三陸海岸を北上してきた柳田国男と八戸《はちのへ》まで旅をして、その途中で話を聞いたのです。平成七年（一九九五）に鵜住居を訪ねたとき、大町さんの御子孫に見せていただいた写真があり、大町さんと奥さんが写っています（本書第8章参照）。こういうお爺さんが語った話です。

気仙《けせん》郡花輪村の竹駒《たけこま》という所に美しい娘があった。ある時この娘を一羽の大鷲《おおわし》が攫《さら》って、有住《ありす》村の角枯《つのがら》し淵《ふち》に落した。すると淵の中から一人の老翁が出て来てその背中に娘を乗せて、家に送り届けてくれた。実はこの老翁は鮭《さけ》の大助《おおすけ》であった。そして後にその老翁は強いて娘に結婚を申し込んでついに夫婦となった。

その子孫は今でも決して鮭を食わぬそうである。

花輪村は今は宮古市に入りましたけれども、そこの伝説になっています。大鷲に攫われた娘が、淵から現れた老翁に助けてもらったという、すごく不思議な話です。「鮭の大助」というのは鮭の王様と言っていいでしょう。助けた鮭の大助が娘と結婚したというですから、さらに不思議な話です。けれども、昔話の中では、魚と結婚しても別に驚くことではありません。「オシラサマ」は馬と娘が結婚するという話だったことを思い浮かべてもいいでしょう。人間と人間でないものとが結婚するという「異類婚姻譚」が昔話の中にはたくさんあります。

鮭と結婚したので、この一族は今でも決して鮭を食わぬというのは食のタブーですが、それが自分の先祖の因縁と関わっていることになります。『遠野物語　増補版』（一九三五年）にも、宮という家は鮭の魚を食べないということが見えますが（拾遺一三九話）、この家の元祖は大鷲に攫われ、やはり鮭の背中に乗って家に帰ってきたと伝えられています（拾遺一三八話）。よく似た話が各地で、旧家の始祖伝説として語り継がれてきたことを考えてみなければなりません。

大町さんが佐々木喜善に話したもう一つの話は、「一〇〇番　鱈男《たらおとこ》」です。

昔、気仙のある所に小さな殿様があって、一人の美しいお姫様を持っていた。そのお姫様が齢頃《としごろ》になると、毎夜毎夜どこからか、美男の若者が通うて来て、泊って翌朝帰って行くのであった。

お姫様がお前様はどこのお方か、明かして下さいと頼んでも、その若者は遂に口をきいたことがなかった。そこで侍女が怪しんで、ある夜小豆飯《あずきめし》を炊いて食わすと、食いは食ったが、翌朝見ると死んでいた。それは鱈魚であった。

これもとても不思議な話です。お姫様に美しい男が通ってくるが、その正体を明かさないので、侍女が不思議に思って小豆飯を炊いて食わせると、翌朝見たら死んでいて、それは鱈だったというのです。

私たちがこうした話として一般に知るのは、鱈ではなくて蛇です。蛇が美しい男になってやって来るが、だれかわからないので、針に糸をつけて縫い付け、その糸を翌朝手繰っていくと、蛇が死んでいたという話になります。けれども、この話では蛇ではなくて鱈です。ですから、鵜住居という海岸部では、鮭や鱈との結婚という不思議な異類婚姻譚が盛んに語られていたことがわかります。佐々木喜善は大町さんに出会うことによって、「海の昔話」が豊かにあることに気がついたのです。

3　井上ひさしが発見した地方の言葉

しかし、佐々木喜善の話は標準語で書かれていて、地域の言葉は消されています。戦後になって昔話の記録が録音を頼りにできるまでは、これはごく普通のことであり、何の疑いもなかったはずです。ですが、大町さんの話はその内容だけでなく、言葉も釜石の言葉で語られたはずです。そうした点では、記録に限界があったと言えましょう。

実は、昔話に表れるような「南部弁」がとても大事だと気がついたのは、劇作家で小説家の井上ひさしでした。昭和二八年（一九五三）、井上さんは上智大学に入りましたが、今で言う「不登校」になりました。学校や東京になじめないので、学校を休んで、母親のいる釜石へやって来ました。そして、国立療養所の職員などになって、釜石で二年半生活するわけです。その中で、彼は東北の言葉を発見してゆきます。もともと山形県の生まれであり、仙台で勉強しましたから、東北の言葉にはなじみが深かったわけですけれども、東京を経験することによって、東北の言葉の大切さに気がつくのです。

井上ひさしの小説に『花石物語』（一九八〇年）があります。花石は釜石のパロディーですから、釜石がモデルになった小説と見ていいでしょう。主人公の小松夏夫は、まさに井上ひさしそのものですけれども、東京の大学に行って、吃音症《きつおんしょう》になります。吃音症というのは、俗な言葉でいうと吃《ども》るということですけれども、うまく第一音が発声できずに戸惑ってしまう症状を言います。夏夫は吃音症に悩んで花石へやって来て、そこで人情の厚い人々に触れて癒《いや》されてゆきます。

そのある場面に、海岸で烏賊《いか》裂きをしているおばさんたちの様子が出てきます。包丁で烏賊を裂くおばさんたちが猥雑《わいざつ》な話を楽しむのを立ち聞きして、夏夫はこんなことを思ったと出てきます。

夏夫はといえば、話の中身よりも、語られることばそのものにうっとりとなっていた。おばさんのことばのうねりに心をゆだねながら、前々日まで自分のまわりを飛び交っていた、ガラスの破片のように硬くて剣呑《けんのん》なあのことばとどうしてこうもちがうのだろう、と考えていた。自分の生れた所と同じ音、同じうねりを持つおばさんのことばはまるで大きな海のようだ。夏夫はつまり、精神の按摩《あんま》にかかっていたのである。

おばさんたちの楽しむ話はエロティックな猥談ですけれども、話の内容よりは、語られる「南部弁」そのものに心が癒されてゆくのです。それに対して、東京の言葉はガラスの破片のような硬い言葉でした。しかし、花石（釜石がモデル）の言葉は人情味があって、温かく優しい言葉であり、夏夫はそういう言葉によって精神の按摩にかかったようになります。それはとっても大事なことだと思うのです。

釜石の中ではごく普通のことでも、東京を経験した人間にとっては、土地の言葉というのが何よりの、最近の言葉で言うと「おもてなし」になるのです。「おもてなし」というのは、料理だけではなくて、言葉こそが最高の「おもてなし」になるのではないかと思います。

今、東日本大震災から四年が経とうとしています。こういうイオンタウンができたり、さまざまな店ができて、復興の町づくりが進んでいます。けれども、復興というのは建物が建つことだけではなくて、そこで暮らす人々が生き生きと暮らせることです。そういう心の復興がとても大事であることを考えると、そのために地域の言葉は大きな役割を果たすと思います。

人と人とをつなぐには、パソコンやスマホではなく、顔を突き合わせて人が話すことが大切です。今、教育の世界では国際化・情報化が進んでいて、「英語が話せる日本人」を作ることが急務になっています。小学校から英語教育を徹底化してゆくことが進みます。「英語が話せる日本人」を作ることも大事ですけれども、「南部弁が話せる日本人」を作ることも同じくらい大事です。その地域をよく知りながら、同時に国際社会に対応できるような子供たちを育ててほしいと思います。

これから釜石と八戸の語りの協演が始まります。八戸と釜石の語り部が「南部弁」で昔話を語ってくださるわけですが、こういう昔話はつまらない話、くだらない話ではなく、とても大事であると考えていただきたいと思います。「南部弁」で語る昔話は地域の財産であり、必ずや復興の大きな支えになるはずです。

（二〇一五年二月一日、岩手県釜石市のイオンタウンにて開催された、文化庁支援事業「おらほ弁で語っぺし」プロジェクト（事務局　岩手大学）にて講演）

参考文献

・石井正己著『テクストとしての柳田国男』三弥井書店、二〇一五年
・井上ひさし著『花石物語』文芸春秋、一九八〇年
・井上ひさし著『国語元年』新潮社、一九八六年
・佐々木喜善著『聴耳草紙』三元社、一九三一年
・柳田国男著『遠野物語』私家版、一九一〇年
・柳田国男著『遠野物語　増補版』郷士研究社、一九三五年

3　復興を支える民話の力——内発的発展の可能性

1　現代的な課題に向き合う民話の力

東日本大震災から六年が経過いたしました。一八〇〇〇人を超える方々が亡くなり、山元町でも多くの犠牲者がありました。この中にも家をなくされた方、あるいは家族を亡くされた方があると思います。その悲しみの中で、六年という歳月を過ごされてきたのではないかと思います。復興という言葉は響きがいいのですけれども、やはりそれぞれの家族の個人的な状況があり、その中で今日ここに集まっていらっしゃるのではないかと思います。

やまもと民話の会の代表の庄司アイさんから経過の説明がありましたけれども、今日は「復興を支える民話の力」ということで、お話を申し上げます。世間の多くの方々は、「たかが民話ではないか」と軽く見ているかもしれません。でも、私は、「されど、民話だ」と思っているわけです。そうした立場から、民話は復興を支える力になるのではないかということを、お話ししてみたいと考えております。

民俗学者の柳田国男の提唱があって、「今、大急ぎで記録しなければ、昔話はやがてなくなってしまう」という掛け声とともに、二〇世紀の一〇〇年をかけて、日本各地の山に入り、島に渡り、民俗学者や土地の教育者が民話を集めました。その結果、日本には昔話が六万話あると言われていますが、おそらく一〇万話はあると思います。このユーラシア大陸の端にある小さな島国が、世界に誇る民話の宝庫であることが明らかになりました。

確かに、柳田国男が予見したように、二〇世紀のうちに萱《かや》ぶきの民家がなくなり、人々が集まった囲炉裏《いろり》が消えてゆきました。ガス・水道・電気が整備され、二〇世紀の後半からは、三種の神器と呼ばれるテレビ・洗濯機・冷蔵庫が各家庭に入り、便利な生活が行われるようになりました。そうすると、民話の居場所がなくなったわけです。そして、お年寄りが孫に民話を語ろうとすると、「爺《じっ》ちゃ、婆《ばっ》ちゃ、そんな話して」と言われるようになり、民話は新しい時代から置き去りにされたことも事実です。

さらに二一世紀に入って、国際化や情報化と呼ばれる時代が急速に進んでおります。最近ではパソコンやスマホが生活の中にどんどん入ってきて、若い人々ばかりでなく、多くの人がもうスマホなしでは生活できないようになっています。そういうふうに社会が大きく変わろうとしていますが、そんな渦中で、今度の東日本大震災は起きたわけです。

柳田国男は、「いずれ、昔話はなくなる」と言いましたけれども、二〇世紀の終わりころから、日本各地の人々、特に女性たちが、「これは大事だから、伝えていきたい」と言い、ふつふつと民話の会が生まれてきました。やまもと民話の会も来年（二〇一八）で二〇年の歴史を重ねますけれども、そうした伝統ある会の一つということになります。立場は異なりますが、私も、民話を図書館や研究室に埋もれさせず、未来へ伝えてゆきたいと考えています。

その中で、私は、やまもと民話の会のみなさまから教えられることがたくさんありました。特に、庄司アイさんの「民話は残った」（『小さな町を呑みこんだ巨大津波―語りつぐ・証言―』）という言葉は、それを象徴します。アイさんには、東京学芸大学でも語っていただきましたけれども、「再起の力は、民話からもらっています。民話は優しい。民話は熱い。民話は強い」と語ってくださいました。

私は、二〇代前半から、東北地方をずいぶん歩きました。でも、こういう言葉を聞くことはなかったのです。大震災を経験されて、アイさんが、「民話の力」ということを高々と宣言された。私はそれに促されるように、「そうだ、そうだ」と深く自覚するに至ったわけです。

そして、震災や復興だけではなく、この民話の中に潜んでいる力を、私たち研究者は引き出して、「民話にはこんな意義があるんだ」ということを説明しなければならない、と考えるようになりました。民話を生きてゆく力にしたいという考えが、東日本大震災後はとても意識化されてきました。今日も、その流れの中でお話をしてみようと思います。

震災に限らず、現代的な課題に向き合うために、民話の普遍的な力を引き出したいと考えています。例えば、「いじめ」ということがあります。報道によれば、「福島から避難した子供がいじめられている」といったことを聞きます。時には、自ら命を絶ってしまう場合もあります。では、民話は、そういったことに黙ってきたのかと言えば、そうではありません。

日本には、「粟福米福《あわぶくこめぶく》」という継子《ままこ》いじめの話がありますし、「お月お星」というような話もあります。『グリム童話集』を見ると、「シンデレラ」もあります。日本人だけではなく、世界中の人たちが、いじめに対抗する力を民話の中で育んできたはずです。「いじめられても、必ず幸せになれる」という思想が、民話の中にはあります。

また、人口減社会になると言われて、自治体もあわてふためいて危機感に襲われています。これまで、故郷《ふるさと》づくりや地域づくりに無関心でしたけれども、東京の下町から郊外の多摩へ向かって、故郷づくりや地域づくりをどうするかという関心が広がり、緊急の課題になっています。東京は全国から人々が寄り集まった新住民の都市ですので、どのように絆《きずな》を作ってゆくかということが問題になりつつあります。

そういう中で、少子高齢化の問題が出てきています。では、高齢化に対して、民話は何も言ってこなかったのかと言えば、そうではありません。例えば、「姥捨て山《うばすてやま》」や「親捨て山」という話の中に、六〇歳になった親を捨てに行くときに、子供を連れて行く話があります。背負って行った親を捨てたときに、子供が、「そのモッコを持って帰ろう」と言うわけです。「どうしてだ」と尋ねると、「次に、お父さんを捨てる時のためだ」と答えます。これは、インドの『ジャータカ』という、今から二千年以上前の文献にある話です。

ですから、民話というのは、「いじめ」に対しても、「高齢化」に対しても、ある力を持っていて、現代的な課題と向き合うような知恵を内在しています。そういうように考えれば、決して取るに足らないものではなく、これを伝えなければならないという意志は、日本人だけでなく、世界中の人々が持ってきたことに気がつきます。そんな宝物のような民話が日本にはたくさんあるわけです。

2 やまもと民話の会の証言集と伝説

この講演の前に、渡邉修次《わたなべしゅうじ》先生に、中浜小学校をご案内いただきました。この山元町がかさ上げをしながら大きく変わってゆく、その復興の歩みを目の当たりにしました。新しく道路ができたり、公園ができたり、建物ができたりしています。私たちは、それが復興だと思い、やがて「復興完了」を宣言するのかもしれません。でも、心の復興は、そう簡単にはいかない。ひとりひとりが、なかでも思春期の子供たちが、この震災を乗り越えてゆくには、とても時間がかかると思います。その時に、「心を支える言葉の力がとても大事だ」と、私は思っているわけです。特に方言の言葉は、人々を強くつなげる力を持っています。

思えば、言葉というのは諸刃《もろは》の刃《やいば》で、時には人を殺すこともできます。刃物を使わなくても、たった一言の鋭く冷たい言葉で人を殺してしまうことさえできる。でも一方で、優しく温かい言葉で、その人を労り、慰めることもできるわけです。私たちは、このような言葉をかなり意識して使っています。なかでも伝統的な言葉が最も生かされる機会、それが民話だと思っているわけです。

やまもと民話の会編『小さな町を呑み込んだ巨大津波』は、震災の年の八月に第一集、一二月に第二集、翌年の四月に第三集と、震災から復興に向かうプロセスを追いながら三冊作られてきました。第一集には、「第一集」と明記していなかったので、ひょっとしたら、一冊で終わるつもりだったのかもしれません。それらの三冊を、発刊するたびに贈っていただきました。

私は、それまで民話集を読んで一度も泣いたことはありませんでした。でも、涙なくして、この三冊を読むことはできませんでした。今日お話しするために、また読み返しましたけれども、涙なくして読み終えることはできませんでした。この中には、たくさんの悲しみがあり、たくさんの喜びがあります。そして、時には怒りがあり、時には戸惑いがあります。そういった思いが率直に語られていると思います。

小学館でこれらを『巨大津波』（二〇一三年）にまとめたいというご提案があったときに、私は、そこに巻頭言「語り継がれた貴重な記録」という一文を書きました。震災から二年目のことです。一年が過ぎたころから報道がめっきり減り、「復興の遅れ」が声高に言われるようになりました。被災地のそれぞれの状況は、東京からは見えにくくなりました。六年経つと、三月に入れば、報道が始まりますが、三月一一日で終わってしまいます。

被災地からは、「私たちのことを忘れないでほしい」という声が、繰り返し聞こえてきます。東京ではむしろ、築《つき》地《じ》移転やオリンピックの問題の方が華やかで、震災が陰に隠れてしまっているような感じがします。しかし、証言集三冊を読んできた私は、「このイチゴの里、リンゴの里が壊滅的な被害からどのように復興してゆくのか、それを見つめたい、一緒に歩きたい」と思ってきたわけです。

やまもと民話の会の方々がすごいと思うことに、自らの体験を語る「語る力」があります。これは、とてもつらいことだと思います。そして、周りの方々の話に耳を傾ける「聞く力」、さらにはそれを文章として書き残す「書く力」があります。「語る力」と「聞く力」と「書く力」、これらはたいへんな力です。「重荷を背負いながらも、生き残った私たちがしなければならないことは何か、それは未来にこの証言を伝えることだ」と思われたのではないかと思います。

新聞やテレビでは、震災を報道してくれます。しかし、記事やニュースになりそうなことしか報道してくれません。私たちが本当に伝えたいことは、新聞やテレビで伝わるのかと言えば、私ははなはだ疑問だと思います。本当の声というのは、自らでなければ表せないところがある。鶴見和子さんふうに言えば、「外発的ではなく、内発的な復興が山元町ならば期待できる」と考えたわけです。

この三冊が生まれたのは、奇跡ではありません。やまもと民話の会のみなさまが、常日頃民話を聞き、民話を語ってきた土台がありました。その経験の中で、自分たちのできることは何か、語り聞くことの大切さとは何かを考え、それに加えて、民話の会の活動を知る町の方々の深い信頼があったので、この三冊は生まれたのだと確信して、巻頭言にはそのように書きました。

もっとすごいのは、この証言集の中には、一部ABCに記号化されている部分がありますが、名前がちゃんと出てくるということがあります。これは、今で言えば、まさに保護されなければならない個人情報です。でも、私は、「生きるということは個人情報でしかない」と思っています。何百人、何千人と言われても戸惑うばかりで、そうした数の中に埋もれてしまうことのできないひとりひとりの生きている姿は、まさに個人情報でしかないので、これをやはり尊重しなければいけないと思うわけです。

「復興や防災を人任せにしない」という、やまもと民話の会の趣旨に大いに賛成して、ぜひこの本を東北地方の被災地の方々だけでなく、日本全国の方々に読んでいただきたいということを書きました。でも、こういう個人的な体験は伝わりにくいのです。NHKに「ファミリーヒストリー」という番組があります。俳優やタレントの方々が自分の家の歴史を調べてもらうのです。それによって、お父さんとお母さんが何をしてきたのか、父方のお祖父さんとお祖母さん、母方のお祖父さんとお祖母さんがどのように生きてきたかわかります。

私には、祖父と祖母が四人いて、曾祖父と曾祖母までさかのぼれば八人がいました。そうでなければ、今ここにいないわけです。それは、みなさまも間違いなくそうなのですが、では、私は祖父や祖母のことをどれだけ知っているのか、曾祖父や曾祖母のことをどれだけ知っているのかと言ったらば、ほとんど知りません。

実は家族のことは、意外に知らない場合が多いのです。親が子供にわざわざ語らないこともあります。そこでNHKが代わりに調べてくれて、「実はあなたのお父さんは、こんな人でした」「あなたのお祖母さんは、こんな人でした」と教えてくれます。その結果、「ああ、そうだったんですか」ということになる。

考えてみると、家族だからこそ話さないということも多いはずです。震災を機会に、改めて家族を思った方はとても多いと思います。「個人の体験は伝わりにくいので、それを昔話化したり、伝説化したりしていかなければ、一〇〇年後に伝わらないだろう」という思いがあります。

例えば、アイさんは「民話は残った」の中で、引き波で家が流されて行くときのことを、こう語っています。

「私の人生、悔いはない。晩年は民話などをやってて、いい人生だった」、そういえば、「お諏訪《すわ》さまの大杉の話、小鯨《こくじら》の話、舟越し地蔵さまの話」、大昔の人が伝えた「大津波」の話だったなぁ。民話を語ってくれた先人たちは「民話の一つ、ひとつに根拠がある」っておっしゃってたことも思いだしました。

ここに見える、「お諏訪さまの大杉の話」「小鯨の話」「舟越し地蔵さまの話」について、ここにいらっしゃるみなさまはご存知の方が多いと思います。みやぎ民話の会の加藤恵子さんが、先般、日本民話の会の冊子に、「「あったること」として語り継ぐ」と題して、アイさんの話を載せてくださっています（『聴く　語る　創る』第二五号）。

「お諏訪さまの大杉の話」というのは、相馬《そうま》の黒木の諏訪神社にまつわる話です。本殿の上に姥杉《うばすぎ》があって、古くて大きな杉の木だった。この姥杉の天辺には、鎖《くさり》がつないである。大昔、大津波が来て、舟で流されてきた人がこれ以上流されないように、姥杉の天辺に鎖で、その舟を結わえた。その鎖が今もあるが、鎖を探そうとしても、それを見たことはないという。大昔の出来事が今もその痕跡を残して伝わっているというのが、民話の原理ですね。本当に短い話ですが、そのようにして伝えられています。

「小鯨の話」は、海岸から二キロメートル入った所に、小鯨という地名がある。そこに鯨があがって、帰れないで亡くなってしまった。そこで小鯨という地名がついたといういわれになっている。そんなことも教えてくれます。

そして、「舟越し地蔵さまの話」は、福田というところにお地蔵さまがある。津波が来て、地蔵さまも流れてしまうというので、舟に乗せた。その舟が、お地蔵さまを乗せたまま波に乗って、ずうっと上まであがって行って、そこで安泰だった。それが今の舟越し地蔵さまなんだと、そう語ってくれます。

実は、私も二〇代に三陸海岸を歩いたときに、昭和八年（一九三三）の津波の話などをずいぶん聞きました。例えば、山田町に船越《ふなこし》半島というところがあります。お年寄りから、「船越って言うのは、昔、津波のときにここを船が越えたんだ」と聞きました。「ええっ、本当ですか」って応えたわけですが、そのときは大話じゃないかと思った気がします。まったく信じられませんでした。

でも、実際に東日本大震災が起こってみると、船越半島は陸地から切り離されて、島になってしまいました。「ああ、あの時に聞いた船越という地名の由来は本当だったんだ」と思いました。私は、東日本大震災が起こるまで、その話の真実をつかみ取ることができませんでした。岩本由輝《いわもとよしてる》先生が私どもの大学で、「口碑伝承をおろそかにするなかれ」という講演をしてくださいましたけれども、地名や伝説はとても大切なのだと知ったわけです（石井正己編『震災と民話』）。

この山元町には、そうした地名や伝説が豊かにあるわけですから、その豊かな民話をどのように未来に引き継いでゆくのかが大切だと思います。「山元町の民話マップ」は、そうしたことを進めるために、大いに役立つと考えられます。

3　民話の思想と中学生の投書の価値

一方、昔話というのは、「むかしむかし、あったけど」と始まる話で、「桃太郎」「かちかち山」などがよく知られています。伝説が本当にあった話だとすると、昔話は架空の話だと考えることができます。

昭和四七年（一九七二）に、山元町の老人クラブ連合会が『民話』という冊子を出されています。その中に、「笠地蔵」の一話が載っていました。男の方が語ったものです。

爺婆が町へ買い物に行った帰りどしゃ降りになる。途中地蔵が雨に濡れているのに気づき、自分の傘を着せて、みやげに買った団子や菓子を供えて帰る。その夜「爺婆はどこだべなあ」と叫ぶ声がして、やがて爺婆の家の土間に何か重いものを降ろす音がする。夜が明けてから爺婆が土間を見ると大きなつづらがあり、中には二人への贈り物が入っている。二人はその後幸せに暮らした。

（『日本昔話通観　第4巻　宮城』の梗概）

普通お婆さんは家に残っていて、お爺さんが買い物に行くのですけれども、この方の話では、お爺さんとお婆さんが一緒に町に買い物に行っています。そういう意味では、珍しい話です。そして、雪ではなくて雨で、どしゃ降りになります。寒いのは寒いのですけれども、日本海側と比べて、こちらの太平洋側は雪も少ない。西日本に行くと、雪ではなくて、雨が降っていたと語る話はけっこうあります。誤記かもしれませんが、笠ではなく、傘になっているのも、注意されます。

また、この話では、貧しいお爺さんとお婆さんが、たいへんな大金持ちになったというのではありません。夫婦で町へ買い物に行き、お土産に菓子や団子が買えるのですから、一定の暮らしが成り立っている状態です。その上で、お地蔵さまの力によって、さらに幸せを手に入れる話になっています。

実は、一昨年（二〇一五）、山形県新庄市でお話しした、「今、昔話を語り継ぐということ」という講演でも、この「笠地蔵」の話について触れました（石井正己編『昔話を語り継ぎたい人に』）。そのときに会場で紹介したのが、この『笠地蔵様』です。表紙には、秋田県出身の福田豊四郎《ふくだとよしろう》という画家が、雪の中にすっくと立つお地蔵さまの絵を描いています。凛《りん》とした姿で美しいと思います。

この本は、昭和二一年（一九四六）の一月に出ています。昭和二〇年（一九四五）の八月の敗戦から半年経たないうちに、戦後初めての正月に出された絵本が、『笠地蔵様』だったのです。戦争まで「桃太郎」を中心としてきた民話の世界が、戦後は「笠地蔵」に代わったと、私は思っています。

関敬吾・文、福田豊四郎・画『笠地蔵様』表紙

末尾の「お母さまがたへ」で、昔話の国際的な比較研究を進めた関敬吾《せきけいご》が、これは信心深い敬虔な貧しい老翁が、お地蔵さまの力によって幸せを手に入れて、正月を迎える話で、「素朴な信仰を主題とした物語であります」と解説しています。

重要なのは、「苦しい生活の中にも、信仰に生き自ら持《じ》するところがあれば、幸福と平和とが訪れるということを、物語に託して子供たちに伝えようとしたものであります」と述べていることです。「苦しい生活」というのは、昭和二一年の一月ですから、戦争によって荒廃した日本が復興していく歩みを始めた苦しさを意味します。その中でも、こういう信仰を大事にし、自ら凜として生きれば、それによって幸福と平和が訪れる、というのです。ここに「平和」という言葉が入っているのは、やはり戦後まもなくだからでしょう。子供たちに「笠地蔵」を伝えようとした思想の中に、幸福と平和があると言っているわけです。つまり、私たちの戦後の生き方を教えてくれたのは、この「笠地蔵」だったのだと思います。

やがて、二〇世紀の七〇年代に入るころから、教科書に盛んにとり上げられたのは、岩崎京子さんの『かさこじぞう』でした。

大晦日、貧しくて年も越せないような老夫婦がいて、お爺さんが笠を売りに行く。笠が売れずに帰ってくる途中で、六地蔵に売れなかった笠を被せ、最後は自分の手拭を被せて帰る。家に帰って、「お地蔵さんに笠を被せてきた」と話すと、お婆さんは「それは良いことをしましたね」と応える。二人が寝ていると、橇《そり》をひく音が聞こえてくる。ドスンと音がするので、戸を開けてみると、正月の仕度が置かれていた。（要約）

岩崎さんの作品は、大判小判とは言わず、正月の仕度を受け取るだけです。清貧の思想によって、慎ましやかな幸せが手に入るのです。これが多くの教科書にとられていた時期、政治家が、「日本の教科書に「笠地蔵」が採られている。日本が戦後これだけ豊かになったのに、なんでこんな貧乏くさい話を教えるんだ」と批判しました。岩崎さんは「非常に困った」と話してくださったことがあります。

でも、民話は強いですね。今、不安定な時代を迎え、お正月を迎えることが困難であるというのは、被災地だけではありません。年末に「派遣村」ができて、寝る場所と食べる物を提供したことが思い出されます。年末年始になれば、かつては故郷《ふるさと》に帰りました。ところが、東京に出てきた人々が故郷との縁が切れてしまい、故郷に帰れず、寝泊まりする場所もなく、食べる物もない。そこで、「派遣村」を作って対応することになりました。「笠地蔵」は、時代を超えて生き延びてゆくようです。

先の「雨に濡れているお地蔵さまはかわいそうだ」という昔話の思想は、とても重要です。岩崎さんがおっしゃっていましたが、小学生が読むと、特に男の子は、「ただの石の地蔵で、寒いも暑いもない」と言うそうです。科学的に言えば、そうかもしれません。でも、「お地蔵さまもさぞ寒いだろう」と思う優しさ、その優しさこそが幸せを手に入れることを、「笠地蔵」の話は教えてくれるのではないかと思うのです。

こういった話は、山元町老人クラブ連合会の『民話』の中にいくつも拾うことができます。昨日（三月二四日）の報道では、特別の教科として「道徳」が入ってきて、教科書ができたとしていました。子供たちにしっかりと道徳心を身につけさせなければいけない、と考えるようになっています。

でも、かつての道徳教育としては、家庭の中で、子供や孫たちに民話を通して生き方を教えてきたはずです。その伝統が切れてしまったので、学校教育の中に「道徳」という教科を持ち出さなければならなくなったのではないかと思います。かつてで言えば、「修身」ということになりますが、今、日本の社会が不安定になる中で、社会規範が求められているのでしょう。愛国心の問題もあると思いますけれども、これから道徳の授業が本格的に始まります。

話を少し変えてみましょう。実は、小学館の『巨大津波』になるときに、三冊の証言集から落ちてしまった話がいくつかあります。第一集の中にある話で、この場にご関係の方がいらっしゃるかもしれません。当時、一五歳の中学生だった渡辺昌弘君が、『河北新報』の投書欄に送った「避難生活から団結の心を学ぶ」という文章が載っています。彼は今二一歳、大学生であるか、すでに社会人になっていると思います。たぶん照れると思いますけれども、若い人の文章はとてもいいですね。

東日本大震災が発生し、津波が押し寄せ、町は半壊しました。僕の家は流されました。最初は夢でも見ているんだろうと思いました。でもそれは現実で、受け止めなければなりませんでした。

避難生活が始まり、たくさんのことを学ぶことができました。友達とボランティアで手伝いました。配給するときは、ただ手渡すだけでなく、お年寄りだったら途中まで付いていってあげたり、転がりやすいものだったらポケットに入れたりしました。

家族と車の中で寝ました。寒かったのでみんなで協力してシートを巻くなどの工夫をしました。団結することは本当に大切だと思いました。

僕はこの震災に対して恨みと感謝の両方の気持ちがあります。たくさんの人の命を奪った面では、悲しみは募るばかりです。でも、震災があったから、人とはどんなに掛け替えのないものかを知り、団結力とはどんなときでも失うことはないと気付かされました。


彼は、家が流されたことを現実として受け止めなければなりませんでした。そして、被災しながら、同時にボランティアを行うことになります。彼だけでなく、各地の避難所で、中学生や高校生が活躍したと思います。そして、ボランティア活動の中で、それまでの生活になかった経験をし、さまざまな心遣いを学びます。震災に対する恨みと感謝に引き裂かれながら、「団結」の大切さを知ったのです。

「人とはどんなに掛け替えのないものか」と言いますが、その「人」というのは「命」ということだと思います。命というのはどんなにかけがえのないものかをまざまざと知ったのです。そして、人と人とがつながることで、困難を乗り越えてゆくことを、ボランティア活動で気づかされたにちがいありません。彼は震災によって家を流され、「恨み」を持つ一方で、震災によって団結の大切さを知ったことに「感謝」をしているのです。『巨大津波』には入りませんでしたが、すごく大事な作文だと思います。

4　関東大震災を書いた小学生の作文

私がこの三年ほど東京で活動していることに、関東大震災の講演があります。大正一二年（一九二三）の九月一日に起こった地震で、相模湾沖を震源とするマグニチュード七・九、震度六の地震でした。震源地が海でしたので、鎌倉などには津波が押し寄せています。一四万人の死者や行方不明者があり、全壊焼失家屋は五七万戸、被災者は三四〇万人という、想像を絶するデータが残されています。日本人が経験した最も大きな災害だったと言うことができると思います。

東日本大震災では巨大な津波がありましたけれども、関東大震災で、なぜこんなに被害が広がったのかというと、最大の理由は火災です。東京の下町がほぼ焼けました。しかし、今、東京都一三〇〇万人の人々が、この九四年前の関東大震災のことをどれだけ知っているかと言えば、まったく知らないと思うのです。一方で、東京を考えてみると、私は東日本大震災から学ばなければいけないことがたくさんあることに気がつきます。それが、「東日本大震災を他人事にしない」ということにつながるのだと思います。

証言集の第一集の、渡辺昌弘君の作文を読みながら、東京の人々に、自らの住む土地の記憶を知ってもらうには、どうしたらいいだろうか、と考えます。もちろん、九四年も経つと、一〇〇歳を超えた方には経験があっても、もう経験を語れる人は限られていますので、「頼りになるのは残された資料である」と言っていいでしょう。山元町の民話から離れてしまいますが、聞いてください。

一三〇〇万人に膨れた東京を見ても、先祖代々の江戸っ子だという人は少なくて、戦後の高度経済成長期以降やって来て、今も暮らしている人が多いわけです。従って、関東大震災のことは、どうしても他人事になりやすいのです。でも、首都直下型地震があるかもしれませんし、それに近い地震は確実にやって来るでしょう。その時に、私たちはどうしたらいいのでしょうか。

実は、関東大震災の翌年に書き残された子供たちの作文があることが知られています。かつての東京市十五区では、三分の二の学校が焼けました。その後、バラックを建てて授業を始めるわけですけれども、子供たちに、東京市学務課が作文を書かせたり、絵を描かせたり、工作を作らせたりして、翌大正一三年（一九二四）の三月一日から一週間、上野公園で作品展を開いています。一三〇〇〇点の作品が並んだと新聞記事に出ています。

その中には、地震に遭った恐ろしさを詳しく書いた作文、混乱の中で家族と永遠の別れをしたことを書いた作文、親類や知人を頼って避難生活を送った息苦しさを書いた作文、東京に戻ってからのバラック生活の大変さを書いた作文があります。また一方では、震災には触れずに、雪だるまを作って遊んだ楽しさを書いた作文、節分の豆まきで「鬼は外、福は内」をしたことを書いた作文、お雛さまの祭りをした嬉しさを書いた作文も見えます。「鬼は外、福は内」の、「福は内」にかける思いは大きかったでしょうね。

そのときの学務課長が、「絵画や工作はみんなが見てくれるが、作文は誰も読んでくれず、素通りだ」と嘆いていきます。せっかく書いた作文が活かされないと考え、尋常科一年から六年までと、高等科の七冊を作るわけです。その中には、二一八七名の作文が出ています。これらを新たに文字にして読めるようにしたいと思い、文京区の本郷図書館と一緒に進めています。「研究者には、残された遺産を現代につなげてゆく役割が求められている」とすれば、こうした作文を通して、東京の記憶を呼び戻したいと考えています。

今の東京都墨田区は、かつては本所区と向島区でした。わかりやすく言えば、あのスカイツリーのある辺りです。江戸東京博物館の北側が被服廠《ひふくしょう》の跡地で、陸軍の服を作っていた施設が移転して、公園にする計画がありました。広大な空き地になっていましたので、付近の人々はそこへ避難しました。当時の写真を見ると、大八車に簞笥《たんす》・布団《ふとん》を積み、馬も逃げています。

ところが、そこに熱風が起きて、あっという間に火災になりました。その一カ所で、三八〇〇〇人が亡くなりました。関東大震災における死者の三分の一が、一カ所で亡くなってしまったのです。なぜそんなことが起こったかと言えば、避難所に当たるような場所が被災したからに他なりません。そうすると、甚大な被害になることを示します。

この三月二〇日に、文京区の本郷図書館で、本所区の子供たちの作文を読みました（本書第5章参照）。緑尋常小学校第五学年の吉田正次さんの「大震災火」を読んでみます。

九月一日、僕が学校から帰って御飯を食べようと思って、はしを取った。其《そ》の時であった。俄《にわか》にグラグラ家がゆれ出した。とたんに、がらがらと瓦《かわら》は雨の如《ごと》くにおちて来た。ガラスのわれる音なども一時に始まった。ゆれ方は一そうはげしい。

僕等は火鉢などの火をけすとすぐ表へ飛び出した。電車通りはもう一ぱいの人である。しばらく外でござをしいてすわっていた。四方に火の手が上《あが》った。いつもすぐ来る自動車ぽんぷも今日はこない。やっと被服しょう跡の前へ出たが、中へはもう入れない。人や荷物で一ぱいである。仕方なしにわきの広場へ逃れた。折から火の為《ため》におこった旋風に、人の顔も何も見分けはつかない。瓦やもえた柱が空を飛んで居る。僕等も二、三間は飛ばされた。やっと前の河へ飛込んだ。頭へどてらを水にぬらしてかぶって居た。前には、やけた船がある。空は火で真赤《まっか》である。水は一刻一刻におしてくる。もうどうしてもどうしても居られなかったが、幸いにも風が少しやんだ為に、火も大分弱くなった。何から出たか、まだ火はもえている。砂にくるまっていた。向うでしきりに「助けてくれ助けてくれ助けてくれ」とよんでいる。或《あるい》は子供の名をよんだり、母の名もよんだりして居る。五、六十間先にはやけた死体が何万と横たわって居るのを見るとぞっとする。一夜そこで明かした。父は大阪へいって留守だった。それでも家中母も兄も二人の弟も無事だった事は何よりも幸福だと思います。今年四つの弟が母の背で、「ごめんなさいごめんなさいごめんなさい」と泣きました。アア地震はこわかった。思い出せば思い出す程おそろしいことです。

地震が起きたのは一一時五八分でしたので、ちょうど昼ご飯時でした。それで、火事が多かったと言われています。この話では、火鉢が生活の中にあることがわかります。九月になると、ちょっと肌寒い日があるのでしょう。私などの経験でも、冬がやって来る前に、押し入れから火鉢を出しました。今では、囲炉裏と同じように、火鉢も説明しないとわからないですね。まずその火を消します。

そして、「四方に火の手が上った。いつもすぐ来る自動車ぽんぷも今日はこない」という一節は重要です。火事が起こったらすぐにやって来るはずの消防自動車がやって来ないのです。つまり、消防自動車が動けなくなっているわけです。今、東京の被害想定では、消防自動車がある程度機能すると楽観していますけれども、おそらくそうはいかず、消せなくなると考えるべきです。

被服厰跡の中は人や荷物でいっぱいで、もう入れません。脇の広場に逃れると、折から火のために起こった旋風で、人の顔も何も見分けがつきません。瓦や燃えた柱が空を飛んで、やっと前の隅田川《すみだがわ》に飛び込んだのです。隅田川で亡くなる人がたくさんいました。生き残った人の多くは、着ているものを水で濡らして頭に被っています。この場合も、「頭へどてらを水にぬらしてかぶって居た」とあります。

「前には、焼けた船がある」「向うでしきりに「助けてくれ助けてくれ」とよんでいる。或は子供の名をよんだり、母の名もよんだりして居る」「五、六十間先にはやけた死体が何万と横たわって居る」と見えるのは、壮絶です。「父は大阪へいって留守だった」というように、父親がいない場合はけっこうありました。東日本大震災も金曜日の昼間でしたので、そんな家庭がいっぱいあったはずです。

そして、「それでも家中母も兄も二人の弟も無事だった事は何よりも幸福だと思います」、「アア地震はこわかった。思い出せば思い出す程おそろしいことです」と結びます。この家は四人兄弟の六人家族でしたが、東京下町は大家族が多かったのです。家族全員が無事だったというのは、本所区ではなかなかなかったことだったと思います。

また、外手尋常小学校第五学年の中村君子さんの「被服廠跡」は、こんな作文です（本書第5章参照）。

二、三の友とうちつれて被服廠へお参りに行ったのは土曜の午後であった。

忘れようとしても忘れられない去年の九月一日の大震火災で、三万五千余りの人が悲しい最後をとげられたこの地、殊に私にとっては受持ちの先生や親しい親しい六、七人の同級生までも焼き尽くした恐ろしくも又うらめしくもあるこの地。

先《ま》ず正面の広場を真直《まつすぐ》に進んで行くと、突当る所に納骨堂があり、ゆらゆらとお線香の煙が立ちのぼっている。私達は入口で買って来たお花やお線香又おさいせん等をあげてうやうやしく拝んだ。お堂の中をうかがい見ると、真中《まんなか》に大きな卒塔婆《そとば》が一本突き立っていて、その周囲には大小の美しい花輪が取りまいている。折しもカーンカーンと鳴りひびく鐘《かね》の音、いとも物淋《ものさび》しく、いつしか悲しい思い出は泉の如《ごと》くにわき出るのであった。すぎし一日に夏休みがすんで久し振りに私達の教室で第二学期の心得を話して下さった、あのしとやかな新井先生のおもかげ、なつかしいなつかしいお友達、お人形のように美しく又学科もよくお出来になり、五年で女学校へいくと勉強していらしたあの梅子様の洋装すがたが目の前にうかぶ。心の中で思わず、ああ梅子さんとよんで見たが、どうしてこたえがあろう。せめて安らかなおねむりにつかせられるようにといのりつつ流れおちる涙をぬぐいながら、左へ折れて卒塔婆が沢山に立ち並んで居る所へくると、白骨の山のあった時のことや、秋風に淋しくお花の山をつくって居た頃のことなど震災後のあわれなありさまを思い出さずにいられない。

お参りをすまして元の広場へ来た頃は、太陽も西の端に沈みかけて淡い光を地上へと投出して、私達の長い影をぼんやりとうつしている。

この子は、受け持ちの先生や親しい六、七人の同級生を亡くしたので、二、三人の友達と一緒に被服廠跡地へお参りに行きました。今、被服廠跡地には東京都慰霊堂があり、関東大震災で亡くなった方々に加えて、昭和二〇年三月一〇日の東京大空襲で亡くなった方々をお祀《まつ》りしています。

被服廠跡地には広場があって、納骨堂があり、その中に入ってゆくと、お花やお線香やお賽銭《さいせん》があげられ、真ん中には大きな卒塔婆があって、周囲には大小の花輪がある。カーンカーンと鳴り響く鐘の音が聞こえ、そういう中で、亡くなった先生や友達のことを思い出し、「せめて安らかなおねむりにつかせられるように」と祈ります。流れ落ちる涙を拭いながら左に折れて、卒塔婆が立ち並んでいるところへ来ます。そこでは、「白骨の山のあった時のことや、秋風に淋しくお花の山を作って居た頃のことなど震災後のあわれなありさまを思い出さずにいられない」とします。被服廠跡地では三八〇〇〇人が亡くなりましたので、そこで遺体を焼いたのです。白骨の山が積まれていましたが、それが整備されて、半年後には納骨堂に入っていたわけです。

二人の作文を引きました。情報化とか国際化とか言われながらも、私は歴史を顧みて、九四年前の子供たちの証言を読み解きたいと考えています。私が生まれ育った故郷である東京という町をどのようにしてゆくかということを考えるために、「子供たちの声に耳を傾けてみましょう」と言い続けているのです。そうしたことも、やまもと民話の会の証言集から学んだことがきっかけになっています。

5　井上ひさしが残した「思い残し切符」

実は三月一八日、盛岡にある岩手大学に講演に行きました。岩手大学には、三陸沿岸の被災地の復興を支援するという、社会的使命があると思いますので、ちょうど、昨年（二〇一六）は宮沢賢治生誕百二〇年にあたりましたので、私は井上ひさしの話をしたわけです（本書第13章参照）。宮沢賢治は昭和八年に亡くなりましたが、井上ひさしは、昭和九年（一九三四）、生まれ変わるように、山形県に生まれます。そして、東日本震災の前の年（二〇一〇）に亡くなりました。

井上ひさしは、釜石でお母さんが居酒屋をしてましたので、国立療養所の職員などをして、一時期を過ごしました。柳田国男の『遠野物語』（一九一〇年）のパロディーの『新釈遠野物語』（一九七六年）を書いたり、石川啄木の『泣き虫なまいき石川啄木』（一九八六年）を書いたりして、岩手県に関わる作品を残しています。その中に、昭和五五年（一九八〇）に出した『イーハトーボの劇列車』という戯曲があります。宮沢賢治が理想の楽園としての岩手県を「イーハトーブ」と呼んだことにちなみます。

井上ひさしは、『宮沢賢治全集』を読み尽くして、宮沢賢治が東京に上京したのは九回あり、その中から四回を抜き出して、列車に乗る場面と東京にいる場面を劇の中に仕掛けてゆくわけです。その最後の東京にいる期間が、昭和六年（一九三一）の九月二五日です。その日に、こんな場面が出てきます。

宮沢賢治と福地第一郎という人が話をしていると、そこに車掌がふっと現れます。福地第一郎の妹の福地ケイ子は病気でした。車掌はこう言います。

福地ケイ子さんの意識がまだ回復していませんので、この「思い残し切符」を兄さんの第一郎さんにお預けします。これは長野の紡績工場で肺結核でなくなった十九歳の娘からの「思い残し切符」です。（ちらと賢治を見て）……あなたにはありません。

細井和喜蔵《ほそいわきぞう》の『女工哀史』（一九二五年）ではありませんけれども、紡績工場に働きに出て、結核になった若い女性が一九歳で亡くなり、その人の「思い残し切符」を持ってきたのです。賢治はそれまで車掌から切符を貰ってきたので、こう述べます。

おれも三回ばかり貰いました。……はじめのうちはなんのことだかちっともわからなかった。そこで散々考えた末、このごろようやくこの切符の意味がわかりかけてきました。たとえば思いがけない事故で電気工事夫が死ぬでしょう。彼はとっさに「いま死んだら、小学一年生の末の娘はどうなるのだ。ああ、あの娘《こ》のことを考えると死ぬに死にきれない」と考え、思いを残す。その思いが切符となって、生きている人間に伝えられる。

車掌が渡す小さな切符には、何も印刷されていないわけですけれども、賢治はこう言います。

不幸のうちに死んだ人たちの心の中の様子をようく考えれば、見当はつくんじゃないかなあ。この切符の贈り主は、死際《しにぎわ》にたぶんこう考えたんじゃないかな。「ああ、一日でいいから金持の娘に生れてみたい。そしたらおいしいものを一食だけたべて、きれいな着物を一着だけ買って、それから両親に千円仕送りして、残ったお金でこの工場のそばに病院をたてるわ」なんてね。

つまり、何も書かれていない「思い残し切符」に言葉を埋めてゆくのは、それを受け取って、生きている人間だということになります。さらに賢治は、「この切符を受け取った人間は、すくなくとも三年か四年は、決して死ぬことはない」と話します。従って、福地ケイ子は生きられます。でも、賢治には「あなたにはありません」というのですから、賢治は生きられません。実際、賢治は昭和六年から二年後の昭和八年に亡くなっています。車掌は、第一郎にも「こちらにもありません」と告げていますので、彼もその後満州国政府の実業部長になって、やがて亡くなったはずです。

だいぶ話が逸れてしまいました。東日本大震災から六年が経ちましたが、私たちは、多くの方から、「思い残し切符」を渡されているのではないかと思います。ですから、残された私たちは、その中に、「思い残し」が何だったかを想像して、言葉を埋めていかなければなりません。とてもつらい作業ですけれども、それが残されて生きている者の役目ではないかと思います。井上ひさしの戯曲を読むと、そういうことが見えてきます。

やまもと民話の会のみなさまは、震災当時七名、今は八名の会員ですが、「やまもと民話の会のあゆみ」のパンフレットには「会員募集中」とあります。ぜひ、「会員募集中」に応えてくださる方が現れてほしいと思います。来年（二〇一八）五月に、やまもと民話の会は、発足二〇年を迎えます。今日の記録を残して、私はやまもと民話の会のみなさまと二〇年のお祝いをして、次の歩みをしたいと考えています。

復興に当たって、やまもと民話の会の果たしてきた力はとても大きくて、「民話が一〇〇年後の子供を助ける」と思っています。「民話が一〇〇〇年後の人々を守る」と思っています。「語り継ぐ」の「継ぐ」というのが重要で、継がないと語りは消えてしまいます。その中で私たちは、この『巨大津波』の本を、一〇〇年後の山元町の子供たちが、「これは曾祖父さん、曾祖母さんのことなんだ」と言って紐解いてくれたら、そこにファミリーヒストリーが生まれますし、地域の物語が生まれます。

こうして残された民話の遺産はとても大事な宝物です。でも、それを活かす努力をしなければなりません。今日ご参会のみなさまにお力添えをいただきたいと思います。そして、私自身もこれを未来に引き継ぐために、情報化・国際化といわれる時代の中で、どうしたらいいかということを模索したいと思っています。

（二〇一七年三月二五日、山元町中央公民館にて講演）

参考文献

・石井正己編『震災と民話』三弥井書店、二〇一三年
・石井正己編『昔話を語り継ぎたい人に』三弥井書店、二〇一六年
・石井正己編『東京市立小学校児童震災記念文集　本所区特集』東京学芸大学石井正己研究室、二〇一七年
・稲田浩二・小沢俊夫責任編集『日本昔話通観　第4巻　宮城』同朋舎、一九八二年
・岩手大学宮澤賢治センター編『賢治学』第四輯、東海大学出版部、二〇一七年
・岩手大学宮澤賢治センター編『賢治学』第五輯、東海大学出版部、二〇一八年
・日本民話の会編『聴く　語る　創る　東日本大震災　記憶と伝承』第二五号、日本民話の会、二〇一七年
・井上ひさし著『イーハトーボの劇列車』新潮文庫、一九八八年
・やまもと民話の会編『小さな町を呑みこんだ巨大津波』第一集〜第三集、やまもと民話の会、二〇一一〜一二年
・やまもと民話の会編『巨大津波』小学館、二〇一三年
・亘理郡山元町老人クラブ連合会編『民話』亘理郡山元町老人クラブ連合会、一九七二年

Ⅱ 関東大震災の東京——作文の力

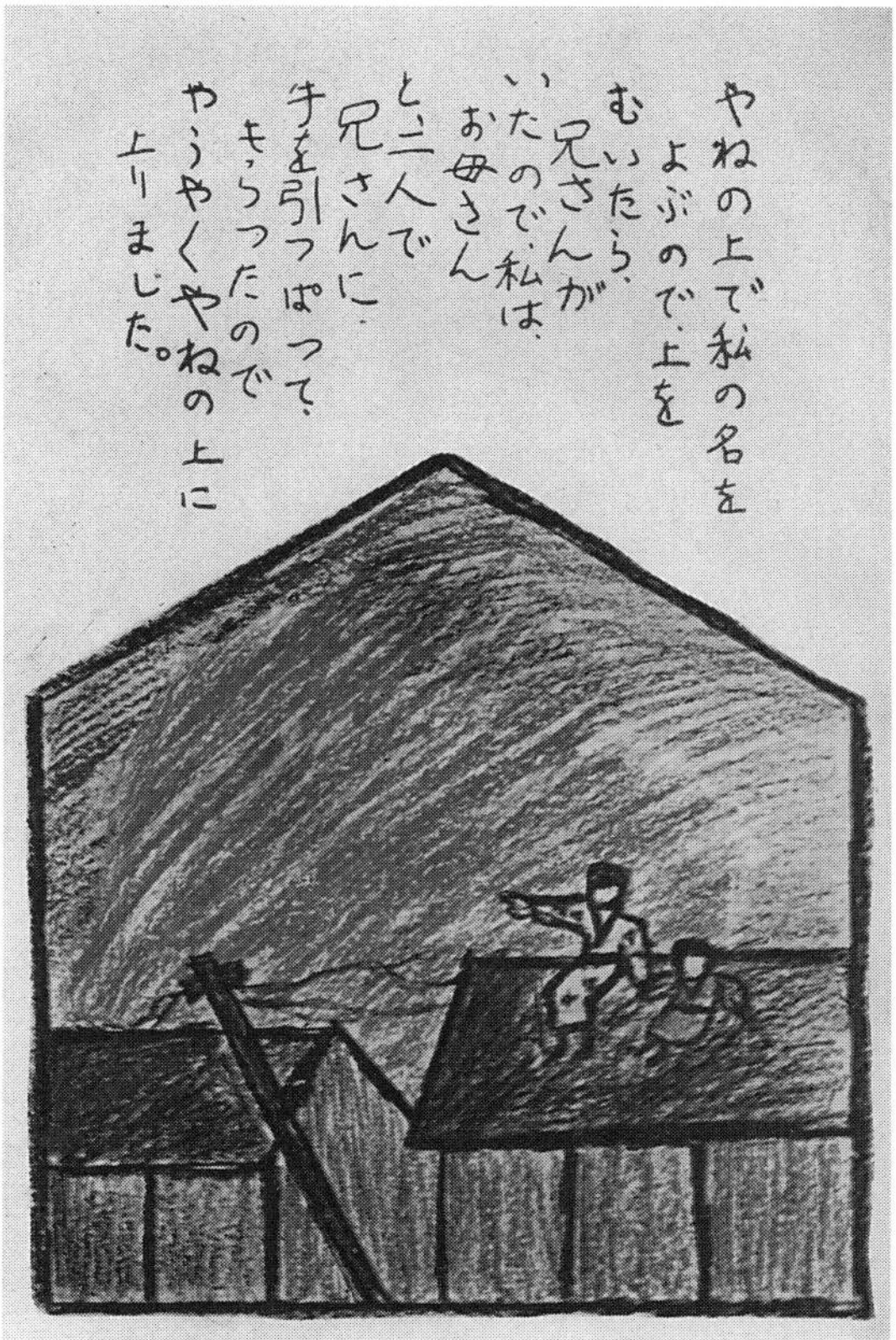
やねの上で私の名を
よぶので上を
むいたら、
兄さんが
いたので私は、
お母さん
と二人で
兄さんに、
手を引つぱつて
もらつたので
やうやくやねの上に
上りました。

『東京市立小学校児童震災記念文集　尋常二年の巻』深川区明治第二尋常小学校の井上高子さんの絵

4 関東大震災の本郷——子供たちの声に耳を傾ける

1 災害・戦争からの復興とお地蔵様

東日本大震災からいろいろな新聞に記事を書いてきました。今年（二〇一六）は三月七日の『東京新聞』夕刊に「復興の祈りとお地蔵様」という文章を載せました。『東京新聞』ですから、東京の読者を想定して文章を書きます。従って、実は、この記事は東京の方々に「東日本大震災は他人事ではない」というメッセージを伝えたいという意図が強かったのです。

文京区の湯島《ゆしま》天神の男坂の上り口の右側に、小さなお地蔵様があります。赤い幟には「関東大震災復興地蔵尊」と書かれています。お地蔵様の右には「大正大震火災横死者追善」、左には「大正□□年九月一日建之」と刻まれています。「横死者」というのは死を余儀なくされた人という意味です。石が欠けていて大正何年か不明ですが、一周忌か三周忌に建てられたようです。看板には、天二町会の有志が近くにある心城院というお寺の協力を得て、このお地蔵様を建てたという由来が書かれています。「震災で亡くなった方々の冥福と地元の平和発展を祈った」と見えます。

さらに昭和二〇年（一九四五）の東京大空襲のときにも、隣接町会は焼土と化したけれども、この町は一軒の損失もなく難を免れ、これもお地蔵様のご加護ではないかとあります。そして、毎年九月一日には供養会を営んでいるそうですから、そういう形で、この地域では「関東大震災と東京大空襲を忘れない」という営みを持続させているのです。人々がこのお地蔵様に寄せる祈りがあることが注意されます。

また、隅田川《すみだがわ》の吾妻橋《あづまばし》の東詰にも「あづま地蔵尊」があります。東京都内には、関東大震災にまつわるお地蔵様、あるいは東京大空襲にまつわるお地蔵様が点々とあるのです。道端にひっそりと建っているので、普段はなかなか気がつかないだけで、そこには人々の願いや祈りが見られます。「あづま地蔵尊」の存在というのは重要です。この辺りは浅草寺やスカイツリーがあって、外国人観光客が行き交う界隈ですが、そこにひっそりと過去の記憶が残るからです。

お地蔵様は奈良時代に仏教とともに伝来して、平安時代には『今昔物語集』を見ると、人々の中によく定着し、民間信仰として息づいてきたことがわかります。現在でも、交通事故のあった場所にお地蔵様を建てて供養することが日本各地でよく見られます。お地蔵様というのは亡くなった人を供養し、生き残った人々の心を癒《いや》しますので、仏教の宗派を超えた民間信仰としてあるわけです。

私は昔話も研究テーマにしています。「笠地蔵」という話は、年の暮れに、正直なお爺さんが雪の中に立つ六地蔵を見て笠を被せ、お婆さんもお爺さんの話を聞いて、「それは良いことをしましたね」と共感します。信じられないような美しい心を持った夫婦です。そのお爺さんお婆さんに、六地蔵が大判小判を持ってくるのです。東日本では雪ですけれども、西日本などの雪が降らない地帯では雨になっていたりしますが、雪のイメージが一般的です。

『笠地蔵様』という絵本は昭和二一年（一九四六）の正月に出版されています。戦後最初のお正月に子供たちに与えられた絵本が『笠地蔵様』だったというのは注意されます。太平洋戦争のときに軍国主義の一翼を担ったのは「桃太郎」でした。鬼が島の鬼退治が鬼畜米英に重ねられ、桃太郎は軍国主義の英雄になったのです。そういった経緯があったために、「桃太郎」は教科書から追放されました。

戦後、「桃太郎」に代わって人々に大事にされたのが「笠地蔵」だったと思います。昔話の研究をした関敬吾は、この絵本の末尾の「お母さまがたへ」で、「苦しい生活の中にも、信仰に生き自ら持《じ》するところがあれば、幸福と平和とが訪れる」と解説しています。「笠地蔵」に託した戦後の復興の祈りがやはりあるのでしょう。人間の生き方の指針を、この「笠地蔵」に求めたのだと思います。

その後、児童文学作家の岩崎京子さんの『かさこじぞう』が小学校二年生の教科書に取り上げられてきました。これは昭和四二年（一九六七）に出版されています。教科書に載ることによって、日本人なら誰でも知っている国民的な教養になったわけです。江戸時代以来の絵本の中でもまったく注目されてこなかった「笠地蔵」が発見された経緯には、やはり戦後の復興があったのだと思います。

しかし、日本が高度経済成長期を迎えて復興を遂げると、政治家が「豊かになった日本で、何で正月も越せないような貧乏くさい話を教えるのか」と批判します。岩崎さんが、「マスコミに追いかけられて、たいへんだった」と話してくださったことがあります。けれども、時代が変わって、格差や貧困が問題になっていることを思えば、歴史とは皮肉なものです。こうした不安定な時代の中で、「笠地蔵」は新たな光を当てられるのかもしれません。そう考えると、時代の変化よりも、昔話の方が遥かに強固であることがわかります。

今、被災地に次々とお地蔵様が建てられています。「てのひら地蔵」が遺族に贈られたり、「子まもり」の親子像が祀られたりしています。お地蔵様に託しながら被災地の復興を願っているわけです。ハワイのヒロは日系の移民がたくさんいたところですが、チリ地震の津波で町がなくなって高台移転をしました。太平洋津波博物館の前にも小さなお地蔵様があり、ここにもやはり日本人がいるのだなと感じました。日本人がお地蔵様に寄せてきた思いは海を越えているのです。

一方、南三陸町は被災した防災対策庁舎を残すと決めましたけれども、多くの被災地では震災遺構をどうするかという議論の中であり、非常に残りにくいのが現実です。現実問題として、この東京を見ても、関東大震災の震災遺構はほとんど残っていません。では、何をよすがにすれば震災を忘れないのかと考えると、道端に立つお地蔵様は意外に大きな意味を持つはずです。震災遺構が残りがたいという問題を念頭に置きながら、東京の街角を歩くときにちょっとお地蔵様に注意してくださったらいいなと思うのです。

2　『東京市立小学校児童震災記念文集』の刊行

今日は「子供たちの声に耳を傾ける」というテーマです。関東大震災九〇年のときに書いておきたいと思って、平成二五年（二〇一三）九月五日の『東京新聞』夕刊に「関東大震災90年　作文が培った復興」という記事を載せました。それは大正一三年（一九二四）九月一日発行の『東京市立小学校児童震災記念文集』全七巻を取り上げたものです。冒頭の、「舟にのせていただきまして東京わんまでにげましたが火はあとからどんどんおいかけてまいります―」は、深川辺りの子供が書いた作文の一節ですが、素朴な言葉で訴えた文章は貴重です。

震災から半年後の大正一三年三月一日から七日間、東京市学務課は上野公園で震災記念作品展を開催します。半年ですからずいぶん早いですね。子供たちの精神的な復興を図ることを目的にして、図画・手工・作文の三部門で、主に震災の印象を刻んだ一三〇〇〇点が出品されました。子供たちは「小市民」とも「第二の国民」とも言われ、復興を推進する人材として期待されたわけです。ちょうど国語教育界でも綴り方教育が非常に盛んになっている時期でしたので、子供たちに震災体験を書かせようという気運が生まれたようです。

一方、静岡県伊東の宇佐美《うさみ》小学校でも作文が書かれ、復刻されています。東京の場合は火災でしたが、伊東には津

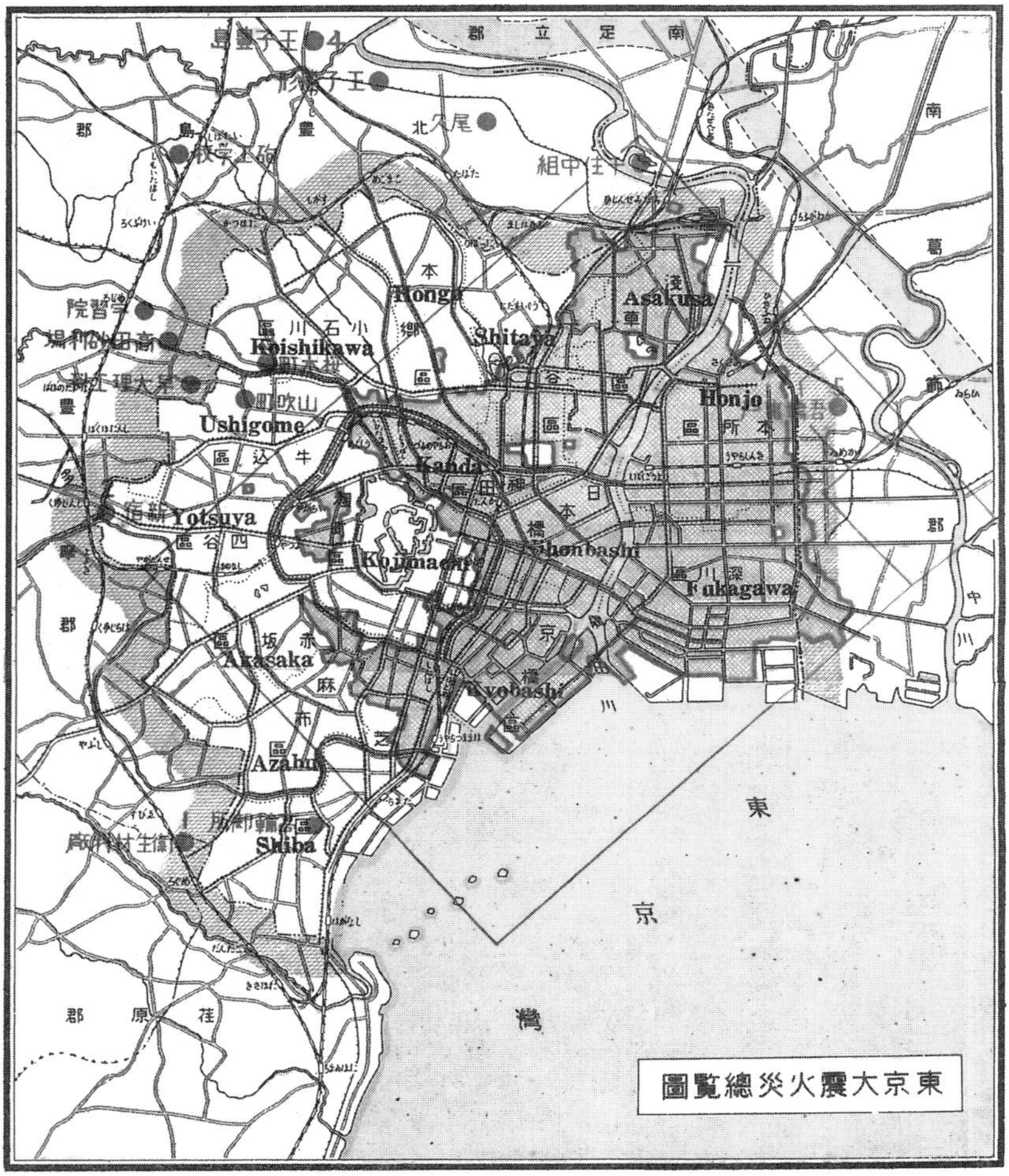

『東京大震火災誌』の「東京大震火災総覧図」(原図はカラー)

波が来ています。こうした関東大震災のときの作文が、たぶん日本では初めて書かれた「震災作文」だと思います。最近では、平成七年（一九九五）の阪神・淡路大震災でも作文が書かれましたし、今度の東日本大震災でも作文が書かれましたが、作文と震災の記録がつながった最初は関東大震災だったと言うことができます。

東京市の子供たちの作文を読みますと、大混乱の中で家族と永遠の別れをした子供もいます。あるいは、一度地方に出て、東京に戻ってからバラック生活を始めたけれども、それが苛酷だと書いている子供もいます。なかには、震災のことについてはまったく触れていない子供の作文もあります。先生は震災の印象を書かせたかったはずですが、まったく触れていないということが、実はとても重い意味を持つように感じます。こうした子供たちの残した声に真《しん》摯《し》に耳を傾けてみたいと思うのです。

東京市というのは、今で言うと、だいたい山手線の池袋・新宿・渋谷のラインから東側にあたります。東京市内には小学校が一八六校ありましたが、そのうち一一七校が焼失してしまいました。驚くようなデータですが、実際に東京市の三分の二が焼けているのですから、三分の二の小学校も焼けてしまったわけです。被災した児童は一五万人と言われています。その後、天幕やバラックを教室にして、青空教室も開きながら、一〇月くらいには授業を再開しているようです。

半年後の三月にこの作文が作品展に出されていますので、だいたい二月の半ばまでには子供たちに作文を書かせていたと思います。尋常小学校一年生から六年生、高等小学校がそれぞれ一巻の、計七巻になります。全七巻の中には二一八七名の作文が収められていますので、二〇〇〇人を超える子供たちの声がここにあります。図画・手工・作文の三部門をどのように分けたのかはわかりませんが、掲載された作文は一定の水準に達していますので、先生の指導もあり、選抜もあったと思います。

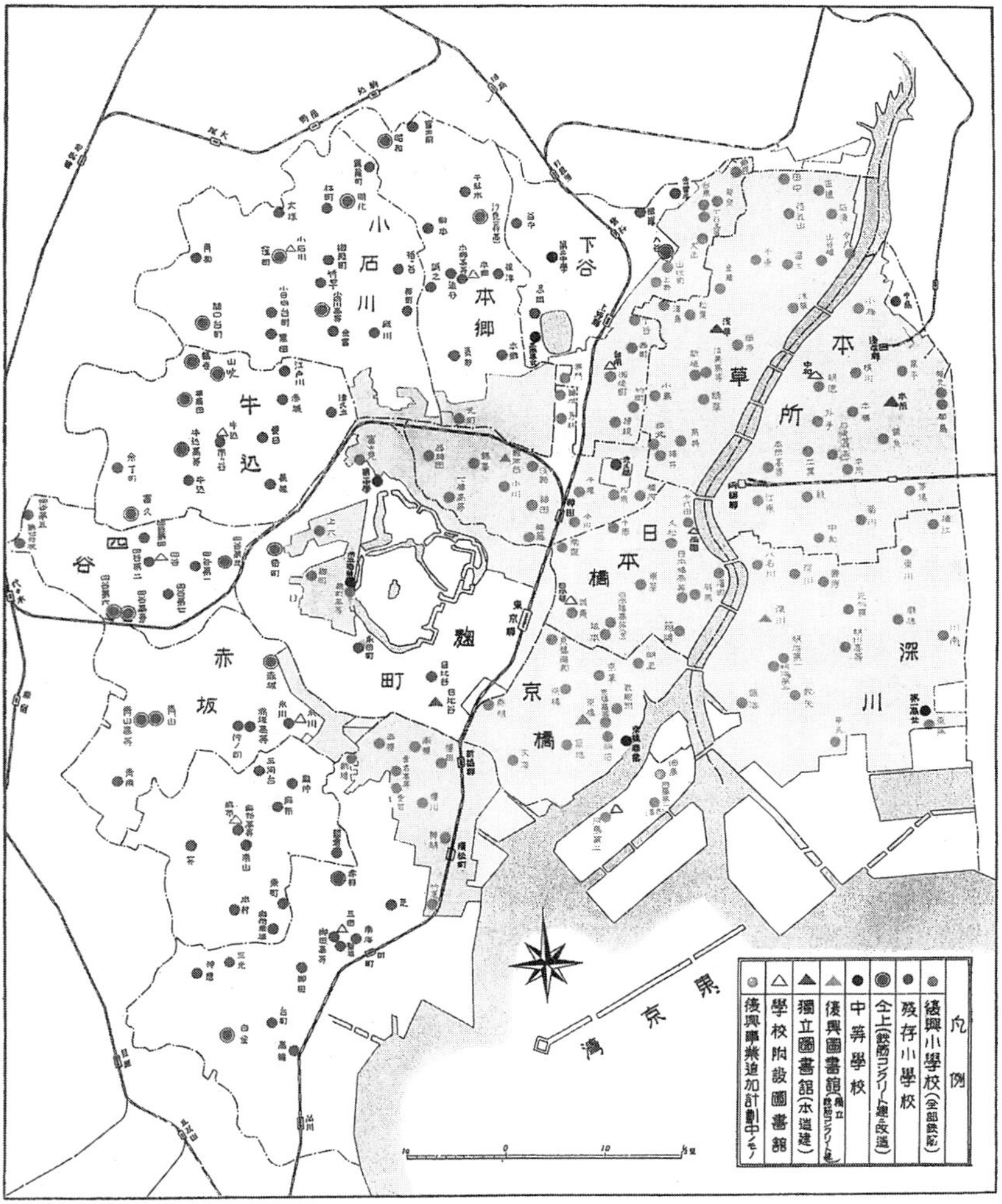

『東京市教育復興誌』の「東京私立小学校並市立図書館分布図（附中等学校）」（原図はカラー）

学務課長の佐々木吉三郎という人が序文を書いています。それによれば、展覧会に作文を出品したけれども、みんな作文を読まずに素通りだというのです。立ち止まってゆっくり読む余裕はなくて、やはり見栄えのする図画や手工に行ってしまったのだろうと思います。各巻の口絵にはカラーの絵が入っていて、それらは図画の作品の中から選抜したものだと思います。子供が泣いている絵などもあって、やはり心が痛みます。震災の記録として書いた作文が素通りされたことを見過ごすことができず、何とかして後世に伝えたいと考えた結果、こうした出版をしたのですから、たいへんな英断だったと思います。

この子供たちは大正一二年に尋常一年生から高等二年生までですから、私から見ると死んだお祖父さんやお祖母さんの世代にあたります。みなさま方にとってはどうかわかりませんが、二代前や三代前の人々になると思います。子供たちは震災からの復興を担い、被災した多くの地域はやがてまた東京大空襲に遭うことになります。この世代には、震災と戦災の二つを経験した方も少なくなかったはずです。

文京区はかつて小石川区と本郷区でしたが、戦後昭和二二年（一九四七）に合併して文京区になりました。今回、手作りの小冊子を作りましたが、これは七巻の中から、本郷図書館がある本郷区の作文を全部まとめてみたものです。私の野望としては、七巻全部をまとめて再編集して出版したいと考えています。今日はその初めの一歩です。

3　本郷区の避難と疎開、横浜での被災と転校

では、具体的に作文を読みながら、本郷区の子供たちの声に耳を傾けてみましょう。子供の作文ということで言えば、もちろん、先生が指導したり、親が助言したりということがあっただろうと思います。これらをどのような基準で選んだのかもよくわかりません。そうしたことを一方で気にしながらも、これらの作文は十分な価値を持っている

ことに気がつきます。

まず本郷尋常小学校一年生の小林一郎さんの「大ジシン」という、漢字カタカナ交じりの文章が出てきます（本書第6章参照）。当時はひらがなではなく、カタカナから文字を習いますので、幼い子供たちはカタカナで書きます。「大ジシンノトキボクハ、二カイニイマシタラ、タナノイロイロナモノガオチテキマシタ。オカアサンガ、ヨビマシタカラ、イソイデソトヘデマシタ。モウ大ガッコウガ、火ジニナリマシタ」と始まります。大学校とは東京帝国大学のことで、図書館が焼けて三〇万冊とも言われる蔵書が失われました。本郷小学校の学区域は向かい側ですから、大学図書館が火事になった様子はすぐにわかったはずです。

そこで、「ミンナデイケノハタヘニゲマシタ。ソレカラ、イワサキサンノ中ヘ、ハイリマシタラ、火ノコガ、タクサントンデキマシタ」とあります。本郷から不忍池《しのばずのいけ》のほとりの池之端《いけのはた》へ逃げ、さらに岩崎邸《いわさきてい》に避難したのです。岩崎邸は岩崎財閥の敷地で、岩崎弥太郎《やたろう》がこの土地を買い、三代の岩崎久弥《ひさや》がコンドルに設計させた建物が今も残っています。ですから、そういった豪邸が避難所になったのです。この辺りでは湯島天神も避難所として出てきます。

震災時の火災の地図を見てみましょう（147頁参照）。本郷区の西は小石川区、東側の博物館があるのは下谷区で、今は台東区です。赤色と緑色の場所が焼けたところですから、実は、本郷区と小石川区は南の地域が関東大震災で焼けていることがわかります。さらに言えば、赤色は九月一日の火災で、出火地点と風の向きがわかります。緑色は二日ですから、さらに遅れて、上野広小路から東側が焼けたことがわかります。本郷区で言いますと、元町小学校と湯島小学校の二校が焼けています。

大きく言うと、東京の下町が焼けて、山の手が残ったのですが、文京区も焼失地域を抱えていることになります。本郷台地という言い方がありますけれども、山の手は地盤も強固です。ですから、この辺りがちょうど下町と山の手の境であり、関東大震災で焼けたところと焼けなかったところの境でもあったのです。その境が持つ地勢的な意味は、やはりとても大きいと思います。

作文へ戻りますと、岩崎邸へ逃げましたが、南側まで火事になってきていますので、「火ノコガ、タクサントンデキマシタ。ソレカラ、ダンダンヨルニナッテ、オムスビヲタベテ、ソトデネマシタ」とあります。火の粉が飛んできたというのは、先の地図で言えば、ちょうど赤色がだんだん薄くなっていくのが一日の夕方から夜にかけてですから、そういう感じがこの作文からもわかります。

このとき、子供たちの関心の一つは食べ物でしたから、食べ物のことがたくさん出てきます。「玄米を食べさせられてつらかった」とか、「腐った物でも食べた」とかという話が出てきますけれども、昼に起こった火事の後で、食事をどうしたかというのは一つのポイントになります。多くはおむすびを食べています。そして、他には寝る場所が問題になります。地方ですと、「竹藪《たけやぶ》に寝た」というのが多いのですけれども、東京ではさまざまな敷物を敷いて屋外で寝ているケースが多く見えます。

そして、「アサニナッテカラ、テンジンサマノヤケアトヘイキマシタラアツクテタマリマセン。イシダンノトコロデ、オマワリサンガ○○○○○○ヲツカマエマシタ」とあります。九月二日の朝の出来事です。ここは伏字になっています。作家たちの文章もそうですが、出版の際に検閲が入っています。おそらく「テウセンジン」（朝鮮人）のような言葉が入っていたのだろうと思います。

そうしたこともあって、「オトウサンガ、ココハイケナイトイッテ、ミンナデイナカヘイキマシタ。イナカデハ、サカナヲトッタリ、セミヲトッタリシテ、ズイブンアソビマシタ」と終わります。短い文章ですが、この子がどのように避難したかがわかります。最終的には田舎《いなか》へ疎開し、やがて戻って本郷小学校に通っているわけです。被災して焼けた場合は家がありませんから、バラックで生活できるまでは、一度地方へ出る場合が多かったのです。短い文章の中に、この本郷区の被災の様子がくっきり出ています。

次は、本郷尋常小学校一年生の岩田サカエさんの「九月一日」です（本書第6章参照）。「大ジシンノトキ、ワタクシハヨコハマニイマシタ。コワイノデウチノマドノコウシニツカマッテイテ、スンデカラオカアサンハドコカトオモッテ、ソトニデテミルト、ドコノウチモミンナツブレテ、中カラ人ヲホリダシテイマシタ」と始まります。この子は横浜で被災しています。横浜も大きな被害に遭った場所で、潰《つぶ》れた家から人を掘り出して救助している様子を見たわけです。

そして、「スグソバカラカジガデテ、コワイノデオカアサンヤ、ニイサンヤ、イモウトト、ニゲダシマシタ」「ツブレタヤネノ上ヤ、ガケノクズレタ上ヲ、アツイアツイト、ナキナガラ、カケテ山ヘニゲマシタ」とあります。避難した山というのは野毛山《のげやま》でしょうか。そして、「オトウサンガ、トウキョウデ、ツブレハシナイカトイッテナキマシタ」とあります。土曜日の昼なので、家には父親がいない場合がけっこう見られます。この他の作文でも、父親を心配する記述がしばしば見え、父親が帰ってくるとほっとしています。

この子は女の子ですから、「コワイ」といった感情が出てきて、しばしば「ナキ」ます。そして、「イイキモノモ、オモチャモ、ヤケルカトオモッテマタナキマシタ」「ヨソノウチニイテ、ゴハンヲモウ一パイタベタイケレド、オバサンノガナクナルカラ、ヤメマシタ。ソトヘネタリ、タベルモノガナカッタリシテ、オトモダチモドウナッタカワカラナクナルカラ、ジシンハダイキライデス」と結びます。やはり食べ物と寝る場所が問題になっています。「ダイキライ」という直接的な言葉が低学年くらいにはよく出てきます。

この作文は、横浜にいて被災した人が被害の少なかった本郷に引っ越してきて学校に通っている場合のようです。

下町の焼けたところから本郷区の学校へ来ているという場合はけっこうありますから、この場合も横浜から転校してきているのでしょう。本郷小学校のように、本郷区の焼けなかった小学校は、さまざまな動きによって、子供がいっぱいになっている状況だったようです。

4　小学生が見た朝鮮人の取締

今度は当時の富士前尋常小学校一年生・南波恕一さんの「大ジシン」という文章です（本書第6章参照）。「九月ノツイタチニ、大ジシンガアリマシタノデ、ホウボウノ人ガコマリマシタ。ソシテボクハウチノマエノアキチデネマシタ」と始まります。現在では避難所というのが行政の指示によってシステム化されていますけれども、かつては神社やお寺・お屋敷といった場所に逃げ込み、そこが避難所になりました。ですから、公園などの公的な施設を除けば、多くは私的な場所に避難したのです。この場合は空き地で寝ています。

思えば、本所の被服廠《ひふくしょう》跡地は二万坪くらいの場所がちょうど空き地になっていましたので、ここに逃げ込めば大丈夫だと判断したのです。逃げ込んだ人たちは当初は和気藹々《わきあいあい》とした雰囲気だったようですが、やがて熱風に煽《あお》られ、三八〇〇〇人の人が亡くなりました。震災で亡くなった人の三分の一近くは被服廠跡地の一カ所だったのです。被服廠跡地というのは、今の江戸東京博物館がある場所の北側です。後に東京大空襲の死者とともに、今は東京都の慰霊施設として多くの遺骨が祀られています。

そして、「ソノトキハトウキョウハゼンメツデシタ」「ウチノ山ニ〇〇〇〇〇ジンガスコシスンデイマシタガ、七十七バンチノセイネンダンガキテ、ソノ〇〇〇〇〇ジンヲコロシテシマイマシタ」とあります。二カ所の伏字には「チョウセン」（朝鮮）が入るのでしょう。伏字になっていても誰もが復元できたはずです。青年団が朝鮮人を殺害をしているという証言が子供の作文の中に出てくるのです。非常にショッキングな文章です。

さらに、「ボクノウチモマエノアキチデネマシタガ、サムクテサムクテタマラナカッタデス」「オマワリサンガ、イマゴロハアブナイカラ、ウチヘハイッテハイケナイトイイマシタ」「ソシテアノトキハ、ウチデゲンマイヲタベマシタ」「オカシハ一ツモタベマセン。ウチノトナリノ五ツノ子ガナイテイマシタ」とあります。警察官が注意をしている様子が見えますが、やはり重要なのは寝る場所と食べ物です。玄米《げんまい》を食べたという記述はよく見られます。

同じ富士前尋常小学校五年生・泉津雅枝さんの「大地震の思出」の中には、朝鮮人の取り調べの様子が見えます。

「どん」。私はびっくりした。梅子さんが云うた。「あれは〇人が爆弾を投げるんだって。だから、今かどの所を通ると町の人が調べているわよ」

そう、私行って見て来よう、それをおききになった母さんは、お前どこへ行くんです、あぶないからいけません。

ぎゅうとにらめられたのでやめにした。私はろうそくがないことは知っているが、検《しら》べているのをみたさに、ろうそくをさがして来てあげるわといって一さんに家を飛び出した。門のところに行くと梅子さんの云うたように、くりーむ屋のおじさんがしらべていた。検査の様子はなかなか面白い。ある男が来た。「とまれ——あなたどこへゆきますか」。くりーむ屋のおじさんが聞いた男は、「火薬庫のそばの三百番地です」「あちらから行って下さい」「とおまわりです」などともんくを云うて行く。

次は車を引いて来た男だった。よく見るとくりーむ屋のおじさんのうしろに、ほうちょうを竿《さお》の先につけて身がまえているように斜めになった魚屋のおじさんもいた。

「おい、箱に入っているのは何ですか」。すると男は「爆弾じゃありません」というてふたをあけると五、六人の子供がぬっと顔を出した。

蠟燭《ろうそく》がなくなって買いに行くと売り切れでしたが、「どん」という音に、梅子さんという友達が「あれは〇人が爆弾を投げるんだって。だから、今かどの所を通ると町の人が調べているわよ」と言います。「〇人」には「鮮人」が入るのでしょう。お母さんは危ないからいけないと言って止めますが、調べる様子を見たさに、蠟燭を探しに行くと口実を作って出かけます。すると、そこにいるのは青年団ではなく、クリーム屋のおじさんでした。「あなたどこへゆきますか」「火薬庫のそばの三百番地です」「あちらから行ってください」「とおまわりです」というやり取りがあります。クリーム屋のおじさんの背後には、包丁を竿の先に付けて身構える魚屋のおじさんもいます。つまり、クリーム屋のおじさんや魚屋のおじさんがこういう取締をしているのです。その後に、次のような記述も見られます。

それから一日たってからの事であった。おじさんが夜警から帰って来てからの話である。朝早く〇人が池袋へはどっちへ行くのですかと聞いたから、そんな所でまごまごしていると殺されますよ、その電車線路の所を行けばいいんですというてやったらずいぶん頭を下げて礼を云った。

無事に行き着いたろうか、殺されたかしら、と心配そうにおっしゃった。私はおじさんは情深い人だと思った。くりーむ屋のおじさんだったら殺したかも知れないと思った。

あくる日も又〇人のさわぎだ。井戸の中に毒を入れるとか石油を入れるとか云って大さわぎであった。お母さんは井戸にふたをしておけとか、垣戸をしめて置けとかこわがっていらっしゃった。

一人や二人の○人がそんな悪い事をしても○人みんながそんな悪い事はしまいと思った。

おじさんが夜警から帰ってきて、「○人が池袋へはどっちへ行くのですかと聞いたから、そんな所でまごまごしていると殺されますよ、その電車線路の所を行けばいいんですというてやったらずいぶん頭を下げて礼を云った」と話しました。おじさんが「無事に行き着いたろうか、殺されたかしら」と心配そうに言うので、情け深い人だと思っています。「くりーむ屋のおじさんだったら殺したかも知れない」と思ったというのは、昼の様子を思い出したからです。

「あくる日も又○人のさわぎだ。井戸の中に毒を入れるとか石油を入れるとか云って大さわぎであった」とあり、二日以降こういう噂《うわさ》が飛び交ったのです。お母さんはその噂を信じて、「井戸にふたをしておけとか、垣戸をしめて置けとか」と命じますが、この子は冷静に見ていて、「一人や二人の○人がそんな悪い事をしても○人みんながそんな悪い事はしまいと思った」と判断しています。でも、そうした取締に興味を感じている心の動きというのはやはり注意するべきです。

5　小学校の再開、取り戻される日常、親類を頼った転居

本郷区では湯島小学校と元町小学校の二校が焼けました。元町尋常小学校一年生の清水常矩さんの「ジシンノトキ」を見ましょう。「ジシンノトキ、ボクハコウジマチニイマシタカラ、シミズダニコーエンニニゲマシタ」と始まります。地震のときに麹町《こうじまち》いたので、紀尾井町《きおいちょう》に今もある清水谷《しみずだに》公園に逃げています。

以下、避難の様子が詳細です。「ソノトキ、ソノコーエンハ、キンジョノカジデ、マッカニナリマシタ。オカアサ

ンハニモツヲダシニイッテ、ボクトコンド六ツニナッタ子ト二人デ、オカアサンガイラッシャルノヲマッテイマシタ」「ソノウチニ、オカアサンガ、ボクノカバンヲダシテキテクダサイマシタ。ソシテ内ハ九月二日ニヤケタマシタ。ソレカラ、アノトキハ、オミソガタカイノデ、ヤケタミソヲタベテイマシタ」と見えます。母親が家に戻って鞄《かばん》を持ち出し、焼けた家から味噌《みそ》を出して食べたのです。この子は麹町で被災して、元町小学校に転校してきたことがわかります。

そして、「ソレカラウチガナクテ、ホーボーサガシテヤットミツカリマシタ。イマモトキドキジシンガユレテ、コマリマス」「イマデモカンガエルト、コワクナリマス」と結びます。半年経っても余震が続き、この子は被災の恐怖から逃れられず、トラウマのようになっているのでしょう。家族は無事でしたが、家を失った子が新たな家を探して生活を始めた心の痛みが伝わります。

次の、湯島尋常小学校二年生・日箇原久さんの「学校がやけてしまってから」は、学校が焼けたことを書いています。「今度の大震大火災のために私の学校はやけて、一時お休でした。九月十二日の日、表に出て見ると、でんしんばしらに「九月十三日に、本郷小学校に集まれ湯島小学校」と書いてありました」と始まります。湯島小学校が焼失したため、本郷小学校を間借りして、そこに湯島小学校の子供たちが集まったのです。

そこで、「ぼくは「あしたから学校がはじまる。うれしいな」と思っていました。そのあくる日、本郷小学校へ行きました。すると門の所にぼくのかかりの丸岡先生が「しょうぼうしょの所へいらっしゃい」と言いましたからぼくは門をはいって、しょうぼうしょの所へ行くと湯島小学校のせいとがたくさんいますから、ここだなと思って行くと、すこしたっておかねがなりました。それから、みんなが集まりました。校長先生からお話があってすむと「十月一日にいらっしゃい」とおっしゃいました」とあります。湯島小学校の子供を本郷小学校に集めて、安否確認をしたのでしょう。次の集合は一〇月一日ですから、すぐに授業が再開できる状況ではなかったようです。

そして、「その次は又十月六日に来ますと、校長先生が「あしたからべんきょうをはじめます。ぶんぼうぐやその外ぞうりやいろいろの物を持っていない人は学校で上げます」とおっしゃいました。そのあくる日から本郷小学校で毎日毎日べんきょうをして居ります。今は湯島小学校のかり校舎で毎日べんきょうして居ります」とあります。被災して文房具や草履《ぞうり》などを持たない子供に、学校生活を送るための用品が支給されています。湯島小学校の子供たちは、学校だけではなく、家を失った場合が多かったと想像されます。本郷区の中では元町と湯島はたいへん苦労したと思います。この子は一〇月七日から本郷小学校で勉強し、湯島小学校に仮校舎ができたので、今は戻ったということです。仮校舎とはバラック校舎のことでしょう。

また、元町尋常小学校五年生・内堀歌子さんの「御礼状」があります。その中に、「私共の学校もあの時他の家と共に焼けてしまいました。多数の生徒は教わる教科書も雑記帳も筆も墨も皆焼かれて、行先もなく泣いて居ました。この先本当にどうしたら好いかと随分悲しく思いましたが、それでもお隣の学校を借りてお情のある皆様から早速送って戴いた教科書や、雑記帳を前にして一生懸命に勉強しています」とあります。「お隣の学校」というのは真砂《まさご》町の小学校で、やはりそこを間借りしています。失われた教科書や雑記帳を支給してもらって勉強を再開したのです。元町小学校は仮校舎もできず、このときはまだ間借りせざるをえなかったようです。これが焼失した小学校の実態だったのです。

さきほど、こうした作文が書かれたのは大正一三年の二月半ばだろうと申し上げましたが、この本郷図書館のそばの根津尋常小学校二年生・岡野林子さんの「今朝の雪」があります。「あまりしずかな朝なので、私は雪のふっているのを少しもきがつきませんでした。母様が今朝はあなたのよろこぶ雪がふっています。げんきよく学校へいってらっしゃいとおっしゃいましたから、いそいでまどをあけてみましたら、もうよっぽどつもってまっ白でした」「父様がたいせつにあそばす、うめのはちも、やなぎの木も、わたをつけたように雪がつもってなんともいえないうつくしさでした」とあります。

この子は、震災の日の出来事もその後の様子も書かず、作文を書かされた日の朝の雪の印象を書いていますが、そのためにさりげない日常生活が戻っていることがわかります。根津小学校の子供は、湯島や元町に比べれば生活も安定していたことが察せられます。でも、この子が何を考えてこういう作文を書いたのかと言えば、やはりいろいろあったのだと思います。先生がどのように指示を出したのかはわかりません。「震災の思い出を書いてみなさい」と言ったのか、「今考えていることを書いてみなさい」と言ったのか、地域や家庭の実情はずいぶん違いますので、課題の出し方は難しかったはずです。

また、追分尋常小学校二年生・佐藤重郎さんの「やけあと」があります。「きのうは日ようでしたから、おべんとうをもって、しゃべるをかついでおとうさんと二人で、日本橋のやけあとへ、いきました。追分から須田町まで電車にのって、それからあるきました」と始まります。日本橋の焼跡というのはこの子の家のあった場所でしょう。追分小学校に転校して生活を再開し、半年もの間、日曜日になると父親と一緒にかたづけに行っていたのです。

その際、「ほこりがたってたいへんでした。じしんの時までぼくが上っていた東華学校のそばをとおった時、ぼくのおしえていただいた先生が、たっていましたから、「先生、今日は」と云いましたら、「ああ佐藤さんですか今どこにいますか」とおっしゃいました。「本郷のしんるいにいて追分小学校にあがっています」と答えました。そしたら、先生が「こちらの学校へかえりませんか」ときかれました。そのときぼくのおとうさんが先生にいろいろのあいさつをして、「バラックが出来上りましたら、ぜひ又こちらでおせわしていただきます」といいました」と見えます。

この子は日本橋区にあった東華小学校に通っていましたが、家が焼けたために、親類を頼って追分小学校に通っていたのです。焼け跡にバラックが建ったら戻ってきたいと考えていたので、追分小学校にいたのは一時期だったにちがいありません。この子に限らず、東華小学校の子供たちはいろいろな場所に分散していたのです。先生の「今どこにいますか」という問いは、子供たちに対する決まり文句になっていたはずです。東京から地方へ出た人もたくさんいましたが、東京に親類縁者があればそれを頼って再起を図ったのです。そのときのバックアップ地域がこの本郷区辺りだったことになります。

6　大磯から徒歩での帰宅、東京の不便な生活

次に、誠之尋常小学校三年生・木村百合子さんの「九月一日の大地震」を見てみましょう。「箱根の長いとんねるのくらい所からやっとぬけ出して明いべっせかいのような所へ出た。向うには広々して美しい海が見える。この次は大磯《おおいそ》だ」「もうここまでくれば東京は大分近くなったとよろこんでいるときゅうに上下左右にゆれて来た。とてもたっていられない。皆はゆれるまま下にすわってごろごろころがっていた。そのようにして長い間ゆられているうちあっと思うまによこにがたんとたおれた」と始まります。この子は大磯付近の車中で被災しています。大磯も非常に揺れが強かった辺りで、東海道線の線路がぐにゃりと曲がり、この車両も横転しています。

次いで、「車内が坂になったので上のまどへゆくにもすべり落ちてしまい足ばさえない」「まどから下を見ると高くてとてもおりられない。人々はもうたいてい下りてしまった。私はお姉様にまどまでのせてもらい下の人にうけてもらってやっとおりた」「そして汽車に近くない安全なばしょに、にげるために皆たんぼを通って向うの道ににげる。私たちもその人たちについて行った」「はじめ汽車の中にいるときはだっせんとばかり思っていたがおりてもやはり

ゆれたんぼを通る時等は足がふかくうずまるので始めて地震だということがわかった。うしろのほうのはこはめちゃめちゃなので死んだ人もたくさんあるようである。そこからは人の泣き声たすけをよぶ声等きこえる」と書いています。車体が傾いて脱線したので、事故だと思ったらそうではなく、地震が原因だと気がついたのは、汽車から離れて歩きはじめ、余震でわかったというのです。同じ汽車に乗っていても、生き残った人と亡くなった人がいたことがわかります。

そして、「にもつをもってやっと道に出た。人々は今までのおそろしかったこと等をかたって大さわぎしている。その内に自動車が一だい来た。何をするのかと思っているとけがした人や死人をはこぶのである。きみがわるいしくさいしとても見ていられない」と見えます。

少し後には、「夜がふけるにつれて東京の空があかく見えて来た。なにかときけばそれは横はま横すかの火事だという。見るまにだんだんひろがって大分大きいらしい。あたりの人もひるまあんなにいたのにいつのまにかどこかへいったのかずっと人数がすくなくなった」「やぶ蚊におそわれながらこわごわのてんにねて夜をあかした。朝ははやくおきてしたくをし東京へむかって歩いてかえることにした」とあります。東海道線が不通ですから歩いて帰るわけですが、倒れた家の屋根の上などを歩き、神社の拝殿やテントに泊まりながら、九月五日に東京に着きます。

東京に帰ったときのことは、「かえると中人々にきけば東京はぜんめつであるからとてもかえってもだめだといわれたがそれでもと思って来て見ればそのとおりどこを見てもやけのである。あのこのあいだまでそびえていた大きなまるのうち等のたてものまでおおかた火のため地震のため、めちゃめちゃになっていた。うちへかえると皆なみだをながしてよろこんでくれた」とあります。音信不通の家族の再会だったわけです。

そして、「私もうちなどはやけてしまいお父様やお母様もどこへいらしたかわからなくなっているだろう。と思ってかえってきたのにみんなおじょうぶでいらっしゃったのでほんとうにうれしかった」「こんなおそろしいめにあってもすこしもけがをせずにいた私共はよいけいけんをしたのであるからこれから一しんにべんきょうしてえらい人になろう」と結びます。震災を経験した子供たちには、一心に勉強して偉い人になろうという言葉が定型句のように出てきます。おそらく子供たちはそう期待をされて、それに従って生きようとしたのだということがわかります。

次の本郷尋常小学校三年生・田辺耕三さんの「地震ノ後ノ東京」は震災後の様子です。「美シイリッパナ日本一ノ東京モアノ九月一日ノオソロシイ地震ヤ火事ノタメニメチャメチャニナッテシマイマシタ。見ワタスカギリノ広イヤケノノ原ニハ所々ニマッ黒ナ木ガノコッテ居リマス。「ニコライ」ノドウガ形ダケノコッテ居リマスノハサミシュウゴザイマス。僕ハ学校ノイキト帰リニソレヲ見ルトカナシクナリマス」と始まります。この子がどこに住んでいたのかわかりませんが、神田駿河台《かんだするがだい》のニコライ堂が焼けた跡を見ながら、本郷小学校に通学しているのです。

そして、「ベンリナ電車モ大ヘンコンデノレマセン」「又カケタイ所ニモ電話ヲカケラレマセン。皆コノゴロハ大ヘンフベンナ東京トナッテシマイマシタ。コノゴロ家ヲタクサンタテテオリマスガソレハ皆「バラック」デ元ノ東京トクラベルト見ルカゲモアリマセン。ホントウニカナシイイヤナ東京トナッテシマイマシタ。僕タチハコノ東京ニ居ル少国民デスカラ一心ニベンキョウシテリッパナ人トナリ、元ヨリモズットリッパナ東京トシナケレバナラナイト思ッテ居リマス」と結びます。

この「元ヨリモズットリッパナ東京トシナケレバナラナイ」というのは、今も復旧ではなく、復興だというような言葉がありますが、それと同様な考え方でしょう。東京は文明都市で、電車や電話があったのに、震災後は使えませんでした。交通や通信がなかなか復旧せず、ずいぶん不便な東京になっていたのです。子供たちは便利な東京の生活を知っていたがゆえに、非常に不自由だという生活感覚が出てくることになったのでしょう。

7　上野公園や焼け跡の見物、文章の表現力

駒本尋常小学校三年生・安岡供勝さんの「バラックを見る」という文章です。さきほども「皆「バラック」デ元ノ東京トクラベルト見ルカゲモアリマセン」とありました。かつての華やかな東京ではなく、あちらこちらにバラックが建っているというのは、今で言うと仮設住宅にあたります。

この作文は、「このまえの日曜日にお父さんと上野公園に行きました」「まず巣鴨《すがも》駅から省《しょう》線《せん》電車にのりますとまもなく万世《まんせい》駅につきました。万世駅が木のかげにかくれると、ほねばかりの国ぎかんがうすく見えました」と始まります。万世橋《まんせいばし》駅は今はなくなってしまったお茶の水と神田の間にあった駅です。ここから東の方角を見ると、屋根ばかりになった国技館が見えたのです。

そして、上野公園の見物です。「下には市内電車が通っていました。間もなく省線電車がバラック建ての上野駅につきました。上野の大仏の頸《くび》がおっこっていました。それから菊人形がありました。菊人形のうらにはよこはまの海岸がつなみにさらわれそうになっている画がかいてありました。西郷さんの銅像はぼろを着たようにかみがはりつけてありました」とあります。菊人形展の裏の幕でしょうか、横浜の海岸が津波にさらわれそうになった絵が描かれています。当時の写真を見るとわかりますが、西郷さんの銅像の周りには安否を尋ねる紙が貼られていました。半年が経っても、西郷さんの銅像は尋ね人の紙でいっぱいだったのです。

銅像の辺りは高台なので、浅草方面がよく見えます。「すぐ下は上野広小路で松坂屋のバラックが建っています。とおくの方には焼けのこった浅草のかんのんさまが白いバラック家根の中にめだって黒く見えます」「私とお父さんとはバラック建のおしるこやで、おしるこをたべました」と結びます。浅草の十二階・凌雲閣《りょううんかく》は倒れましたが、観

音様・浅草寺は焼けませんでした。松坂屋も人々の家もおしるこ屋もみなバラックでしたが、そこには復興のたくましさが見えます。バラック家根の白さと観音様の屋根の黒さは対照的だったのでしょう。

また、この本郷図書館のそばの千駄木尋常小学校四年生・服部宣さんの「焼跡見物」という文章があります。「私は此《こ》の前の日曜日に、お父さんと浅草に焼跡を見にいった」と始まります。さきほどの子は上野公園に行きましたが、休みの日曜日に、父親が男の子を連れて焼け跡を見に行ったのです。本郷区の子供たちの中にはありませんが、他の区の作文を見ていくと、三八〇〇〇人が亡くなった被服廠跡地にも見物に行っています。人々はこうして被災地を頻りに見物に歩いたのです。

そして、「上野近くなると、あの大商店と言われた松坂屋は、やけてしまって、見るかげもないが、さすがは松坂屋です。その跡にバラックが出来て大そうなにぎわいであった。それに引かえて、浅草近くなると、だんだんさびしくなって来て、石どうろうや、電車の焼けたのが、そちこちにあった」とあり、上野や浅草の様子を書いています。上野と浅草では、半年後の復興の状況がずいぶん違っていたようです。上野はバラックにしても松坂屋を中心に賑わいを見せていましたが、浅草は復興が進まず、焼けた電車がそのまま残っている状態だったのです。

さらに浅草はこうなっています。「とうとう浅草についた。だんだん中にはいって行くと、仲店《なかみせ》の焼けた跡に、テントが張ってあって、その中で色々な品物を買っていた」というので、今は外国人観光客がたくさん訪れている仲見《なかみ》世《せ》通《どお》りはテント張りで、そこで品物を売っていたのです。そして、「かん音様を拝んで、池の方に行った。池のぐるりを、見物すると、たくさんあった、活動が一つのこらず、やけてしまって、その跡が、れんがの山になっていた。池を見ると、八月の末まできれいにすんでいた水が、どろどろなどろ水になっていて、こいや、ふなの死んだのが、かなしくみえる」「花の都の公園も、お池の廻りの活動も、皆んな、灰になっちゃった。きれいなお池の水までも、今はどろどろ水だ。なんというかなしい事でしょう」と浅草寺の奥山界隈《おくやまかいわい》を書いています。また、誠之尋常小学校四年生・坂田勝子さんの「地震と火事」という文章があります。四年生くらいになると文章の表現力が出てきますので、ただ事実を、ああだったこうだったと書くのではなく、どのように表現するかということに力を入れています。途中に、次のような段落があります。

第二学期の始業式もおわって、学校から帰って、お友達と遊んで居ると、ねえちゃんが「もうお昼の御飯です」と呼んだので家へ入ろうとしました。ちょうど午前十一時五十八分四十秒、にわかに起った、大地震、天地もくつがえらんばかり、大地も、家も、「ぐらぐら」と動き出し、かわらの屋根は落ち、れんがのへいは倒れ、お倉の屋根はくずれ、外へ飛び出す人、屋根の上に上って居る人、丈夫な物の下にしゃがんで居る人の様子はきちがいの人のようで、青ざめた顔色驚いた顔附、何んともたとえようがありません。私は夢中で、前のあやちゃんの家へ、かけ込んで、二人は言合わせしたように、大きな機械の下へ、逃込んで、生きたここちもなく、ふるえておりました。

この中には、「かわらの屋根は落ち、れんがのへいは倒れ、お倉の屋根はくずれ」「外へ飛び出す人、屋根の上に上って居る人、丈夫な物の下にしゃがんで居る人の様子はきちがいの人のようで」のような対句表現が見られます。四年生くらいになると文章力が出てきますので、私どもが知っている作品で言うと、八〇〇年前の『方丈記』が思い浮かぶほどです。京都の町の地震の様子は、こういった文章と似ているところがあります。

8 文明の発展に期待を寄せる子供たち

次に、駒本尋常小学校四年生・松本栄祐さんの「弱い人間の力」を取り上げましょう。作文を読んでゆくと、女の子と男の子では考え方に少し違いがあるように思われなくもありません。どちらかというと、男の子は一心に頑張ろうというような言葉がしばしば出てきますが、女の子は細やかな感覚で日常を見つめるような作文が時々見られます。

この子は、「今の私共は地震がくると、地震地震といってさわぐ。そして近い内に、大地震があるなどというと、びくびくして仕事も手につかぬ有様だ。まだまだ人間の力は弱い。けれども人間の智識は、みがけばみがくほど、光をまして来ることは、自分も知っている」と始まります。人間は弱いけれども、人間の智識には地震と向き合う力があると認識しています。

そして、「何千年か何百年かの後には地震について、よく研究が出来ると思う。空には飛行機、海には潜航艇という様に、昔の人の夢にも思わなかった事が、人間の頭から考え出されて、鳥のように空をとび、魚の様に人間が自由に水中を走る事が出来るようになった」とあり、文明の発展を挙げています。そして、「これから後、又どんなにすばらしい事が、出来るかわからない」「人間の智識はすごいものである」「こんどは地下鉄道を、世界中に引くことになるでしょう」とあります。まさにそのとおりで、昭和二年（一九二七）の今の銀座線の開通をはじめとして、東京の地下は地下鉄によって網目状になっています。

一方、「又空をとぶ、陸をはしる、海をはしると云うものも出来ると思う。これから先、人間はどんなにすばらしい物をこしらえるかわかりません。又戦争の道具にも色々の都合のよいものが出来、又戦争も出来なくなるかも知れない」「色々な道具や機械が、数限りないほど出来、また物と物とを合せて、新しい色々の物が発明できる。我々はこれからなお一層勉強したら、どんなりっぱな国が出来るでしょう。又世界中の人が、皆気をそろえて、共同一致をして、お互いに助け合って行けば、いつの間にかりっぱな、平和な世界が出来ましょう」「そうすれば世界中の人は喜びます」「私共少年は少年だけで、なお勉強して、りっぱな国をつくらなければならない」と結びます。

立派な国づくりに貢献したいということが、男の子の場合、非常に強く出てきます。そのときに、人間の智識や科学の力が世の中を変えてきたので、地震についても研究が進むというのは、確かに一理あるわけです。そして、震災後、木造ではなく、鉄筋コンクリートが導入され、学校をはじめとしてそうなってゆくわけです。しかし、なかなか難しいのは科学の力に十分な認識を深める必要があるということです。福島第一原発の事故もあり、最近でも稼働した原発が裁判で停止になり、この国が抱えている問題はとても複雑です。福島第一原発を廃炉にする計画がありますが、いったいいつになるのかわからないという状況です。

思えば、寺田寅彦《てらだとらひこ》が「文明が発達すればするほど復旧が困難になる」と言ったのは、たぶん真理なのです。文明が発達すれば発達するほど、便利な生活を手に入れることができます。私たちはそうやって近代の日本をつくってきました。しかし、一方で、それとの付き合い方が重要であり、ある意味で言えば哲学や倫理観が問われる時代になっています。今日は原発の問題には触れませんが、やはり文明が発達すればするほど復旧が困難になるということを認識しておく必要があります。

例えば、明治の津波の後は、小屋掛けから自力復興しますが、復旧は意外にすばやくできます。今、福島第一原発の問題だけではなく、洪水にしても復旧がなかなか大変なのは、文明を高度に発展させてきていることがあるからです。それが一番よくわかるのは、津波で流されてしまった生活用品が、一挙に「瓦礫《がれき》」と呼ばれるごみになってしまうことでしょうか。被災地であれだけたくさんの瓦礫が出ましたが、私たちも同じように、ああいう生活用品に囲まれて生活しているのです。

しかし、この子は科学の力や人間の智識に大きな期待を寄せて、立派な国をつくり、平和な世界を築きたいという思いを抱いています。今はもう日本中にガス・水道・電気が普及していますが、震災が起きるとみなストップしてしまいます。今も東京で一番心配されるのは、道路が遮断されて消防自動車が入れなくなれば、火災が消せるかということです。都市づくりというのはたいへんな時間がかかりますが、それでもなお、現状でどのような対応ができるかということを常に検証する必要があります。

9 東京に生まれた格差、地方に疎開した子供たち

湯島尋常小学校五年生・上野美重子さんは「大震災の思い出」を書いています。この子は、東京は焼け野原になったが、「帝都復興」という言葉がどこからともなく生まれてきたと言います。皇居のある都を復興するという「帝都復興」が合言葉になったのです。「都地の焼野となりしこのかたはかかしににたる我すがたかな」という歌を引きつつも、帝都復興の威気が高く刻みつけられていることを指摘します。

少し気になるのは、「バラックの軒がならぶころ、私もこの御徒町《おかちまち》に立ったバラックに引うつって震火災当時よりはずいぶん楽にくらせるようになりました」という箇所です。この子は湯島小学校に通ってますけれども、御徒町のバラックで生活していて、そこから通っているのです。バラックは居住地域に建てられて、遠距離の小学校に通う場合があったのです。御徒町辺りは焼失していますので、この地域の小学校は再開されていなかったようです。

一方、「本所深川の人たちはこのさむいさむい冬を、ひとえものでくらしたというのに、家の焼けない山の手方面の人たちは、何というぜいたくでしょう? うらめしい……!」「家が焼けないなんてずいぶん幸福なのに、その上

あんなぜいたくをしているんだもの……」という感想が見えます。この子が特に問題にしているのは家が焼けなかった人もいるということですが、それを原点に社会的なまなざしが生まれています。東京が本所・深川と山の手とに引き裂かれて、湯島や御徒町はその中間地帯に位置したのです。おそらく湯島の小学校に通い、御徒町のバラックで暮らしているこの子ならではのまなざしだったのでしょう。

この子は、本所・深川の人たちは私たちよりもっと大変な生活をしているが、同じ東京でありながら、山の手の人たちはあんな贅沢な生活をしていると見ていたのです。「あんな」という指示語が何を指すのかははっきりしませんが、この時期の人々には無言のうちの共通認識があったにちがいありません。それはともかくとしても、半年後の東京に地域格差が生まれているのです。こうした感情はあまり書かれることがありませんが、注意されることです。

この子も高学年になっていますが、このくらいの年齢になると、こういうまなざしがあるのだと気づかされることは少なくありません。真砂尋常小学校五年生・木村正さんの「少女」という文章が目を引きます。正月、家々に国旗が掲げられているが、理髪店の前に一人の少女がじっと立っているという場面から始まります。

後半に、「何でも話を聞くと、此《こ》の子の家は本所の被服廠近くであったそうである。震災の時は、すぐに父母に連れられてあの被服廠へ入ってしまったので、出るにも出られず大勢の人におされて居たが、其《そ》の内あの恐しい巻風にあって、親子のものは分れ分れになってしまった」「それから少女は、安田さんの屋敷の池の中へ入って居たので、やっと命だけは取り止めたのだそうだ」と見えます。この少女は被服廠跡地から安田財閥の安田邸の心字池《しんじいけ》に避難して助かったのです。

話は続き、「或日、僕が学校から帰りかけると、少女が入口に立って泣いて居た。僕は不思議に思って、「なぜ泣くの」と、やさしく尋ねると、少女は泣く泣く「父さんや母さんに会いたいのだが叔母さんが会して下さらないの」と言った」「僕はこの少女はまだ知らないのだなとさとった」「そうすると急にかわいそうになって一しょに、涙がわいて来て、どう返事してよいかわからなかった。「叔父さんは親切な人だよよくかわいがってくれるだろう」」「僕はやっとこう言って家へ走って帰ったのであった」と書いています。

この少女は被服廠跡地で両親と別れて「震災孤児」になり、叔父さんと叔母さんの家で生活していたのです。被災した子供が親類の家を頼って、こうして暮らす場合があったことがわかります。少女は「父さんや母さんに会わせてほしい」と頼むけれども、叔母さんは「だめだ」と言って会わせてくれません。状況から考えて、両親は亡くなったにちがいないのですが、少女にそれを告げられずにいるのでしょう。ここには、死を知らされない少女がいて、それをすぐ傍で見て、一緒に涙を流して悲しむ子供がいるのです。この作文は自分自身の体験ではなく、第三者を見つめるところに特色があります。

もう一つはちょっと変わった作文です。千駄木尋常小学校六年生・西川清之さんの「お友達」という文章です。これは演劇の台本であり、創作になっています。三郎という子が、「それはそうと君こんどね…東京から光彦さんて言う人が来るんだって家のお父さんが言ったよ。それでねその光彦さんて言うのは僕等のお仲間になって僕等と同じ学校へ上るのだというさ。それだからね、何か東京でみられない事をして喜ばしてやろうと思うのだ。それで君を呼んだのだよ」と言います。東京で被災した光彦さんという子が、どこかの地方に疎開してくるという設定であることがわかります。

そこで、三郎は友人の春吉や義雄と相談して、光彦を喜ばせるために、東京にはない原っぱで仮装会をやったらどうかということになります。この作品は、被災した子が東京を離れて、親類縁者を頼りながら地方で暮らすようになり、それを地元の子供たちがどのように受け入れようとしたのかを描いているのです。この作文を書いた子供自身にそうした体験があったのかどうかはわかりませんが、こうしたことはいくらもあったはずです。このような疎開にまで想像をめぐらせて書いていることに驚きます。

こうして見ると、尋常一年生から高等二年生までの子供たちの置かれた状況が認識できるとともに、それぞれの成長過程で見せるまなざしや言葉にはやはりたいへんな重みがあります。それとともに、この本郷区で言えば、湯島小学校と元町小学校は校舎が焼け、特に南の地域は大きな被害を受けています。そういう状況を見れば、本郷区の中にもやはり地域差があったことになります。そうしたことがありながらも、震災から半年後、それぞれの小学校に通う子供たちの声がここに残されているのです。

私は、こうした九三年前の子供の声に耳を傾けてよく聞けば、やがて起こるであろう首都直下型のような地震と向き合うための力になると考えています。子供の作文だからと言って軽視せずに、子供たちはこう考えて生きようとしたという声に耳を傾けて知っておくことは、東京に暮らす人々にとって大事なことではないかと思っているわけです。この本郷図書館界隈の子供たちの声も見られますが、本郷台地だから安全だということはありません。

昼ならば家族は仕事や勉強で、別の場所にいるかもしれません。夜ならば家族は一緒にいても、暗い中を避難することはたいへん困難です。避難訓練と言っても、普通は春や秋の気候のいい昼に行っていて、夏や冬の気候の厳しい朝や夜に行うことは少ないはずです。そういう中で、「心の防波堤」を高くし、「心の消火器」を強くしておく必要があります。そのためにも、図書館がこうした講演会を持続して、地域の方々に注意を喚起して、認識を深めてゆくことが大切です。本郷のみなさまがこの小さな手作りの冊子を役立ててくだされば、時間をかけて作った甲斐もあろうかと思います。

（二〇一六年三月一九日、文京区立本郷図書館にて講演）

参考文献

・石井正己編『震災と民話』三弥井書店、二〇一三年
・石井正己著『文豪たちの関東大震災体験記』小学館、二〇一三年
・石井正己「関東大震災90年　作文が培った復興」『東京新聞』二〇一三年九月五日夕刊
・石井正己編『命を見つめて生きる力を育む国語科の授業に関する総合的研究』東京学芸大学、二〇一五年
・石井正己「復興の祈りとお地蔵様」『東京新聞』二〇一六年三月七日夕刊
・石井正己編『東京市立小学校児童震災記念文集　本郷区特集』東京学芸大学石井正己研究室、二〇一六年
・石井正己編『昔話を語り継ぎたい人に』三弥井書店、二〇一六年
・伊東市立伊東図書館編『こわかった地震津波―関東大震災を体験した宇佐美小学校全児童の作文集―』伊東市立伊東図書館、一九九四年
・岩崎京子・文『かさこじぞう』ポプラ社、一九六七年
・改造社編『東京大震火災誌』改造社、一九二四年
・関敬吾・文『笠地蔵様』日本美術出版株式会社、一九四六年
・東京市学務課編纂『東京市立小学校児童震災記念文集』全七巻、培風館、一九二四年
・山折哲雄・文『おじぞうさんはいつでも』講談社、二〇一五年
・『東京市教育復興誌』東京市役所、一九三〇年

5　関東大震災の本所——子供たちの体験を知る

1　大都会東京の震災をどう考えるか

六年が経って、東日本大震災がだんだん記憶から遠ざかりつつあります。私たちもあの当時、いつまた余震が来るかとおびえながら暮らしていて、舟に乗ったような感じで落ち着かなかったわけです。しかし、半年が経ち、一年が経ってゆくと、当事者はともかく、だんだん他人事のようになってしまいます。ですから、「忘れられない」という被災地の方々と、「忘れてしまう」というそれ以外の人々との距離が、どんどん遠くなってゆきます。もちろん私たちは、「忘れられない」という気持ちを抱えながら生きていると同時に、「忘れてしまう」ということで生きていることもあるわけで、それ自体は否定できません。物理学者で随筆家の寺田寅彦《てらだとらひこ》が、「天災は忘れた頃にやって来る」と言った真理があって、人間の意識が弱くなったところにつけ込むかのように自然災害は起こります。でも、いつ来るか、いつ来るかとおびえながら生きることもできないわけで、ゆったりと生き、しかも大事なときには動けるような心構えを作っておかなければなりません。

今、東京都民が関東大震災を覚えているかと言ったら、九四年前の大正一二年（一九二三）ですから、ここにいる方は誰も生まれていなかったと思います。高齢化社会を迎えていますから、一〇〇歳で生きている方が何人もいらっしゃいますが、九四年、やがて一〇〇年になろうとする時間の重みはとても大きいと言わざるをえません。つまり、多くの東京都民は、自分自身が経験したこともない災害と向き合わなければならないことになるわけです。その際に最も参考にするべきは関東大震災の記録だと思うのです。このときには死者・行方不明者が一四万人、全壊焼失家屋が五七万戸、被災者が三四〇万人です。首都直下型地震による死者の想定は揺れていると思いますが、ある時期のデータは九七〇〇人ですから、一万人を切ります。これは過小評価で、大きく見積もりたくないという心理が働くのでしょう。全壊焼失家屋は三〇万戸になっています。しかし、災害が夏に起きるのか、冬に起きるのか、昼に起きるのか、夜に起きるのか、によってまったく違います。

政府は観光事業に力を入れて、二〇〇〇万人の外国人観光客を誘致したいとしていましたが、いち早く超えて、二三〇〇万人くらいまで来て、さらに目標は大きくなって、二〇二〇年の東京オリンピックの年に四〇〇〇万人をお迎えしたいと言っています。しかし、外国人に対する備えがあるのかと言えば、ほとんどできていないと思います。東日本大震災を見ても、例えば、各地域には中学校などにネイティブの英語教師が来ています。ところが、日本語がわかりませんから、今の事態がどういうことなのか、そして、どう行動したらよいのかわからなかったと話しています。実際、東京でそんなことになったら、どうしてよいかわからない外国人をたくさん生んでしまうわけで、無責任な国ではないかと思うのです。「被災者の国際化」に見合う対策を考えなければいけないと思います。この大都会東京は、実は、世界的に見れば、サンフランシスコもそうですけれども、最もリスクの大きい都市だと見られています。あまり海外のまなざしが報道には出ませんけれども、非常に危ない都市だというのです。それは単に地震があるだけではなく、地震が起きたときの経済的なダメージがとてつもなく大きいということによります。

そんな中で、今日お話をしてみようと思うのは、墨田区南部、かつて本所区と呼ばれた地域のことです。地図を掲げておきました。九月一日に焼けたのが赤い地域で、二日以降に焼けたのが緑の地域ですから、下町の川向うは一日

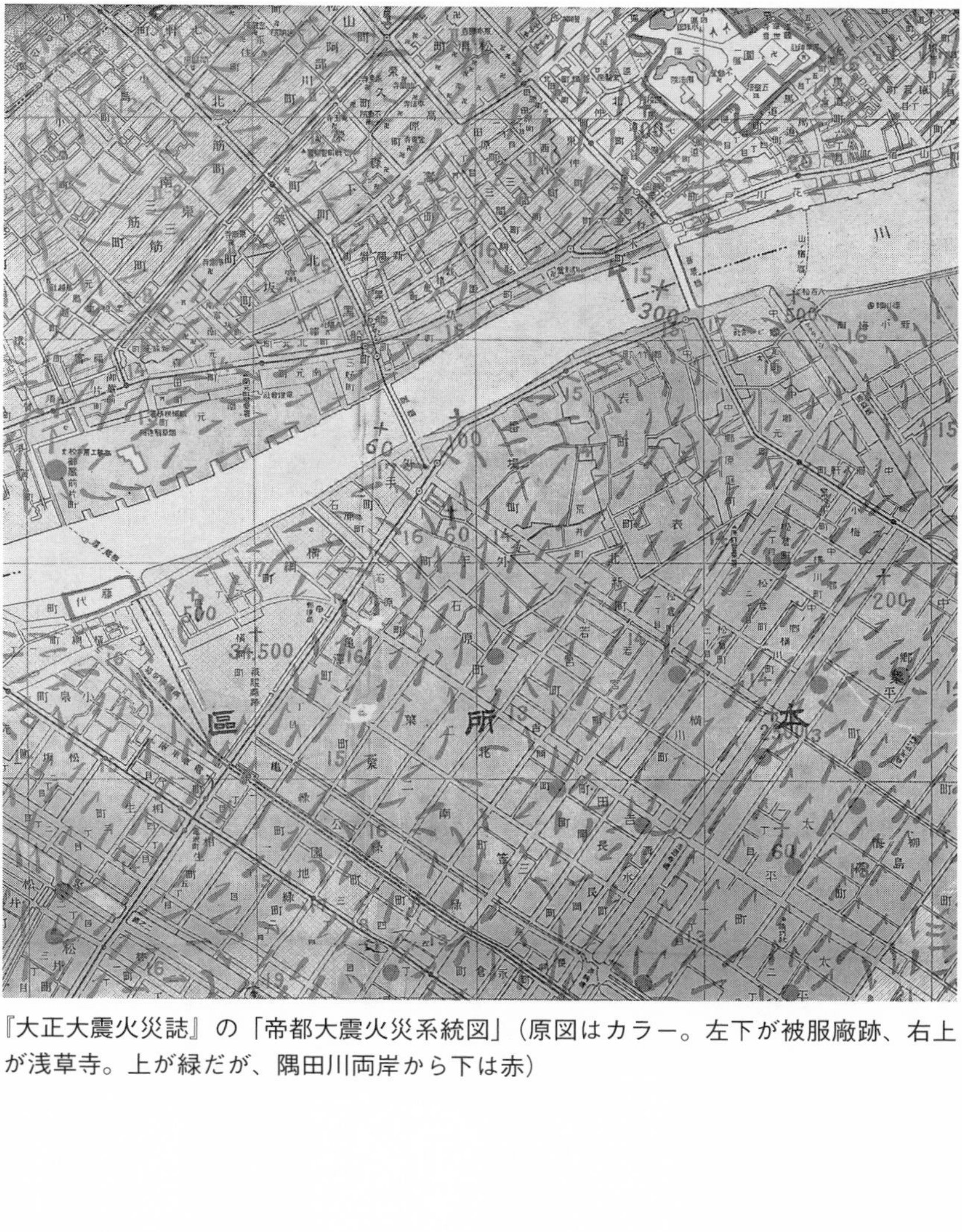

『大正大震火災誌』の「帝都大震火災系統図」（原図はカラー。左下が被服廠跡、右上が浅草寺。上が緑だが、隅田川両岸から下は赤）

のうちに真っ赤に焼けていて、最も被害が大きかったことがわかります。

当時の東京市十五区は、今の山手線の池袋・新宿・渋谷から東側と見てくだされればよいと思います。東京市の中は明暗が分かれて、山の手は大きな被害に遭っていませんが、下町は大きな被害に遭っています。境界部分では官庁街が焼け、帝国ホテルは無傷だったことがわかります。右上の赤い地域にちょっと白い一角があり、浅草寺は焼けていません。浅草寺の対岸で、川が交差している辺りは押上になりますけれども、そこに今できたのがスカイツリーです。今日お話しするのは、そのスカイツリーの南側ということになります。

両国駅の北側に江戸東京博物館があります。その北側がかつての被服廠《ひふくしょう》の跡地です。被服廠というのは陸軍の被服を作る場所ですけれども、当時は移転して、広大な空き地になっていましたので、本所区に住む人々は被服廠の跡地に逃げれば大丈夫だろうと考えました。つまり、この辺りの人々の意識は被服廠の跡地が避難場所だったのです。ところが、そこが一瞬にして旋風に襲われます。人々は大八車に簞笥《たんす》から布団《ふとん》まで家財道具を乗せて逃げていたので、身動きができません。

今、被災地では、車で逃げるのがどんなに危ないかということが何度も言われています。それは、渋滞を起こしている間に津波が来てしまったということがあるからです。車そのものが財産であったり、家の財産を持ち出したりするのですが、普段の生活の中に車がありますから、車に乗って逃げるのはごく普通のことです。もちろん、高齢化社会を迎えて、歩けないお年寄りを車に乗せなければならないということもあるわけです。そのあたりのことは必ずしも十分に検討されていないので、東京ではどうするのかという課題が残されたままです。

下町では、震災と同様に大問題になっているのは洪水です。隅田川・江戸川・中川は、今は地面が低くなっていますから、集中豪雨でいったん堤防が決壊すると、一週間以上水が引かないと言われています。一週間以上水が引かないところに避難しているわけにはいかないので、どうやって地域の外に人々を避難させるかが緊急課題です。そのときに、車なのか、電車なのか、徒歩なのか、いろいろな方法が考えられます。

被服廠の跡地では、三四〇〇〇人とも、三八〇〇〇人とも言われる人が亡くなっています。ですから、東日本大震災の二倍です。関東大震災の死者の三分の一近くにあたる方が、一カ所で亡くなっているわけです。そこに逃げれば安全だと人々が思って逃げた避難場所が被災すると、どうしようもなくなります。それは、東日本大震災でもいくつかの場所で起こっていて、よく知られているのは陸前高田《りくぜんたかた》市の体育館です。体育館が避難所になっていたために、人々は体育館に逃げたのですが、想定を超える津波が来たために、体育館自体が二階、三階まで津波に遭って助からなかったのです。ですから、避難所が被災すると、本当に大きな被害になるという難しい問題があります。

そのときに私たちは、情報化社会ですから、情報によって自分で判断をすればよいことになります。多くの方がスマホを持っていて、それを拠り所に生活しているはずです。電車に乗ると、だいたい一〇人のうち八人はスマホを使っていて、生きてゆく上で必需品のようになっています。そういった情報がどこまで機能するのかという課題があると思います。移動の激しい時代なので、通学や通勤で、たくさんの人々が移動しています。東日本大震災で五〇〇万人の帰宅困難者が出たのは、平日の昼だったからです。ですから多くの方が自宅へ歩いて帰ったわけで、そういったことを考えたときに、どうしたらよいかということになります。

2　学校の再開を書いた作文

私は、現代の情報だけでなく、この九四年前の子供たちの残した証言を読み解くことが、私たちが生きるためのヒントになるのではないかと思っています。そうしなければ、九四年前に子供たちが心を砕いて作文を書いた意味がありません。この作文を未来に生かすことが、作文を書き残した意志を受け継ぐことなのではないかと思うのです。

このとき、東京市の学務課が、震災を忘れないために、子供たちに作品を作らせるわけです。図画・手工・作文の三部門ですから、絵を描かせ、工作を作らせ、作文を書かせ、一三〇〇〇点の作品が出品されました。上野公園で大正一三年（一九二四）三月一日から一週間、作品展を開きます。ところが、子供たちの描いた図画や手工はみなさんが見てくれましたが、作文は素通りだったというのです。学務課長が、「せっかく書いたのにそれが生かされないのはもったいない」というので、作文集を残すことになりました。尋常科一年生から六年生まで六巻と、高等科一、二年生の一巻で、合計七巻を残します。東京市には小学校が一八六校あり、そのうち一一七校が焼失していて、三分の二にあたります。その後、鉄筋コンクリートの頑丈な校舎ができましたけれども、それが九〇年経つと老朽化して、多くが建て替えられています。中央区の明石《あかし》小学校もその一つです。

まず、太平尋常小学校五年の飯田正八郎さんの「給食の感想」を見ましょう。このとき一三歳です。

給食の感想

大地震、大震災がおわってからのことであった。僕は田舎《いなか》で遊んでいますと、母が東京からむかいにきてくれた。母はあした学校があるから、きょうかえるのだよといった。僕はよろこんで、あしたからもう学校があるのかいときいた。もうできたんだよ、バラックかいときいたら、テントといった。さて東京にかえっておどろいた。本所深川はぜんめつだ。家にかえったあくる日学校にいった。五、六日たって給食がはじまった。みんなでご飯をたべた。おいしいのはおつけであった。

「僕は田舎で遊んでいます」というので、彼だけ田舎の親戚へ預けられたのでしょう。東京を離れ、身寄りを頼って田舎に出るのです。しかし、「母が東京からむかいにきてくれた。母はあした学校があるからきょうかえるのだよいった」というので、学校が再開されるのに合わせて母親が迎えに来て、東京へ戻ります。「僕はよろこんで、あしたからもう学校があるのかいときいた。もうできたんだよ、バラックかいときいたら、テントといった」というので、バラックではなく、まだテントの学校でした。野天の場合もありますが、テント、バラックと校舎は建て替えられます。できるだけ早く授業を再開したいので、テントの教室でも再開したのです。「東京にかえっておどろいた」「本所深川はぜんめつだ」というので、隅田川《すみだがわ》から東側の本所と深川は全滅という状態だったのです。翌日、学校に行き、しばらくすると給食が始まり、みんなでご飯とおつけを食べたことが知られます。作文を書いたのは二月くらいだろうと思いますが、学校が再開した時期はこの作文だけではわかりません。

次に、本所高等小学校一年の加藤登喜さんの「大震災後の覚悟」です。一五歳ですから、だんだん文章が立派になります。

大震災後の覚悟

立派な家も貴重な宝も貴い人命まで焼き尽されてはなやかな帝都も全く焼野と変りはてた。一生の中にこんな不幸が起ろうとは夢にも思わなかった。なんという無常な世であったでしょう。しかし此の災いは却って私達の心持を新にした。このような不幸にあって見ると、今までの様に何でも父や母がしてくれるからいいといって遊んではおられない。たとえ女でも一定の職業を持っていなくては、一朝《いっちょう》難にあった場合はそれこそ途方にくれなければならない。こう思った私は夜も寝ずに勉強しても女子師範学校の試験も受けて、先生になって世に立とうと決心した。

帝都復興は今日《こんにち》の急務である。これは誰しも思う所である。これを立派に成し遂るには、私達も身分相応に其《その》方針をかえなければならぬ。私も毎日机に向ったきりなんにもしないでなまけてもおられないから、毎日朝夕の掃除や障子の張り替お勝手の事など、母の手伝をすることにした。すると今まで出来なかった事も出来てきたし、家事の実習にもなるので面白くなってきた。

私はもとにまさる隆盛な都が一日も早く出来上ることを祈ると共に、今日私達の尽すべき道を全うしようと思う。


一五歳の子ですから、「一生の中にこんな不幸が起ろうとは夢にも思わなかった」という一文は重たいですね。「なんという無常な世であったでしょう」とも述べます。「無常」というのは、『方丈記』や『平家物語』に見えますが、この学年になると勉強しているのでしょう、こういう観念的な言葉が出てきます。そして、「此の災いは却って私達の心持を新にした。このような不幸にあって見ると、今までの様に何でも父や母がしてくれるからいいといって遊んではおられない」という意識変革につながります。そして、「たとえ女でも一定の職業を持っていなくては、一朝難にあった場合はそれこそ途方にくれなければならない。こう思った私は夜も寝ずに勉強しても女子師範学校の試験を受けて、先生になって世に立とうと決心した」という生き方に発展します。女子師範学校は今のお茶の水女子大学です。「たとえ女でも」という意識改革が行われ、女子師範学校に行って先生になりたいという夢を抱くのです。こうして、無常な世であるという不幸を生きる糧《かて》に変えてゆく少女もいたことがわかります。短い文章ですけれども、その中に、ある思いが凝縮しているのではないかと思います。

3　被服廠からの避難を書いた作文

次に、被服廠の跡地の問題に入りましょう。緑尋常小学校五年の吉田正次さんの「大震災火」です。

大震災火

九月一日、僕が学校から帰って御飯を食べようと思って、はしを取った。其の時であった。俄にグラグラ家がゆれ出した。とたんに、がらがらと瓦《かわら》は雨の如くにおちて来た。ガラスのわれる音なども一時に始まった。ゆれ方は一そうはげしい。

僕等は火鉢などの火をけすとすぐ表へ飛び出した。電車通りはもう一ぱいの人である。しばらく外でござをしいてすわっていた。四方に火の手が上った。いつもすぐ来る自動車ぽんぷも今日はこない。やっと被服しょう跡の前へ出たが、中へはもう入れない。人や荷物で一ぱいである。仕方なしにわきの広場へ逃れた。折から火の為におこった旋風に、人の顔も何も見分けはつかない。瓦やもえた柱が空を飛んで居る。僕等も二、三間は飛ばされた。やっと前の河へ飛込んだ。頭へどてらを水にぬらしてかぶって居た。前には、やけた船がある。空は火で真赤である。水は一刻一刻におしてくる。もうどうしてもどうしても居られなかったが、幸いにも風が少しやんだ為に、火も大分弱くなった。何から出たか、まだ火はもえている。砂にくるまっていた。向うでしきりに「助けてくれ助けてくれ助けてくれ」とよんでいる。或は子供の名をよんだり、母の名もよんだりして居る。五、六十間先にはやけた死体が何万と横たわって居るのを見るとぞっとする。一夜そこで明かした。父は大阪へいって留守だった。それでも家中母も兄も二人の弟も無事だった事は何よりも幸福だと思います。今年四つの弟が母の背で、「ごめんなさいごめんなさいごめんなさい」と泣きました。アア地震はこわかった。思い出せば思い出す程おそろしいことです。

関東大震災で火事が多かったのは、昼飯時だったということが大きいといわれます。子供たちの作文を読むとはっきりしているのは、地震があると、家が潰《つぶ》れ、瓦が落ち、ガラスが割れ、家財道具が倒れくる様子が書かれることです。「僕等は火鉢などの火をけすとすぐ表へ飛び出した」という火鉢は、かつて寒くなってくると、押入れから出してきて、炬燵とともに暮らしの中にありました。今はもう、火鉢を説明するのは難しいので、「博物館へ行って勉強してきなさい」ということになります。

まず火を消したわけです。「火を消す」ということで思い出すのは、横浜の聖母《せいぼ》の園《その》という老人介護施設に講演に行ったことです。そこはお年寄りが暮らすキリスト教系の施設ですけれども、そこで介護をしているケアの方が、もう二〇年くらい前に、お年寄りの話を聞いていると、昔の思い出を語ると言うのです。横浜も大変な被害に遭いましたので、関東大震災の話がけっこう出てくることに気づきます。そこで、これは何とか残しておかなければいけないと思って、聖母の園で冊子を作ったのです。そのときのお年寄りたちの言葉の中に、「地震があったらまず火を消せ」ということがたくさん出てきます。それが後世に残したい言葉だったのだと強く思います。

ここにも、「火をけすとすぐ表へ飛び出した。電車通りはもう一ぱいの人である。しばらく外でござをしいてすわっていた。四方に火の手が上った」とあります。地震の後に何が起こるかというと、火事です。木造家屋が中心ですから、現在に比べれば耐震構造は脆弱《ぜいじゃく》でしょう。瓦が落ちて、家が潰れたという話が出てきますが、それ以上に甚大な被害につながったのは火事です。この次に東京で大きな地震があったときにも、まず考えなければいけないのは、地震による家屋の倒壊よりも火事です。

いっぱいの人が電車通りに出ていて、「四方に火の手が上った。いつもすぐ来る自動車ぽんぷも今日はこない」という指摘は重要です。このポンプの自動車は、消防自動車のことです。いつもは火の手が上がれば、あっという間に消防自動車が駆け付けるのに、「今日はこない」というのです。道路が遮断されるということがあるかもしれませんし、人も大勢出てきますから、消防自動車は機能停止状態になります。

被服廠の跡地は人ごみでいっぱいでした。「人や荷物で一ぱいである」というので、人だけでなく、荷物を持って入りますから、それに火がついてしまうわけです。そこで、仕方なく脇の広場へ逃れましたが、火のためにおこった旋風に巻かれます。「僕らも二、三間は飛ばされた」というので、三・六から五・四メートルふっとばされたのです。「やっと前の河へ飛込んだ」という「前の河」は、被服廠の跡地ですから、隅田川です。隅田川に飛び込んで多くの方が亡くなっていますが、この子は奇跡的に助かったと思います。そのときの一つの動作を見ると、「頭にどてらを水にぬらしてかぶって居た」ということが大切です。安田邸の池や水戸様の池といった池に入って水を被ったというケースがけっこうあります。生き残った人たちはそのようにして熱さを防いだようです。

「前には、やけた船がある。空は火で真赤である。火は一刻一刻おしてくる。もうどうしてもどうしても居られなかったが、幸いにも風が少しやんだ為に、火も大分弱くなった。何から出たか、まだ火はもえている。砂にくるまっていた」という「砂にくるまる」というのは、どんな状態だったでしょうか。「向うでしきりに「助けてくれ助けてくれ助けてくれ」とよんでいる。或は子供の名をよんだり母の名もよんだりして居る」というので、泣き声や叫び声が聞こえます。

「五、六十間先にはやけた死体が何万と横たわって居るのを見るとぞっとする」というように、隅田川には多くの死体が浮かんでいました。そのときの絵葉書もあります。「一夜そこで明かした。父は大阪へいって留守だった」というように、父親が仕事に行っていなかったというケースがけっこうあります。この場合は出張で大阪に行って留守でした。「それでも家中母も兄も二人の弟も無事だった事は何よりも幸福だと思います」というのですから、この家には亡くなった人がいなかったのでしょう。被服廠の跡地に入ろうとして入れず、どてらを水にぬらして被っていて奇跡的に助かったという話です。

4　岩崎公園の様子を書いた作文

人生はわからないところがあります。二葉尋常小学校五年の相馬六郎さんの「大震火災」を見てください。これは長いのですが、引いてみます。

大震火災

噫々《ああ》九月一日此の日は、僕等にとっては、忘れられない日である。此の日は八時頃までは、雨が降っていたが、八時半頃にはからりと晴れた。「これなら二百十日も大丈夫だ」と云う言葉が誰の口々にもつたわった。なんとなく太陽は赤味をおびていた。九月一日は二学期の始業式であった。長い長い四十日間の夏休みで顔を合わすことの出来なかった友達と顔を合わして楽しく語って別れた。家へ帰ってから猿また一つで図画を書いていると、三畳の座敷の方から、「六郎、御飯だ」と言う声がした。「はいはい」と、返事をしながらいつものくせで、いかなかった。「今行く」と言ったか言わぬ中《うち》、地は大波にもて遊ばれる小舟の様に、棚が落ちる音、茶碗の音や、家のつぶれる音が物すごく聞える。お父さんやお母さんが、真青な顔をして、外へ飛び出した。通りの並木につかまった。まもなく第一震は終えた。

家がつぶれて下になって死んだ人を、かついで通る人もいる。吉田さんの小僧さんも、け我したらしく、顔から血がだらだら流れるのを、手でおさえたらしく、手に真赤な血がついていた。山本君と「こんな大地震の時に、きっと火事があるね」と話したと思うと、ゆり返しが来た。「又だ」と叫ぶ声、「大丈夫か」とたがいにつかまった。これが世の終りかと思うばかり。人々は口々に「被服廠へ被服廠へ」と避難した。僕の学友も皆被服廠へ避難してしまって、山本君だけになり、心細くなってしまった。煙は火になりだんだんと燃えて来た。そこへ山口先生が、御見舞にいらっしゃった。「無事ですか」と言う声に、僕は「ええ」と返事をした。「さようなら」と言って先生と別れた。これが先生とお別れであった。兄さんはどうしたろうと心配していると、そこへ兄さんが自転車で帰って来た。兄さんの話では九月一日は高文の試験で、商大の崖《がけ》で試験をやっていると、二、三間先に居た友達は崖と共に落ちて死んだそうだと云う話であった。兄さんはすぐに家へ荷物を取りに入った。僕も下駄《げた》を取りに家へ入った。下駄をつかむが早いか外へ飛び出した。往来は被服廠へ避難する人で一ぱいで通れない。中には荷車や人力車に荷をつんで行く人もある。この中には再び逢う事の出来ない人が多勢いた。もう三つ目通りも燃え、三丁目の通りも燃え初めた。兄さんの出した御飯をたべられない。仕方がないから水といっしょにのみこんでしまった。近所の人達もいなくなり、前の区役所も火をふき初めたので、いよいよ風上へ風上へと逃げた。がす会社は半つぶれで、左右の家はたいがいつぶれている。竪川橋《たてかわばし》へ来た。ここに落ちついている中に、橋の中に焼舟が流れて来た。火はたちまち橋に燃えつき、燃え初めたので、深川方面へ向った。森下町《もりしたちょう》へついた。此処《ここ》も人込みである。死んだらしく鼻血を出して囲りに巡査や家族らしい人がいる。めいの津江はたんすの角で手をぶつけたらしく、泣きながら負ぶさっていた。行こう行こうと思っても行かれず、人々におされおされして高橋《たかばし》へ来た。かれこれ四時頃僕のいた高橋の上にも旋風が来た。兄さんがらんかんの所がよいと言うので、らんかんにかくれた。「南無阿弥陀仏」と云う声や、神仏を拝む声や色々の声が聞える。声をひそめて居ると、ごうごうと言う音、どんどんと爆発の音、家がやけてたおれる音、等の音が聞える。焼けた材木や、とたん等がひょうひょうと物すごい音をたておちてくる。火の粉はくるくる廻りながら着物の上へおちる。川の中へ飛びこむ人、舟が焼けて舟から飛び込む人もある。此処に居ては危険と、火の中をかけだして二丁ばかり行くと、寺があった。見ると墓地が一万坪位ある。ここは安全と思う中に、寺に火がつき、又もや逃げ出し、岩崎公園の石垣へ出た。石垣の高さ一丈位、中は、木が林の様に生えていて入りたいが梯子《はしご》がない。天の助けか二、三間先に近所の人らしく荷物を中に入れているらしい。「梯子を貸して下さい」と頼んだ。「よろしいです」と言う。うれし涙にくれて中へ入った。中の大きな池が大丈夫と云う中に、木に火がつき初めたので、池の水をあびていてもすぐに乾いてしまう。死ぬのかと思う程暑い。菊川《きくかわ》町一丁目の何某と云う人が四布ぶとんを貸してくれた。僕の家の人も借りて水をかけてはかぶっていた。二日の午前三時頃、ようやく火は消え、芝生にあがってねた。朝になって小山にあがって市中を見渡した。なんと変った姿だろう。所々にくらやコンクリート家などが建っているばかりで、跡は灰になってしまった。これが東京かと思うと涙がほおをつたわった。元の所へ帰ると、「六郎、家の焼跡へ帰えるのだ」と言う声に、つかれた足をひきずりながら、岩崎公園の表門を出たのが午前七時頃であった。高橋へ来た。此処は僕が旋風に逢った所で、橋の真中に僕と同年らしい子が死んでいた。僕の家の焼跡へ来た。そこへ店の人達は、お母さんを見て「無事ですか」と言ったが、後は涙であった。店の者に連れられて亀戸《かめいど》へ向った。長崎橋の所へ来た。此の橋さえ跡かたもなく落ちてしまった。川の中には焼けた木や、人などがぶくぶく浮いている。浮いている材木の上にのって向う岸へついた。錦糸町《きんしちょう》の駅の土手の上に材木をつんだように三、四丁つんである。これが人かと思うばかりである。天神川を渡って亀戸へ着いた。兄さんや、やとい人達は無事なのを見て喜んだが、お父さんの居ないのに気がつくと又心配した。往来は避難する人で一ぱいである。中には我子《わが》の名をよびながらいく人、焼どをして歩けない人がたんかにのせられて行く人もある。しかし巡査は見て見ぬふりをして恐れている。又「亀戸へ火がついた」と言う言葉におびやかされて、小《こ》松川《まつがわ》へ向った。「やあ君、無事だったね」と言う一男君の声に、返事も出来なかった。目的地に着いた。すぐ姉さんの友達の家へ着いた。その夜は畠にねた。度々地震におどろかされた。すると夜中に起された。何事だろうと思ったら、眼をさますと空はえんえんと燃え上る火、山彦に聞える短銃の音、姉さんの友達の家の人が、「今亀戸の郡役所へ〇〇人が火をつけたから、畠へかくれてくれ」と言って来た。いも畠の中から見ると、小松川橋の上を市川の兵隊が馬に乗って走って行く。

僕の胸はこの勇しい所を見ておどっていた。二日過ぎ、三日の朝になった。火は消えて一面に霧が下りていた。やがて九時頃小松川を発し、小岩《こいわ》へ向った。ようやく一日掛りで小岩へ着いた。毎日毎日玄米であったのに、初めて白米であったから、その晩は五杯も食べた。あの時のことを思い出すと面白い。家を建てる音はこうして続く。だんだんに帝都は復興されて行くのであると思うとうれしい。僕等は一しょうけんめいに勉強してこの東京を立派な東京にする事が僕の務《つとめ》である。

「人々は口々に「被服廠へ被服廠へ」と避難した」というのですから、「被服廠へ」は合言葉だったのでしょう。広大な空き地になっているから大丈夫だという声に促されるようにして、みんな被服廠の跡地へ行ったのだろうと思います。二葉尋常小学校は、両国駅の北側に今も二葉小学校があって、そこから東へ行くとまさに被服廠の跡地です。ですから、ここへ避難したというのはよくわかるのです。「山口先生が、御見舞いにいらっしゃった」というので、先生が下校した子供たちの様子を見に歩いていたのでしょう。ところが、これが先生との永遠の別れになりました。この後、この子は森下から高橋へというように、南の江東区の方へ逃げて行き、岩崎公園という今の清澄《きよすみ》庭園へ逃げ込んで、さらに錦糸町から亀戸、小松川、小岩まで動き、最後は白米が食べられたということを書いています。この作文集の中でも最も長い文章の一つです。

5　納骨堂を訪ねた作文、避難場所を移した作文

その後の被服廠の跡地はどうなったのかということを、先回りしてお話ししてしまいます。外手尋常小学校五年の一二歳・中村君子さんの「被服廠跡」です。

被服廠跡

二、三の友とうちつれて被服廠へお参りに行ったのは土曜の午後であった。忘れようとしても忘れられない去年の九月一日の大震火災で、三万五千余りの人が悲しい最後をとげられたこの地、殊に私にとっては受持ちの先生や親しい親しい六、七人の同級生までも焼き尽くした恐ろしくも又うらめしくもあるこの地。

先ず正面の広場を真直に進んで行くと、突当る所に納骨堂があり、ゆらゆらとお線香の煙が立ちのぼっている。私達は入口で買って来たお花やお線香又おさいせん等をあげてうやうやしく拝んだ。お堂の中をうかがい見ると、

真中に大きな卒塔婆が一本突き立っていて、その周囲には大小の美しい花輪が取りまいている。折しもカーンカーンと鳴りひびく鐘の音、いとも物淋しく、いつしか悲しい思い出は泉の如くにわき出るのであった。すぎし一日に夏休みがすんで久し振りに私達の教室で第二学期の心得を話して下さった、あのしとやかな新井先生のおもかげ、なつかしいなつかしいお友達、お人形のように美しく又学科もよくお出来になり、五年で女学校へいくと勉強していらしたあの梅子様の洋装すがたが目の前にうかぶ。心の中で思わず、ああ梅子さんとよんで見たが、どうしてこたえがあろう。せめて安らかなおねむりにつかせられるようにといのりつつ流れおちる涙をぬぐいながら、左へ折れて卒塔婆が沢山に立ち並んで居る所へくると、白骨の山のあった時のことや、秋風に淋しくお花の山をつくって居た頃のことなど震災後のあわれなありさまを思い出さずにいられない。

お参りをすまして元の広場へ来た頃は、太陽も西の端に沈みかけて淡い光を地上へと投出して、私達の長い影をぼんやりとうつしている。

「三万五千余りの人」とありますが、三八〇〇〇人ともいわれる人が亡くなった被服廠の跡地では、そこで遺体を山積みにして焼いたのです。それが今は東京都慰霊堂に納められています。ですから、被服廠の跡地は、関東大震災の慰霊鎮魂の象徴的な場所になるわけです。

ここは、受け持ちの先生や親しい同級生を失った場所でした。この文章からは、その跡地が慰霊の場所として整備されている様子がよくわかります。「先ず正面の広場を真直に進んで行くと、突当る所に納骨堂があり、ゆらゆらとお線香の煙が立ちのぼっている。私達は入口で買って来たお花やお線香又おさいせん等をあげてうやうやしく拝んだ」という具合です。ただし、ここは商売をする場所にもなったのです。お花売りやお線香売りが出ているのです。

「お堂の中をうかがい見ると、真中に卒塔婆が一本突き立っていて、その周囲には大小の美しい花輪が取りまいている。折しもカーンカーンと鳴りひびく鐘の音、いとも物淋しく、いつしか悲しい思い出は泉の如くにわき出るのであった」と書きます。この場所が先生や友達の回想をうながしたことも知られます。

梅子さんは大変な仲良しで、尋常四年になって、勉強して女学校へ進学したいという希望を語っていました。家庭的にも恵まれていたのでしょう。人形のように美しく、姿は洋装であったとあり、「洋装」が取沙汰されるのは、着物で通っている子供が普通だったからでしょう。

「左へ折れて卒塔婆が沢山に立ち並んで居る所へくると、白骨の山のあった時のことや、秋風に淋しくお花の山をつくって居た頃のことなど震災後のあわれなありさまを思い出さずにいられない」とあります。この子は納骨堂が整備される前、白骨の山があって、お花の山を作って捧げていたときにも来たのでしょう。「お参りをすまして元の広場へ来た頃は、太陽も西の端に沈みかけて淡い光を地上へと投出して、私達の長い影をぼんやりとうつしている」と、抒情的な文章が書ける段階に成長していることもわかります。

この被服廠の跡地に逃げ込んだところに、この本所区が抱えた困難な部分が見えてくる気がします。気になった文章を取り上げて、説明してみましょう。

牛島尋常小学校四年・一二歳の小林清一郎さんの「九月一日の思出」です。

九月一日の思出

僕は火事だと聞いて、さっそく大雲寺《だいうんじ》へ逃げこみました。するとたちまちたつまきにまきこまれて、おどろいて外へ出ました。そして僕の上《あが》っている、柳元尋常高等小学校の体操場へ入ると、外の方から、おまわりさんが早く出ないと死ぬぞ、早く出ろ早く出ろと一生けんめいにさけんで居ます。そこで僕は妹をおぶって逃げ出しましたが、お父さんやお母さんや弟が来ませんから、僕は声をはり上げて、お父さん、お母さんとなきさけびました。するとお父さんやお母さんは、僕の叫び声をたどって逃げて来ました。僕はそれから亀戸をさして、一目散逃げて行きました。途中で大勢の人達におしつぶされる者もあり、どぶの中へ落ちる者もあります。そしてとうとう栗原橋まで来ました。橋を渡る時、橋はぐらぐらゆれて、今にも落ちそうです。ようよう渡って、亀戸のしんせきの家へ逃げてほっと一いきつきました。

この子は火事だと聞いて、大雲寺へ逃げ込みました。お寺や神社は避難場所になります。この大雲寺は押上《おしあげ》にあったお寺ですけれども、被災して、今は江戸川区瑞江《みずえ》に移っています。関東大震災で被災したお寺はそのままそこに残った場合もありますけれども、その地を離れていった場合がいくつもあります。例えば、吉祥寺《きちじょうじ》にたくさんお寺がありますけれども、あのお寺は関東大震災で焼け出されたお寺がまとまって移転したものです。大雲寺は江戸川区に移っていますが、役者さんと縁のあるお寺で、賑わいがあるようです。

「すると、たちまちたつまきにまきこまれ」というので、大雲寺も熱風に巻き込まれます。被服廠の跡地だけではないのです。さらに、柳元尋常高等小学校の体操場へ入ります。今は柳元尋常高等小学校はなくなって、本所警察署になっています。ですから、第二の避難場所は学校のグラウンドだったのです。しかし、外からおまわりさんが「早く出ないと死ぬぞ、早く出ろ早く出ろ」と促します。ここも危ないことになるのです。このときに、警官がさまざまに動いたことは、いくつかの作文からも出てきます。

「そこで僕は妹をおぶって逃げ出しました」とあり、東京下町は大家族が多かったのです。見ると一一人家族もありますから、今日考えている核家族で、親子に子供一人とか二人とかではなく、兄や姉が何人もいて、妹や弟も何人もいるという大家族です。この場合、四年生の子供が妹をおぶって逃げます。四年生の子供が妹をおぶうというのはごく普通でしょうね。子守り奉公だけではなく、むしろ兄弟姉妹が多ければ、お兄さんやお姉さんが妹や弟を育てるわけですから、おぶってというのは、ごく普通の日常の姿だと思います。

「お父さんやお母さんや弟が来ませんから、僕は声をはり上げて、お父さん、お母さんとなきさけびました。するとお父さんやお母さんは、僕の叫び声をたどって逃げて来ました」というので、声が届いたのです。その後、亀戸に向かって逃げ、「途中で大勢の人達におしつぶされる者もあり、どぶの中へ落ちる者もあり、そしてとうとう栗原橋まで来ました。橋を渡る時、橋はぐらぐらゆれて、今にも落ちそうです。ようよう渡って、亀戸のしんせきの家へ逃げてほっと一いきつきました」となります。この子は、大雲寺へ逃げ、学校のグラウンドへ逃げ、親戚を頼って逃げて行きます。家族が多いだけでなく、親戚が近隣にいて、親戚を頼って泊めてもらっているケースがたくさんあります。東京下町は今でもそういう側面があるかもしれませんけれども、今以上に親戚が近隣にいて、そこが頼れる場所になります。しかし、九〇年が経ってみると、親戚を頼ってどこへ行くかというと、迷うのではないでしょうか。

避難所のような公的な場所も一時的には大事ですけれども、今ならば、避難所から仮設住宅へ、さらに復興住宅へという流れがあります。今、東日本大震災では、仮設住宅で暮らしている人たちが三五〇〇〇〇人くらいいるわけで、二年間といわれている仮設住宅の生活がどんどん延長されています。もちろん、被災地のかさ上げをして町づくりをするということで、時間がかかっている場合があります。阪神・淡路大震災もそうで、今度の震災もそうですけれども、仮設住宅の生活がとても長くなっています。仮設住宅をもっと住みやすくしようという動きもあれば、いや、あまり仮設住宅が住みやすくなるとまずいという話もあります。そのやり取りが難しいのですけれども、なかなか仮設住宅から出られないことが大きな問題になっています。

6　家族との死別を書いた作文

緑尋常小学校四年・一二歳の村井福子さんの「米川さん」という文章がありますので、見てみましょう。

米川さん

尾崎さんや井上さんや小杉さんなどもすきでしたが、米川さんは大すきでした。いつも学校へ行く時は、むかえていっしょにゆく。私は米川さんとけんかをしたことがない。いつもたのしく仲よく暮していた。米川さんはこの震災で被服廠でなくなったか、それとも生きていらっしゃるかと、私は始終考えていた。ときどき夢にもみる。人のいうことには夢に見る人は皆死んでいるというが、馬場先生の夢をみたことがある。馬場先生は生きていらっしゃる。だから米川さんは生きていると思っているが、お隣りのまあちゃんや、さだちゃんの夢を見ることがある。まあちゃんや、さだちゃんは死んでいる。

五日の朝お隣りで、お人形の着物を作っていると、あいたかった米川さんがいらっしゃた。いろいろお話をきくと、米川さんは被服廠でたすかったのだった。私はこう米川さんにきいた。『あなたどっかけがした』ときいたら、『ええ』とおっしゃって、『足とももとせなかと』といった。米川さんのおじさんは十二月二十五日に病気でなくなったんだそうです。米川さんが、山本さんの家へ行こうといったので、いった。山本さんと米川さんと私と三人でぶらぶら方々をまわった。やがておばさんが『もうかえりましょう』と行って帰ろうとしたので、私は米川さんに学校でいただいた余った本をあげた。米川さんは私に『これでさいごのお別れよ』といった。私は

『どうして』ときいたら、『私はお父さんがなくなったから、元の所へ家をつくれない。いなかの家でせわをしていただくのだから、もう緑小学校へあがらないで、いなかの学校へはいって、もう一度四年をやるの』といって別れた。

先ほどの梅子さんではないですけれど、この子は多くの友達がいた中で、米川さんが親友でした。「米川さんはこの震災で被服廠でなくなったか、それとも生きていらっしゃるかと、私は始終考えていた」というように、生死がわからない状態が五カ月くらい続いていたのです。「ときどき夢にも見る。人のいうことには、夢に見る人は皆死んでいるというが、馬場先生の夢をみたことがある。馬場先生は生きていらっしゃる。だから米川さんは生きていると思っている」とあり、生きていてほしいという思いがわかります。でも、「お隣りのまあちゃんや、さだちゃんの夢を見ることがある。まあちゃんや、さだちゃんは死んでいる」というのです。

「五日の朝お隣りで」という五日が、何月なのかわかりませんが、生死不明だった米川さんと再会します。米川さんは被服廠の跡地で助かったのです。被服廠の跡地で助かったけれども、米川さんは足や腿《もも》や背中に火傷《やけど》を負っていたと思います。そして、米川さんの父親は一二月二五日に病院で亡くなりました。今で言えば、「震災関連死」です。山本さんの家へ行き、三人でぶらぶら方々を回りました。しかし、おばさん（米川さんの母親でしょう）が帰りを促します。そこで、学校でいただいた余った本をあげたというのは、教科書が焼けてしまい、配給された余りを米川さんに渡したのです。

しかし、再会は最後の別れになりました。せっかく会えましたが、米川さんは父親が亡くなったので、元の所へ家を建てられないという経済事情があったのです。そこで、彼女は田舎の家（おそらく母親の実家でしょう）の世話になるのです。そして、もう一度四年生をやるというのです。彼女は足と腿と背中を火傷したと言っていますので、大怪我《おおけが》のために闘病生活を送っていて、すぐに通学できなかったのでしょう。四年生の後半が抜けてしまったので、もう一度やり直すことにしたのです。生き残っていれば、すぐに学業に復帰できたわけではなかったことがわかります。

子供たちの中には、生死を分けた場合がいくつもあって、本郷区（本書第4章参照）と違うのはやはりそこです。家族を失った話がけっこう出てくるのです。本所尋常小学校四年・一二歳の九次米清子さんの「お母さん」です。

お母さん

……清子……

呼ばれた様なので、ふり向いて見ると誰も居ません。うちのお母さんはあの九月一日の恐しい大火事で死んでしまいました。

うちの人はみんなお母さんの死んでしまったのを、『あんなに方々が火事にならない中《うち》に逃げれば、死ななかったんだけれども』と言って残念がって居ます。私もお母さんの死んだのが、なにより悲しいのでございます。

お母さんはそれはそれはよいお母さんでした。そして忘れもしません。去年の二月九日に、お母さんと、としちゃんと、私と花やしきへ行きました。花やしきへ入ると、桃の中からよく太っている桃太郎がとび出したので、おじいさんやおばあさんが驚いて、こしをぬかしている所がよく出来ていました。

少し行くと大きな象が居ました。するとお母さんが、『まあ大きな象ですねえ』とおっしゃったやさしいお顔が、いまだに目の前にちらついて見えます。

お母さんがいらっしゃる時分は、髪がとけなくなると、といて下さいましたが、今では髪がとけなくても、一人でとかさねばなりません。

夕暮や朝などはお母さんがみんな御用をして下さいましたが、今では私一人でおちゃわんを洗ったり、ぞうきんがけをしなければなりません。

私はお母さんのいらっしゃる人は、どんなに仕合だか知れないと思います。そしてよその子がお母さんやお父さんとかつどうへ行くのを見ると、『うちにもお母さんがいらっしゃれば、私もああいうふうに、かわいがっていただけるんだけれども』と思うと、あつい涙が流れ出ます。

この間亀戸へ行きました。『おばさん今日は』、おばさん、『今日は清子さん、ここにいろいろの写真がありますから御覧なさい』とおっしゃったので、一枚の写真を思わず取上げました。

するとそれはお母さんの写真でした。

私はその頃お母さんの事を思わなくなったのに、又思い出して、『ああお母さんは今頃は何をしていらっしゃるんでしょう』と思うと、いくらおばさんのうちでも泣かずにはいられませんでした。始めの中は涙ぐんでいましたが、しまいにはとうとう流れ出ました。その時ははずかしい心地もなく、泣いてしまいました。うちへ帰えると、もう夜になってしまいました。

火鉢によっかかっている中に、又思い出して、『お母さんにもっともっと孝行をしなければならなかった』とひとりで思っていました。

こんなにいつもくよくよしてはいけない、これからはお父さんに孝行をして、こんな事を考えるのをやめようかと思っても、どうしてもお母さんの事は忘れられません。

この子は母親を亡くし、その後のことを書きます。家族は「あんなに方々が火事にならない中に逃げれば、死ななかったんだけれども」と言って、母親がもっと早く避難しなかったことを後悔しています。「私もお母さんの死んだのが、なにより悲しいのでございます」と告白します。この子は一二歳です。去年（一九二三）の二月九日に、母親ととしちゃんと三人で花やしきへ行ったことを思い出します。浅草の花やしきは浅草寺の裏にある観光地で、遊園地と動物園を兼ねた場所です。この中の記述にも出てきますけれども、トラ、クマ、ゾウも見られます。「花やしきへ入ると、桃の中からよく太っている桃太郎がとび出したので、おじいさんやおばあさんが驚いて、こしをぬかしている所がよく出来ていました」とあり、花やしきの中には、昔話の「桃太郎」の仕掛けがあったようです。

しかし、母親が亡くなって、この子は自分で髪を梳《す》かなければならず、夕暮れや朝などは一人で茶碗を洗ったり、雑巾《ぞうきん》がけをしたりしなければならなくなりました。この女の子がお母さんの代わりに家事を務めなければいけなくなったのでしょう。そして、「私はお母さんのいらっしゃる人は、どんなに仕合だか知れないと思います」として、幸せそうな家族を見て、涙ぐんでしまいます。

さらに亀戸のおばさん（母親の姉か妹でしょう）の家に行き、母親の写真を見せられるのです。九月一日、恐ろしい火事で亡くなった母親は、家にいて逃げ遅れ、家も焼けて、写真もないのでしょう。しかし、親類には写真があるわけです。その中に写る母親と再会します。今でも、被災地では流された写真をきれいに洗って保存し、引き取り手を捜しています。しかし、六年経つと、人が引き取りに来なくなっています。でも、この子は写真の母親と再会し、「私はその頃お母さんの事を思わなくなったのに、又思い出して」と、忘れて生きていこうと思っていたのに、写真を見たら泣いてしまいました。「お母さんにもっともっと孝行しなければならなかった」と、できなかった「孝行」を考えます。「こんなにいつもくよくよしてはいけない」という気持ちが、この子の心を支えているのです。

そして、「これからお父さんに孝行をして、こんな事を考えるのはやめようかと思っても、どうしてもお母さんの事は忘れられません」とします。としちゃんは妹かもしれませんけれども、この子は家族の中で母親の代わりをしていて、その中での微妙な心理が書かれていることに気がつきます。

7 死んだ家族を思い、日常を取り戻す作文

こういった作文にいくつも出会うことができます。父親を亡くしたというのもあれば、妹を亡くしたというのも出てきます。大家族の問題に触れましたけれども、本横尋常小学校五年の近藤富士男さんの「ああ大正十二年九月一日」があります。彼は錦糸町の停車場へ逃げ、舟に乗って逃げ延びますけれども、亀戸から被服廠の跡地を通って、日暮里から新潟県へ着くと出てきます。祖父に会って、祖父のふるさとの新潟県に避難して行ったことがわかります。近隣だけではなく、遠くへ出る場合がいくつもあります。そのあとに、こうあります。

後になってお父さんと兄弟四人が死んだと聞いて、家内中泣きかなしみました。ああお父さんと兄弟四人は……

……。

大正十二年九月一日！　此の日は私共にとってはいつまでもいつまでもかなしい思い出となる事でありましょう！　終りに行え不明になった家の人々を記して長くおいのりしたいと思います。

お父様　近藤不二松——三十九歳

弟　俊　雄——　十歳

妹　不二野——　七歳

弟　政次郎――　五歳

妹　ミヨキ――　三歳

新潟県には何も知らないで行って、後で家族の死を聞かされたわけです。祖父や母親はいましたが、この子は最後に、亡くなった家族の関係、名前、年齢を書き残しました。関東大震災の思い出を書いてごらんなさいという作文でしたので、多くはその日のことを書いています。でも、親や弟妹のことを記しとどめておきたいという願いがよく伝わってくるように思います。

柳元尋常小学校五年・一三歳の勝倉ハツさんの「震災」という文章があります。舟に乗って江戸川区の方へ逃げ、親戚一同が揃って、電気がついたというような記述が出てきます。電気が消えてランプを使っているとか、水道が使えないで井戸水を使っているという記述が出てくるのですけれども、こうあります。

　電気がついていたので、お祖父さんが、「さあ皆くたびれたろうから、早く寝な」と言ったので、皆床に就いた。其の時私がふと電気の所を見ると、小さい虫がたくさんぶんぶんとうなって、ぐるぐる廻って居るから、私は「お祖母さん、この虫なあに」と聞いたら、お祖母さんは、「きっと死んだ人がうらやましがって、虫になって来たのであろう」等と言って、又死人の話をし始めたので、私はきびが悪くなってそのまま布団の中へもぐって寝てしまった。

小さな虫たちの動きに、お祖母さんは、死んだ人の魂が虫になってやって来たのではないかと説明し、柳田国男の言う日本人の霊魂観が出てきます。多くの人々の死をどう受け止めるのかというところが、細やかな表現で書かれているように思います。

学校のことについて触れてまとめにしましょう。柳島尋常小学校四年の亀田のぶさんの「私どもの学校」です。「私どもが毎日通っている柳島尋常小学校は、大正十二年九月一日、忘れることの出来ない天災のために、見るかげもない焼野原と変りはてました」。今日、「忘れる」「忘れない」という話をしましたけれども、「忘れることの出来ない天災」とあります。「焼野原」というのは、地震だけではなくて、火災があったからです。地図の赤い地域と緑の地域が焼野原になってしまったのです。

「けれども元の所へバラックの学校が出来たので、今では安心して学ぶ事が出来ます」とあります。学校が復興してゆくとき、テントのところもありますけれども、バラックの学校で始まるわけです。いち早く学校を再開することが復興の大きな支えになったと思います。多くの人がその地域を離れていますから、学校を再開することによって地域に戻ってくる手立てができることになるのだろうと思います。ですから、福島で難しいのは、双葉《ふたば》高等学校がこれでもう閉校するということでしたが、子供たちが戻ってこないことです。戻ってくることが難しいのです。

ストーブもあり、日あたりもよいので、私たちは大へん喜んでいます。

教室は板張りで、一室一室に出来て居ります。教壇の前に置かれてある先生の机、正面にかけてある黒板、私どもの机腰かけなども整いました。

教室ももとは三十あまりありましたが、今は十一しかありません。

とても足りませんから、一年二年三年四年は、午前と午後とに分かれて勉強しています。私どもは一生懸命勉強して、よい人になり、学校の名をあげたいと思います。

とても大きい学校だったわけで、今は教室の数が三分の一になりました。しかし、次の時代を支える子供たちの気迫あふれる気持ちが出てきます。質素を尊んで倹約に生きながら、この災害を乗り越えてゆこうということもいろいろ出てきます。当時、子供たちがどんな気持ちを抱いていたのかは、独自の意見というよりは、家庭や学校の教育の中で培われてきた考え方のように思いますけれども、力強い言葉です。

なかには、ひな祭りのことがあったり、雪だるまを作って遊んだということがあったり、節分などが出てきたりします。最後にこれを読んで終わりにしましょう。菊川尋常小学校五年の長浜ゆきさんの「節分の晩」です。

節分の晩

二月四日の節分はほんとうににぎやかであった。どこの家の角にもするどいつのがはえた鬼ががらがささって居る。方々の家からもれて来る福は内福は内、鬼は外の声が一つになって聞える。声につれて手ににぎられたいり豆は、ばらばらとなげられる。私はどこに福があるか鬼がいるか一こうわからない。家でも兄さんが大きな声をはりあげて、福は内福は内、鬼は外鬼は外といり豆をばらばらとなげる。私と弟は大きな袋をもって豆をひろった後でかぞえて見たら、自分の歳より多かった。もう家はすんでしまったと、皆で鳩が目をくりくりさせながら豆をたべるように、家内揃ってこりこりと豆を食べた。

窓から空を見れば、ぴかぴかと光るお星様、広い世界を一目に見おろしている。そろそろと吹く風が顔をふうと撫でながら過行く。

「二月四日の節分はほんとうににぎやかであった」とありますから、作文は二月五日より後に書かれたことがわかります。方々の家から、「福は内福は内、鬼は外」の声が聞こえてきたのです。この節分の晩には人々が戻ってきて、菊川の辺りでは、節分行事が盛んに行われたのです。「福は内福は内、鬼は外」の声は、復興の声でもあったのでしょう。こうして日常が取り戻されてゆく様子が見えてきたときに、子供たちの作文は書かれたことになります。

現在の墨田区南部、かつての本所区、今、江戸東京博物館、国技館があるあの界隈は、本当に甚大な被害を受けて、被服廠の跡地では多くの人が亡くなっています。そのことをやはり私たちは忘れてはいけないと思います。子供たちのこの声からいくつかの手がかりを見つけて、そして未来へつなげたいと願っています。

（二〇一七年三月二〇日、文京区立本郷図書館にて講演）

参考文献

・石井正己・岡村民夫・山本昭彦「フォーラム　賢治と語り合う二十一世紀の地域創生」岩手大学宮澤賢治センター編『賢治学』第四輯、東海大学出版部、二〇一七年

付記

皇居と浅草寺の間の四角い白いところは、佐久間町の三井慈善病院で、万世橋を渡った辺りです。他には、花町二丁目という一角が残っていて、秋葉原駅の東側です。なぜここが残っているのかはうまく説明できません。浅草寺も残りました。もんじゃで有名な月島も燃えていますけれども、住吉神社の界隈は焼けていません。神社やお寺は、防火に機能するところがあるのですが、これだけ大規模になると難しいのかもしれません。

颪は巻くようにしていろんな方向から吹いています。ですから北風、南風ということはなく、渦を巻くように動いていることがわかります。糸魚川の場合には海岸に向けての強い風でしたけれども、この場合は風が一つの方向ではなく、渦を巻いて複雑に動いています。出火地点は特定できているのですが、本所区は一〇いくつしか出火地点はありません。阪神・淡路大震災の時も、我々は映像で、長田区で同時に火が上がっている場面を見ていますけれども、広い東京の東半分で言えば、出火地点が何百カ所もあるわけではなく、本当に限られています。それが一挙に風で広がっているのです。データを見ると、そういうことがわかります。

東京がその前に地震に遭ったのは、六八年前の安政二年（一八五五）の江戸地震です。関東大震災は明治になってから初めての大地震で、江戸時代の地震の経験がうまく引き継がれているようには見えません。江戸は非常に火事の多いところですから、火除け地を作り、家を倒して火事が広がらないようにしてきました。ですから、避難するときに家財道具を持って逃げるのでなく、地下へ埋めて行くのです。安政地震の経験が七〇年近く経って、うまく機能していません。それと同時に、近代社会は文明開化によって、火除け地を作らなくても大丈夫だという認識が生まれ、東京の町づくりが行われてきたと思います。震災後、後藤新平が東京を復興させなければいけないというので、再建計画を立てて、非常に早くこれを動かしたこともよく知られています。そして、この地域は東京大空襲でももう一度重なるように焼かれています。それは典型的な人災であるにしても、うまく受け継がれてきていません。それと同時に、一方で、私たちの中に、過去は克服できて、力強い町づくりができているという幻想も働いているのではないかという気がします。ですから、それが確かにうまく機能することもありますが、逆にそれが落とし穴になることもあると思います。東日本大震災を見ると、そうです。防潮堤をどんどん高くしていって、これだけ高くすれば大丈夫だろうと安心します。田老《たろう》なんかそうですけれども、逆に、いったんそれが崩れると、安全神話の中で町づくりをしていますから、もう止めどもない被害になってしまいます。ですから、現在の東京だって、それは十分注意しなければいけないことのように思います。

寄付に対するお礼のことは、例えば、江東尋常小学校五年の伊藤げん子さんの「礼状」に出てきます。焼野原になった後、すぐに送られてくるのは、シャツ、毛布、慰問袋です。そして、「今は品々をいただいたおかげで不自由なく暮らしております」とあり、「誰だかが「又六十八年くらいたつと、九月一日のような地震があるよ」と言って居た」というのは、安政地震から六八年でそう言っていたけれども、「迷信だ」と思っているとします。「いなかの学校へしばらく行っておりましたが、バラックが出来たので東京の学校へ帰りました。するとまたかばんや、インキペン、筆入、科目の本、そのほかいろいろな配給品をいただいた」というので、日常生活の品物から学用品に支援が動いています。終わりのところに、そんなに具体的ではありませんけれども、「皆よその国や、我が各府県の人がして下さったのだろうと思い、あつくお礼申し上げます」とも、「焼野となった東京もようやく復興しました。我等これから一心に勉強して、帝都を一そうよくしようと心掛けております。又よその国に、こんな事があったら、自分から進んでたくさん差上げたいと思っております」と結んでいます。具体的には、どこから、どういうものが送られたかというリストがありますから、調べればわかりますけれども、子供たちも、国内だけではなく、海外の支援を受けて支えられたのです。「災害支援の国際化」は、この時点で十分始まっています。

6 小学一年生が書いた関東大震災――「震災を忘れない」ために

1 東京で「震災を忘れない」ために

今、東日本大震災から七年が経って、被災地が忘れられるという問題があります。しかし、被災地では風化どころではありません。ましてや、福島の場合は復興どころか、震災の渦中です。それに比べて、関東大震災は大正一二年（一九二三）のことですから、九五年が経ちました。私たち東京で暮らす者は九五年前の関東大震災を知っているかと言えば、すっかり忘れています。関東大震災では、本郷のような高台は被害が少なかったのですけれども、下町では大きな被害がありました。同じ東京でも東と西で温度差があります。それでも、うちのお祖父さん、お祖母さんが亡くなったというファミリーヒストリーの記憶がある方もあるでしょう。

この震災では一四万人の方が亡くなり、そのうち三分の一近くにあたる三八〇〇〇人が一カ所で亡くなりました。三八〇〇〇人というのは、東日本大震災の死者・行方不明者の二倍です。なぜそれほど多くの死者が一カ所で出てしまったのかを考えなければなりません。両国《りょうごく》駅で降りて、江戸東京博物館の北側に東京都慰霊堂があります。そこはかつての陸軍の被服廠《ひふくしょう》跡地でした。移転して広い空き地になっていましたので、そこに逃げ込んだ人たちが旋風に巻き込まれて亡くなったのです。それは、避難所になっている場所が被災すると、多くの人が被害に遭ってしまうことを意味します。東日本大震災でも陸前高田《りくぜんたかた》市で体育館が避難所になっていたので、そこへ避難したら想定以上の津波が来て、たくさんの人が亡くなってしまいました。ですから、避難所は常に検証しなければかえって被害を大きくしてしまうことを、行政も地域の方々も考えておかなければなりません。

関東大震災は日本が経験した最大の災害です。それは都市災害だからです。首都直下型地震の予測は難しく、死者は一万人ぐらいと言われていますが、大雑把です。一〇万人というと恐怖をあおるので、このくらいでいいんじゃないかという忖度《そんたく》があるはずで、ＡＩにさせた方が遥かに正確でしょう。一方、南海トラフ地震では、三二万人という予測が出ていますから、信じられないような数の方が亡くなるというのです。南海トラフ地震がなぜ大規模な災害になるかというと、三陸海岸と違って震源地が近いからです。静岡県・和歌山県・高知県は五分ほどで津波が来るはずです。ですから逃げる余裕がなく、その状況でどうするかを考えなければなりません。

私たち東京で暮らす人間は、やがて起こるであろう震災と向き合える体力と知力を付けておく必要があります。震災が起こってから、あれこれ言うことは簡単です。地域の図書館が常日頃からこういったことを気にして、命を守る活動を続けていることが大切です。朝日新聞社の小野智美《おのさとみ》さんが「小学六年生が見た東日本大震災」のお話をしてくださいました。そこで私は、「小学一年生が書いた関東大震災」にしました。この二つをペアにして、今回の「震災を忘れない」が構成されています。一年生というと、これから春になりますので、ランドセルを用意なさっているご家庭もあろうかと思います。ただし、当時の文集を見てゆくと、いろいろな事情があったのだろうと思いますけれども、七歳から九歳まであって、一年生と言っても年齢の幅があります。

山の手で例外的に火事になった地域もありますけれども、だいたい山の手は焼けず、下町は大きな被害を受けています。東京市には小学校が一八六校ありましたが、一七〇校が焼けています。焼けた学校では、青空教室で勉強を始め、さらにテントの簡易教室、次にバラックの教室を造り、やがて復興小学校として鉄筋コンクリートの校舎が建てられます。今九〇年が経ちましたから、復興小学校が老朽化して、次々に建て替えられています。

三分の二の小学校が焼けてしまった東京市では、翌大正一三年（一九二四）三月、上野公園で震災記念作品展を開いて、未来を担う子供たちの作品を展示しました。図画・手工・作文の三部門で、一三〇〇〇点の作品が並んだそうです。震災から半年後、バラックで生活している中で、こういう展示が行われたのです。新聞を見ると、多くの方が見に来たとあります。

ところが、残念ながら、展示された作文は立ち止まって読んでもらえなかったそうです。このままでは子供たちが書いた作文が消えてしまうと考え、学務課長の佐々木吉三郎は、尋常科一年生から六年生までと高等科一・二年生の七巻をまとめました。表紙にはシャベルを持つ子供を描いています。各巻の口絵にはカラーで図画が二点ほど入っています。その後には地域別・学校別に作文があり、だいたい一つの学校で男の子と女の子が一人ずつ取り上げられ、二一八七名の作文が載っています。「震災を忘れない」ために、東京都民にとって重要なことはこの子供たちの声に耳を傾けることでは

『東京市立小学校児童震災記念文集　尋常一年の巻』表紙

ないかと考えているのです。
今回は一年生の声を聞いてみます。最も幼い子供たちが自分たちの被災をどのように受け止めたのかが書かれています。作文を書いた子供は当時七歳でも、九五年が経ちましたから、一〇二歳です。「人生一〇〇年時代」と言いながら、作文を書いた方々はもうほとんどが亡くなったと思います。とすると、これは未来に残された遺言だったのではないかと感じます。その遺言を読み解いて、未来に生かしてゆくことが必要です。それは国語教育になるし、防災教育にもなるのではないかと思っています。

2　本郷区の一年生の避難と流入

まず本郷区の本郷尋常小学校一年生の小林一郎さんです（本書第4章参照）。

大ジシン

大ジシンノトキボクハ、二カイニイマシタラ、タナノイロイロナモノガオチテキマシタ。オカアサンガヨビマシタカラ、イソイデソトヘデマシタ。モウ大ガッコウガ火ジニナリマシタ。ミンナデイケノハタヘニゲマシタ。ソレカラ、イワサキサンノ中ヘハイリマシタラ、火ノコガタクサントンデキマシタ。ソレカラ、ダンダンヨルニナッテ、オムスビヲタベテ、ソトデネマシタ。アサニナッテカラ、テンジンサマノヤケアトヘイキマシタラ、アツクテタマリマセン。イシダンノトコロデ、オマワリサンガ〇〇〇〇ヲツカマエマシタ。オトウサンガ、コハイケナイトイッテ、ミンナデイナカヘイキマシタ。イナカデハ、サカナヲトッタリ、セミヲトッタリシテ、ズイブンアソビマシタ。

「モウ大ガッコウガ火ジニナリマシタ」という「大ガッコウ」というのは東京帝国大学、今の東京大学で、図書館が焼けました。図書館が焼けたのは文化財の損失ですが、本郷区での大きな火災は大学図書館だったのです。それは日本の文化財の損失でもあり、三五万冊ぐらいが焼けたようですけれども、目録が焼けてしまったので、何が焼けたのかもわからないのです。

「ミンナデイケノハタヘニゲマシタ」というのですから、不忍池《しのばずのいけ》の方へ逃げるのが本郷区辺りの行動だったのでしょう。「ソレカラ、イワサキサンノ中ヘハイリマシタラ、火ノコガタクサントンデキマシタ」というのは、池之端《いけのはた》の岩崎旧邸へ逃げたことを指します。あの辺りは小石川区と境になっていて、今の文京区の中でも焼けた地域でした。

「ソレカラ、ダンダンヨルニナッテ、オムスビヲタベテ、ソトデネマシタ」とあります。昼の一一時五八分の地震でしたけれども、夕方から夜になり、暗くなります。避難のときの食事で重要のは、おむすび、おにぎりです。玄米《げんまい》のおにぎりも多くの場所で出されています。そして、家があっても潰《つぶ》れる心配がありますから、外で寝ます。

「アサニナッテカラ、テンジンサマノヤケアトヘイキマシタラ、アツクテタマリマセン」とあるのは湯島《ゆしま》天神です。夜が明けて、池之端の岩崎邸から、湯島天神に行きますが、焼け跡で熱かったのです。「イシダンノトコロデ、オマワリサンガ○○○○○○ヲツカマエマシタ」は伏字になっています。これは検閲がかかっているからですが、ここにあったのは「テウセンジン」（朝鮮人）でしょう。関東大震災のときに在日朝鮮人の虐殺が行われ、それを書いているのです。

「オトウサンガ、ココハイケナイトイッテ、ミンナデイナカヘイキマシタ。イナカデハ、サカナヲトッタリ、セミヲトッタリシテ、ズイブンアソビマシタ」と結びます。避難した人は近所に親戚があればそこへ逃げますけれども、いったん東京の外に出ました。「イナカヘイキマシタ」というので、お父さんかお母さんの身寄りへ行って、そこで避難生活をします。

八歳の小林一郎さんは、田舎で魚取りをしたり、蟬を捕ったりして、もうずいぶん遊んだのです。そのことを翌年になって思い出して書いていることになります。ですから、被災から避難までの様子が、この一年生の文章でもよくわかります。見事だなと感心します。

次の文章は、同じ本郷尋常小学校の岩田サカエさんです（本書第4章参照）。

九月一日

大ジシンノトキ、ワタクシハヨコハマニイマシタ。コワイノデ、ウチノマドノコウシニツカマッテイテ、スンデカラ、オカアサンハドコカトオモッテ、ソトニデテミルト、ドコノウチモミンナツブレテ、中カラ人ヲホリダシテイマシタ。スグソバカラカジガデテ、コワイノデオカアサンヤ、ニイサンヤ、イモウトト、ニゲダシマシタ。ツブレタヤネノ上ヤ、ガケノクズレタ上ヲ、アツイアツイト、ナキナガラ、カケテ山ヘニゲマシタ。オトウサンガ、トウキョウデ、ツブレハシナイカトイッテナキマシタ。イイキモノモ、オモチャモ、ヤケルカトオモッテマタナキマシタ。

ヨソノウチニイテ、ゴハンヲモウ一パイタベタイケレド、オバサンノガナクナルカラ、ヤメマシタ。ソトヘネタリ、タベルモノガナカッタリシテ、オトモダチモドウナッタカワカラナクナルカラ、ジシンハダイキライデス。

「大ジシンノトキ、ワタクシハヨコハマニイマシタ」とあり、必ずしも今の文京区にいたわけではなく、新学期に別の場所にいた人もいました。この子は横浜で被災し、たぶん今の文京区に身寄りを求めて生活しはじめ、本郷小学校に通うようになったのでしょう。文京区はほとんど焼けていませんので、被災者を受け入れて、復興を支援する機能を担っていたのです。

一年生ですから、たくさん「コワイ」という言葉が出てきます。落ち着いてからお母さんを捜すために外に出ると、「ドコノウチモミンナツブレテ、中カラヒトヲホリダシテイマシタ」とあり、家が潰れ、救助活動していました。「スグソバカラカジガデテ」というので、火事なります。都市災害で怖いのは、家の倒壊以上に火事です。普段やって来る消防自動車が来なくて、火事が起こっても消せなくなるのです。関東大震災では帰宅困難者は話題になっていませんが、東日本大震災では五〇〇万人が帰宅困難者になりました。家屋の倒壊だけでなく、人や車があふれていたら、消防自動車は動けません。

この子は「ツブレタヤネノ上ヤ、ガケノクズレタ上ヲ、アツイアツイト、ナキナガラ、カケテ山ヘニゲマシタ」とあり、たいへんな苦労をして高台へ逃げました。しかし、「オトウサンガ、トウキョウデ、ツブレハシナイカトイッテナキマシタ」とあるように、お母さんと子供は横浜にいましたが、お父さんは東京に働きに行っています。家族が引き裂かれているのです。

「イイキモノモ、オモチャモ、ヤケルカトオモッテマタナキマシタ」とあり、家だけでなく、着物やおもちゃなど自分の大事にしていた物を失う悲しみが出てきます。いい着物というのは七五三に買ってもらった着物でしょうか、晴れ着です。子供らしいと言えば、「ヨソノウチニイテ、ゴハンヲモウ一パイタベタイケレド、オバサンノガナクナルカラ、ヤメマシタ」でしょう。よその家に身を寄せて避難生活を始め、もう一杯お代わりしたいけれども、その家のおばさんのがなくなるからと遠慮しています。

そして、「ソトヘネタリ、タベルモノガナカッタリシテ、オトモダチモドウナッタカワカラナクナルカラ、ジシンハダイキライデス」と結びます。家の外で寝なければいけなかったり、食べる物がなかったりしていて、友達の消息も不明です。その結論は「ジシンハダイキライデス」になりますが、女の子の作文には、この「キライ」がよく出てくる気がします。

3　避難と再開された学校生活

富士前尋常小学校の南波恕一さんの作文を見てみましょうか（本書第4章参照）。

大ジシン

九月ノツイタチニ、大ジシンガアリマシタノデ、ホウボウノ人ガコマリマシタ。ソシテ、ボクハウチノマエノアキチデネマシタ。ソノトキハ、トウキョウハゼンメツデシタ。

ウチノ山ニ○○○○ジンガスコシスンデイマシタガ、七十七バンチノセイネンダンガキテ、ソノ○○○○ジンヲコロシテシマイマシタ。ボクノウチモマエノアキチデネマシタガ、サムクテサムクテタマラナカッタデス。

ソシテタイヘンナヒロイクモガデキテ、バンニナルト、ソノクモガマッカニナッテ、コワカッタデス。

ソシテ、オマワリサンガ、イマゴロハアブナイカラ、ウチヘハイッテハイケナイトイイマシタ。

ソシテ、アノトキニハ、ウチデゲンマイヲタベマシタ。オカシハ一ツモタベマセン。ウチノオトナリノ五ツノ子ガナイテイマシタ。

ここには、「ウチノ山ニ〇〇〇〇〇〇ジンガスコシスンデイマシタガ、七十七バンチノセイネンダンガキテ、ソノ〇〇〇〇〇ジンヲコロシテシマイマシタ」という、ショッキングなことが出てきます。ここも伏字ですが、「チョウセン」（朝鮮）でしょう。朝鮮人を殺害した現場を見ているのかどうかわかりませんが、そのことを書いているのです。

この子も「ボクノウチモマエノアキチデネマシタガ、サムクテサムクテタマラナカッタデス」とあって、この子の場合、道路ではなく、空き地で寝ますが、寒かったのです。東日本大震災は三月、阪神・淡路大震災は一月でしたから、本当に寒い時期でしたが、九月も夜は寒くてたまらなかったのです。

本郷区から下町の方を見ると、真っ赤な雲です。おまわりさんに注意されて家に戻り、白米ではなく、玄米を食べました。「オカシハ一ツモタベマセン」というのは、普段食べているお菓子が食べられなかったのです。「ウチノオトナリノ五ツノコガナイテイマシタ」と結ぶのは、幼い子は泣いているけれども、自分は頑張ったと言いたいのでしょう。

富士前尋常小学校の阿曾文子さんは、次の文章を書いています。

大ジシンノトキ

コワイジシンガアッタトキ、ワタクシハオカアサンタチトソトヘデテ、ヤナギノ木ニツカマッテイマシタ。少シヤンダノデ、山ノホウヘニゲマシタ。山ノ上カラ見タラ、ムコウガマッカデシタ。ダンダンクラクナッタカラ、ワラノ上デネマシタ。少シ目ヲアイテイルト、ヨソノオバサンガ、トウモロコシヲモッテキテ下サイマシタ。

ハンブンボウヤニヤッテ、ノコリヲタベテネテシマイマシタ。オキテミタラ、日ノ出ガキレイデシタ。アサ、ゴハンノカワリニ、オイモヲホッテキテタベマシタ。ソレカラミンナデヨソノウチヘイキマシタ。

とにかく布団の上では寝られないわけです。彼女の場合は、「ヨソノオバサンガ、トウモロコシヲモッテキテ下サイマシタ」とか、「ゴハンノカワリニ、オイモヲホッテキテタベマシタ」とか、食事のことが出ています。子供たちの作文でも、一年生には食べ物のことが顕著に出るようです。普段食べているおやつが食べられず、玄米やおにぎり、トウモロコシ、お芋を食べたりして避難生活を送ったことがわかります。

本郷区は、先の横浜から避難してきたような場合を除けば、比較的落ち着いていて、むしろ、下町の方の火事は恐ろしいと思って見ているところがあります。でも、場合によっては、その渦中に置かれている方も一年生の中に出てきます。拾いながら見てみましょう。

芝区、今で言うと港区の芝浦尋常小学校の本橋千由さんは次の作文を書いています。

ジシンカライママデ

キョネンノジシンハ、ガッコウカラカエッタアトデ、タイソウビックリシマシタ。ワタクシノウチハヤケテシマッタノデ、シバコウエンニニゲマシタ。イマハソコノバラックニイマス。

バラックニハイッテカラ、タベモノヤ、キモノヤ、ソノホカイロイロノモノヲオヤクショカライタダキマシタ。

ワタクシタチノガッコウモ、トウトウヤケテシマッタノデ、ナガクヤスミマシタ。スコシタツト、ヤケアトヘテントガタッテ、ソノ中ヘアンペラヤゴザナドヲシイテ、スワッテゴホンヤサンジュツヲベンキョウシマシタ。

ガッコウノドウグハ、ミナヤケテシマッタノデ、ゴホンモナニモ、ヨソノガッコウカラオクッテクダサイマシタ。

イマハバラックノガッコウガデキテ、タイソウウレシイ。コレカラハモットベンキョウシテ、ハヤクリッパナ人ニナリマショウ。

多くの子は九月一日の始業式を終えて、家に戻っていました。「ワタクシノウチハヤケテシマッタノデ、シバコウエンニニゲマシタ」とあり、芝区辺りは大きな被害を受けているので、芝公園に避難したわけです。「イマハソコノバラックニイマス」とある「ソコ」は公園です。芝公園に、今で言うと仮設住宅が建てられるようにバラックが建てられて、そのバラックで生活しています。そして「バラックニハイッテカラ、タベモノヤ、キモノヤ、ソノホカイロイロノモノヲオヤクショカライタダキマシタ」とあり、バラック生活を始めた頃から、食べ物や着る物、そのほかいろいろな救援物資の支援を受けるのです。着の身着のままで逃げ出していますから、家を失うだけでなく、何も持たないわけです。

「ワタクシタチノガッコウモ、トウトウヤケテシマッタノデ、ナガクヤスミマシタ」とあり、この子の学校はたぶんこの芝浦尋常小学校で、焼けた一一七校の一つであり、休校状態が続きました。「スコシタツト、ヤケアトヘテントガタッテ、ソノ中ヘアンペラヤゴザナドヲシイテ、スワッテゴホンヤサンジュツヲベンキョウシマシタ」とあり、この場合、焼跡にテントを張って、筵《むしろ》や茣蓙《ござ》などを敷いて勉強しました。「スワッテ」というのは机や椅子《いす》がなく、筵や茣蓙の上にぺたんと座って勉強していることを意味します。

「ガッコウノドウグハ、ミナヤケテシマッタノデ、ゴホンモナニモ、ヨソノガッコウカラオクッテクダサイマシタ」とあり、教科書もノートも鉛筆もないので、焼けていない学校が支援したのです。そして、「イマハバラックノガッコウガデキテ、タイソウウレシイ」というので、テントからバラックの校舎になったのです。やがて鉄筋の校舎になったはずです。

「コレカラハモットベンキョウシテ、ハヤクリッパナ人ニナリマショウ」というのが結びです。「リッパナ人」が何を指すのかは必ずしもわかりませんが、バラック生活を送りながらも、校舎がテントからバラックに変わり、徐々に落ち付いてきて、やっと未来への展望が生まれたことがわかります。

少し違う作文も続けて読んでみましょう。やはり芝浦尋常小学校の小林きくえさんの作文です。

ジシンカライママデ

ジシンマエハ、本ジョ林マチデ、ウラノホウカラ火ガデマシタ。オカアサンハダイジョウブダトイウテ、ニゲマセンデシタ。オトウサンハシンパイシテ、カイシャカラジテンシャヲカリテトンデキマシタ。ソノトキハモウ火ガ一メンデシタ。オトウサンハ川ヘトビコミマシタ。オカアサンハトウトウヤケシンデシマイマシタ。イヤナコワイジシンデシタ。ソレカラ、ワタクシハマッタクシラナイ人ノアトヲツイテ、六日二人デ月シマニイッテ、七日父ニアイマシタ。ソノトキハウレシュウゴザイマシタ。ソレカラ、シバコウエンニキテ、九月二十日コロ、バラックヘハイッテ、シバウラガッコウヘアガリマシタ。

地震前は本所林町にいました。お父さんは、家と家族は大丈夫だろうかと心配して、会社の自転車で帰ってきたのですが、もう火が一面になっていて、川へ飛び込んだのです。一方、お母さんは大丈夫だと言って避難せず、逃げ遅れて焼け死んでしまったのです。「イヤナコワイジシンデシタ」と述べる思いは深かったはずです。

「ソレカラ、ワタクシハマッタクシラナイ人ノアトヲツイテ」というので、この子は一人になって、知らない人の後をついて行ったのです。今だったら非常に心配ですけれども、混乱の中でそうするしかなかったのでしょう。九月六日に月島《つきしま》に行って、七日にお父さんと再会しています。「ソノトキハウレシュウゴザイマシタ」と述べます。「ソレカラ、シバコウエンニキテ、九月二十日コロ、バラックヘハイッテ、シバウラガッコウヘアガリマシタ」とあり、お父さんと一緒に芝公園に建ったバラックで避難生活をしたのです。

お母さんが亡くなったのを知ったのは、早い段階のように書かれていて、そのあたりの詳細は不明です。順序からすれば、再会したお父さんに状況を聞き、お母さんが亡くなったのを知ったのはその後なのかもしれません。それにしても、七日に再会するまでは非常に心細く過ごしたにちがいありません。このときに、もしお父さんが死んでしまっていたら、この子は「震災孤児」になってしまったはずです。

4　家族の状況と病人の避難

日本橋区宝田尋常小学校の川名トクコさんの作文があります。今の三越のあるあたりで、あそこも大きく焼けています。

大ジシンノトキ

私ノウチハ、ジシンダトオモウト、クラガクズレマシタ。二ドメニユレタトキ、ハリガオチテキマシタ。スグニ私ハオカアサントガッコウノドウグヲカタニカケテ、オイハイヲコシニショッテ、アキチニニゲマシタ。ナカナカコワクッテ、ウチニハイレマセン。ミセノモノタチハ、オトウサントイッショニザイモクヲシバッタリ、ツナミガクルトイケナイトイッテ、タタミヲアゲタリナサイマシタ。ウチノ中ノシマツガデキタカラ、ツキジノ本ガンジヘイコウトオモッタラ、火デイカレマセンカラ、オハマリキュウニニゲマシタ。スコシヤスンデイルウチニ、オトモダチニアイマシタ。ソコヘオトウサンガフネヲ一ソウ見ツケテイラッシャイマシタカラ、ソノフネヘミンナノッテニゲマシタ。アトカラモエタフネガ一ソウモ二ソウモキマシタ。オトウサンハセンドウサント一ショニナッテ、竹ノサヲデ火ノナイホウヘトコイデイカレマシタ。フタバンフネデネマシタ。センドウサンガタイソウシンセツニシテクレマシタカラ、タベルモノニハコマリマセンデシタ。ソノウチニ、シバノオジサンガウンパンジドウシャニノッテ、ムカイニキテクダサイマシタカラ、ミンナデイキマシタ。シバヘイクト、ホカノ人モタクサンイラシッタカラ、ヒトバントマッテ、シブヤノオカアサンノオサトヘイキマシタラ、オバアサンハタイソウヨロコンデクダサイマシタ。

この子の家は商家で蔵があったのですが、その蔵が崩れてしまいました。第二震で家の梁《はり》が落ちました。そこでこの子はお母さんと一緒に学校の道具を肩に掛け、お位牌《いはい》を腰に背負って、空き地に逃げました。怖くて家に入れず、店で働いていた者たちはお父さんと一緒に材木を縛ったり、津波が来るのを心配して畳を上げました。この家は材木商だったにちがいありません。

日本橋では津波が来るといけないと心配することは他にも見えます。相模湾沖が震源地の地震でしたので、実際には東京湾に津波は来ていません。津波の被害が大きかったのは鎌倉です。鎌倉は津波に遭って亡くなった人たちもいます。潮位が上ることはあっても、首都直下型のような地震でも津波の心配はあまりないと見ていいでしょう。しかし、津波が来るといけないというので、畳を上げます。家が持って行かれることは考えなくても、床上に浸水するといけないので、畳を二階へ上げるのです。

家の中を整理して築地本願寺《つきじほんがんじ》へ行こうとしましたが、火事で行かれないので、浜離宮《はまりきゅう》庭園へ逃げようとします。築地本願寺からは関東大震災の映像が見つかりました。その映像を見ると、写真ではわからなかったのですが、ものすごい風だったことがわかります。出火場所が限られていたにもかかわらず火災が広がってしまったのは、風が強かったからです。火事の問題というのは、湿度もありますが、その日の風の状況が大きく関わります。

「ソコヘオトウサンガフネヲ一ソウ見ツケテイラッシャイマシタカラ、ソノフネヘミンナノッテニゲマシタ」とあり、この商家では、逃げる手段として舟を使います。今日では考えられませんけれども、隅田川沿《すみだがわぞ》いの避難の一つの手段として舟で逃げることがあったのです。しかし、「アトカラモエタフネガ一ソウモ二ソウモキマシタ」という状況で、舟自体に火がつくこともあったのです。そして、二晩を舟で寝ます。船頭さんが親切で、食べる物には困りませんでした。芝のおじさんが運搬自動車に乗って迎えに来たので、芝へ避難します。しかし、人が多かったので、渋谷のお母さんの実家へ行くと、お祖母さんが喜んでくれたそうです。

この家は商家で経済的にも恵まれていたと思います。舟や自動車で逃げて、お母さんの実家に身を寄せたのです。お祖母さんというのは、もちろん、お母さんのお母さんです。お孫さんの無事な姿を見て、よかったわねという話になったはずです。それがとてもよくわかる文章です。

実は、東京は水の都で、隅田川だけでなく、小名木川《おなぎがわ》をはじめたくさんの川がありました。今、東京観光の中に川を巡るコースが見直されていますけれども、東京の川は道路にするために埋められて、多くが失われました。でも、水の都である東京を防災上どう考えるかはとても大事なことです。

日本橋区から少し北へ上ったところの神田区芳林尋常小学校の荒井邦子さんの作文です。

イタダイタマント

コノアイダ、ジシンヤカジノトキ、オトウサンガテヲイタメテ、オカアサンガビョウキナノデ、ネエサンガオブッテ出タノデ、ナンニモ出サナイデコマッテイタノヲ、カゼヨケノヨイマントヲイタダイテ、ユキガフッテモ、カゼガフイテモ、サムクナクガッコウニユクコトガデキテ、ウレシュウゴサイマス。「マントヨマント、カワイイマント、イツモ、ワタシニツイテイテ、サムクナイヨウニシテクレル。ホントニオマエハカワイイナ。」

彼女は、関東大震災のとき、お父さんが手を傷《いた》める怪我《けが》をしていて、お母さんは病気になっていました。そのお母さんをお姉さんが負ぶって避難したのです。家族が病気だったというのは他にも出てきます。しかし、避難するのがやっとなので、何も持ち出せないで困っていたのです。そこに、風除けのよいマントをもらったので、雪が降っても風が吹いても、寒くなく学校に行けることを喜んでいます。最後の会話は詩のようになっています。

5　亡くなった家族や友達のこと

今の台東区で、下谷区の御徒町尋常小学校の矢田徳子さんの作文です。

ニゲルマデ

オヒルゴハンヲイタダコウトシテ、オバアサンハダイドコロデテンプラヲアゲテイマス。ソウスルト、ガタガタユレダシテ、ダンダン大キクナリマシタ。オチャガコボレテ、ウラカラカラアンカラントオチテキマス。オモテカラモ、ウントオチテキマス。マエノゲシクヤサンガツブレマシタ。ウチノカワラモ、ウントオチテキマス。カラカミノトコロヘヨッカカッテイマシタ。ソレデモコワクテ、オカアサンノソバニイキマシタ。オカアサンハ、ニモツヲダソウトシテイマス。オトウサンガカエッテキテ、大ジョウブダトイイマシタ。オカアサンハ、アカンボニオチャヲヤッテナキマシタ。オジイサンガビョウキニナッタノデ、ニゲルコトガデキマセン。ドウシタラヨイデショウ。ワタクシハキモチガワルクナッタノデ、カミサマノゴフヲノンデ、タンスヲツカマエテイマス。ユレガスコシヤンダノデ、ワタクシハオチャトオムスビヲモッテ、デンシャドオリノデンシャミチノトコロヘムシロヲシイテイマシタ。又ユリガキマス。オムスビガタベラレマセン。

これは関東大震災が起こった一一時五八分の典型的な様子です。お祖母さんが天麩羅《てんぷら》をあげていると揺れ出し、お茶がこぼれて、前の下宿屋が潰れ、屋根瓦が落ちてきます。お母さんが荷物を出そうとしていると、お父さんが帰ってきます。しかし、お祖父さんが病気なので、逃げることができません。この家族は三世代同居です。

そうした混乱の中で、この子は気分が悪くなって、神様の護符を呑みます。例えば、巣鴨《すがも》のお地蔵さまにはお地蔵さまの姿が描かれた護符があって、これを呑むのを思い浮かべればいいでしょう。揺れが少し止んだので、お茶とおむすびを持って電車通りに出て、電車道に筵を敷いて、そこへ避難します。しかし、折角おむすびを持って出たのに、また揺れが来ておむすびが食べられません。

三世代同居で、お祖父さんが病気で逃げることができないので、どうしたらいいかという戸惑いは重要です。東日本大震災で、高齢化社会を迎えた地域が被災して、施設や家庭などでお年寄りをどう避難させるかという難しい問題が起こりました。歩けませんので、車で避難しなければいけないのですが、車で避難しようとすると渋滞に巻き込まれてしまう恐れがあります。

東京ではどうでしょう。安易に「想定外」という言葉を使わずに向き合うためには、常日頃から考えておかなければいけません。病気で寝ている人やお年寄りの避難の問題は現在とても大きくなっています。三世代同居の中でお年寄りをどうするかだけでなく、一人暮らしのお年寄りをどうするかまで考えれば、ことはもっと大変です。現実は高齢化がどんどん進行しています。

さらに、子供たちは家族の死とも向き合わなければならなくなります。下谷区竹町尋常小学校の古山カツエさんの短い文章があります。

オオジシンノコト

九月ノツイタチデシタ。ガッコウノオモテデアソンデイタラ、ジシンガキタノデ、ニッポリヘニゲマシタ。ウチガモエテ、カナシュウゴザイマシタ。ジシンガグラグラトウゴイテイマス。ホンジョウヤアサクサヤ、ドンドンモエ、テンガマッカニナリマシタ。ウチノネエサンハイナカデシンデシマイマシタ。

地震が来たので、高台の日暮里に逃げますが、家が焼けてしまいます。高台から見ると、川向うの本所区、その手前の浅草区がどんどん燃えていました。「ウチノネエサンハイナカデシンデシマイマシタ」は唐突です、最後の一文は下町が火事で真っ赤になったことと距離がありますけれども、お姉さんは田舎へ避難して、何らかの理由で半年間に亡くなったのです。これは地震の揺れや火災では亡くならなかったけれども、避難生活の中で亡くなってしまうことです。現在で言うと、「震災関連死」ということになります。

もう少し深刻な例を挙げておきましょうか。本所区は一番被害が大きかった辺りです。緑尋常小学校の岩田ツネさんは一年生でも九歳でした。

カジ

ワタクシハツキシマヘニゲマシタ。クルマヲヒク人ヤ、ニモツヲモッテイク人ハ、イッパイニナッテ、ウゴカレマセン。ソノトキ、カワノホウヘイコウトオモッテ、イソイダモノダカラ、フトンヲオトシマシタ。カジガヤンデカエルトキ、シビトガズイブンイマシタ。カワニモイマシタ。デンシャノ中ニモイマシタ。ウチニイッタラ、ヤケタレンガガイッパイデ、ナンニモアリマセンデシタ。

本所から月島へ逃げると、大八車を引く人や荷物を持って行く人が大勢いました。被服廠跡地と同じ光景です。着のみ着のままで逃げればいいのですが、当時は家財道具、今ならば財産を持って逃げたくなるのです。この子も布団を背負って避難したのです。そして、火事が止んで帰るとき、川や電車で多くの人が亡くなっているのを見ています。家のあった場所に戻ると、残っていたのは焼けた煉瓦だけでした。非常に過酷だと思います。

次は本所区小梅尋常小学校のハヤシシズエさんの作文です。

大ジシン

九月一日ノジシンハ、コワウゴザイマシタ。

ワタクシハ、ハラニワノオバサンニダカレテ、川ニハイッテイマシタ。オカアサンハ、一ショウケンメイニ、ドテニニモツヲハコンデイマシタ。
オカアサンハ、タツマキニナッテカラ、川ニハイッテフルエテイマシタ。
ワタクシノウチデハ、ミンナタスカリマシタガ、石ハラノオジサンヤ、オバサン、テルチャン、スミチャン、ジョチュウ五人トモ、ヒフクショウデシニマシタ。
ワタクシハ、スミチャンガ、カワイソウデカワイソウデナリマセン。

この子は強い火を避けるために隅田川に入っています。助かった人は火を避けるために、半纏《はんてん》を濡らして被るなどしています。お母さんはやはり家財道具を家から持ち出して、土手に上げました。しかし、竜巻になって川に入ったのです。この家族は全員無事でしたが、親類の家では家族全員が被服廠跡地で亡くなりました。テルチャンやスミチャンというのは従姉妹なのでしょう。女中さんも亡くなっています。現在と違うのは商家を中心に女中さんがいることです。

幼い一年生が家族や友達の死をまぎれもない事実として受け止めなければならなくなったことを残してくれています。東日本大震災から七年が過ぎて、報道でもありましたように、幼かった子供たちに心的なストレスが出ていることが問題になっています。津波の経験がフラッシュバックして思い出されてしまったり、三月一一日が近づくと落ち着かなくなって学校に行けなくなったりということが起こっています。当時中学生だった子供が今は大学生になって、むしろ七年前の経験が精神的な動揺を来しています。

これらの作文は半年後に書かれていますので、子供たちの不安定な心の様子が見えます。けれども、東日本大震災で問題になっているような心的なストレスはよくわかりません。この「スミチャンガ、カワイソウデカワイソウデナリマセン」という気持ちを、その後どのように乗り越えてきたのかは、実は知りたいことですが、追跡調査がなく、わかりません。

6　家庭の復興、地域の復興

子供たちのことですから、家庭や学校の復興もいろいろ出てきます。例えば、芝区神明尋常小学校の肥田光雄さんの作文があります。

ウチハイスヤ

ボクノウチハ、イスヤデス。オトウサンハショクニンデ、イスヲコシラエテイマス。ボクノウチモキョネンノ大カジデヤケテシマイマシタ。ボクノカバンモ、ハカマモ、ミンナヤケテシマイマシタ。ウチノモノモオミセノモノモ、ミンナヤケテシマイマシタ。ソレデボクハ、オトウサンヤ、オカアサンヤ、ミンナト、オトウサンノイナカヘイッテイマシタガ、バラックガデキタノデ、オ正月マエニカエッテキマシタ。ドコノオウチデモミンナ、バラックデミセヲダシテイマス。ボクハマタシンメイガッコウニアガリマシタ。

ウチデハマタモトノイスヤヲハジメマシタ。オトウサンハ、ショクニントイッショニ、マイニチイスヲコシラエテイマス。

この子の家は椅子屋《いすや》でした。お父さんは立派な椅子を作る職人だというプライドを持っています。しかし、震災の大火事でみな焼けてしまいました。鞄《かばん》は学校へ行く道具ですが、袴《はかま》とあるのは、ズボンではなく、袴で学校へ行っていたのでしょう。家の物もお店の物もみな焼けてしまったというのは、家庭と職場が一緒になっていたことを意味します。そのどちらも失ってしまったのです。そこで、この家族は田舎にあるお父さんの実家に避難します。そして、バラックができたので、四カ月近く経つ正月前に帰ります。親類を頼っていったん田舎に出て、東京が復興してきたときに戻ってくるのは一つのパターンです。重要なのは、この芝区の辺りでは、「ミンナバラックデミセヲダシテイマス」という一文です。つまり学校がバラックであるだけでなく、住居やお店もバラックで、そこから立て直してゆくのです。

今、仮設住宅から復興住宅へ移るという動きがあります。一方で、生産や商売をどうするのかについては、それぞれに任されています。被災地で悩んでいるのは、年を取っている場合、多額の借金を抱えてお店を再開するかどうかということです。それに比べれば、過去の方が知恵があって、バラックで店を出すのです。おそらく住居と店舗が一体であり、まずできるところから始めてゆくのです。その方がはるかに合理的です。

被災地の中でも福島に関連した地域では、お店を出しても、人々が帰ってこなかったら営業は成り立つのかという問題があります。それは高台移転をした地域にもある心配で、新しい町の区画ができたけれども、家を建てる人がわずかしかいないということがあります。店を開いて商売をしても、本当に借金が返せるのかというのが、七年目の現実です。

実は、私自身は三陸海岸と深く関わってきて、東日本大震災の後で高台移転の案が出されたとき、産業の復興とセットにしなければ、若い人たちは戻ってこないし、町は疲弊するばかりだと新聞に書きました。高台移転が独り歩きして、安全安心な町ができても、そこで暮らす人がいなければ意味はありません。むしろ順序が逆で、産業を復興させて、その活力で高台移転が行われればいいと思うのです。

この場合、東京だという条件がありますけれども、むしろ関東大震災の方がたくましいと思います。東京で被災しても、だれも高台移転を考えません。元店のあった場所、元住んでいた場所で再開するはずです。水上滝太郎の『銀座復興』（二〇一二年）という本がありますけれども、焼けた銀座の復興は一軒の店の灯火から始まったのです。この作文で、バラックで店を出しているというのは、たくましい生き方をよく示すと思うのです。

そして、「ウチデハマタモトノイスヤヲハジメマシタ。オトウサンハ、ショクニントイッショニ、マイニチイスヲコシラエテイマス」とあって、椅子屋を再開したことがわかります。この子はお父さんの背中を見て生きているのです。おそらく父親の跡を継いで椅子屋になりたいと思ったはずです。

最後に申し上げておきたい作文を挙げて、今日のお話の結びにしたいと思います。今の江東区ですが、深川区猿江尋常小学校の辻原正明さんの作文です。

ガッコウノオク上カラ

ガスガイシャノタンクガスグソバニミエマス。バラックノヤネガ一メンニヒカッテミエマス。ガラスコウバノヤケアトモヨクミエマス。コクギカンハヤネガマルク、ミツコシガボンヤリトシテミエマス。キンシボリノキシャガトオリマス。キンシボリガミエマス。ヤケノコリノビルジングガアチコチニミエマス。ヤダノクギコウバハ、イマフシンチュウデス。キク川バシノウエヲデンシャガハシッテイマス。

この子は学校の屋上から東京の町を見ているわけです。屋上から見ると、ガス会社のガスタンクや、バラックのトタン屋根が一面に光り輝いて見えるのです。ガラス工場は焼け跡で、まだ再建されていません。国技館の屋根は丸く、日本橋の三越《みつこし》も見えます。錦糸堀《きんしぼり》は錦糸町の辺りですが、汽車が通っています。木造家屋は焼けてしまったけれども、鉄筋コンクリートのビルディングは焼けずに残ったものがあちらこちらにあったのです。これらは再建ができずに、放置されていたものです。釘工場は今建て直しているところでした。菊川橋の上は電車が走っていました。この子は、学校の屋上から見た半年後の東京の復興を書いたのです。

そして、同じ猿江尋常小学校の是石ヨシヱさんの作文です。

ワタクシノウチ

ウチニハネコガ二ヒキイマス。オトウサントオカアサンハビョウキデ、イツモネテイマス。ワタクシハマイニチ、サルエニイルシンルイノウチガアリマスカラ、アサハヤクオキテ、九ジゴロニソノウチヘキテ、オヒルマデアソンデ、オヒルニナッタラ、ガッコウヘイキマス。ソレカラ、ガッコウガスンダラ、ウチヘカエッテ、オコメヤオカズヲダシ、ヒヲオコシテゴハンヲタベマス。ゴハンヲタベタラ、スグネルノデス。ネルトキニハ、ヒトリデネマス。アサオキタラ、スグニカオヲアラッテ、ゴハンノシタクヲスルノデス。

この子の両親の病気が震災による影響なのかはわかりませんけれども、両親ともに臥せっていて、猫が二匹いる生活があり、どうも一人っ子のようです。猿江《さるえ》に親類があるので、朝早く起きて九時頃その家に行き、昼になったら学校へ行きました。昼になって学校へ行くというのは、学校が復興しても教室が完備されていませんので、午前中のクラスと午後のクラスがあったのでしょう。学校が終わると自宅に帰って、病気のお父さんお母さんを抱えながら御飯を炊いておかずを出し、それで食べます。そして寝るときは一人です。そういう生活のリズムができています。徐々に日常生活が回復するのですが、実状はそれぞれの家庭で違ったことがわかります。彼女は、今で言えば、「ヤングケアラー」と呼ばれることになるのでしょう。それを支援しているのは親類だったということがわかります。七歳から九歳の幼い子供たちが書き残してくれた作文は切実なものだと思いますし、その中に東日本大震災を経験した私たちが読み取らなければいけない知恵があるように思うのです。こうやって生き抜いたんだとか、こうやって店を立て直したんだとか、こうやって東京へ戻ってきたんだとかということがわかります。この九五年前の子供たちの証言を汲み取ってくだされば、今日お話しした意味もあろうかと思います。

（二〇一八年三月二一日、文京区立本郷図書館にて講演）

参考文献
・水上滝太郎著『銀座復興』岩波文庫、二〇一二年

付記

終了後、「伏字は誰が、何のためにしたのか」という質問がありました。これは『文豪たちの関東大震災体験記』（小学館、二〇一三年）にも書きましたが、芥川龍之介をはじめ、当時の文豪たちが書いた震災体験記を解説したものです。その中にはこの作文よりはるかに多くの伏字があり、ほとんど伏字みたいな文章もあります。出版のときに検閲が入って、当時の言葉でいうと「朝鮮人」「鮮人」といった言葉が伏字にされました。それがどのようなものであったかは、例えば、『改造』という雑誌は原稿が残っていますので、はっきり確かめることができます。この震災の文集も一部分残っているものがありますので、それと比べれば、どこを伏せたかはわかるはずです。「朝鮮人」「鮮人」という言葉を伏字にするのが出版の条件だったわけですが、全部削除させるとか、出版を差し止めるということはなかったので、読者は文脈から伏字はこういう言

葉だったろうと想像できます。歴史の証言からすれば弱くなったとは思いますけれども、伏字にしても、なかったことにしなかったというのは出版の良心でしょう。

　また、「火事があったのは土地の標高の低いところですか」という質問がありました。火事については、会場に用意してくださった地図でよくわかるのですけれども、赤の部分が九月一日に燃え、緑の部分が九月二日に燃えていて、燃えた日が違います。多くは下町が燃えていて、赤い印が出火地点で、そこから燃え広がっています。出火地点は多くはなく、あちこちで同時に何百カ所も火がついたわけではありません。天麩羅をあげていたお祖母さんの話がありましたけれども、「火を消す」というのは合言葉のように機能していたようです。でも、消せなかった火が広がってしまったのです。逆に言えば、揺れの大きさの問題もあったのかもしれませんけれども、山の手では火が出ても大きく延焼することはほとんどありませんでした。地盤の強弱の問題もありますし、下町の生活と山の手の生活レベルのような経済格差もあったのかもしれません。そのあたりは、いろんな記録を読んでもなかなかわかりません。出火したことはわかるのですが、下町ではなぜ出火が食い止められなかったのか、山の手ではなぜ出火が食い止められたのかは、まだよくわかりません。偶然ではなく、はっきりこういう現象が出てしまっているわけですから、その理由を読み解く必要があると思います。

7　エリートたちの関東大震災——第一高等学校『大震の日』

1　震災と空襲に見る強風の問題

今日、取り上げようと思うのは、今、東大農学部のある場所に、昭和一〇年（一九三五）まであった旧制第一高等学校です。この第一高等学校で『大震の日』という四五五頁に及ぶ作文集が、国漢文科の編纂で大正一三年（一九二四）八月二〇日、震災一周年の直前に、六合館から二円三〇銭で発行されています。

旧制第一高等学校は明治になってからできて、後に三年の就学期間になります。東京帝国大学を中心とした帝国大学に進学する予科で、旧制中学校から帝国大学に進んでゆくエリートたちが学んだ学校ということになります。大正一〇年（一九二一）から文科と理科に分かれ、文科は甲・乙・丙類、理科は甲・乙類にクラス分けがなされています。ここで学んだ生徒たちの多くは東京帝国大学に行き、中には京都帝国大学・大阪帝国大学に行く人もいますが、どちらにしてもこの国の根幹を作った人たちの学校です。彼らが関東大震災の経験を書き残したのですから、その後の昭和の時代のリーダーたちが何を考えたのかが、この作文からわかるはずです。

第一高等学校の特色は自治制度です。生徒たちの自治を重んじ、全寮制にして、近くの子も遠くの子も、全国から集まってくる子に寮生活を送らせ、友人たちと切磋琢磨しながら人格形成を行いました。やがてこれが目黒に移って、東大教養学部になり、逆にここには東大農学部ができることになります。向ヶ丘弥生町に第一高等学校と出てくるのは、そうした歴史を表しています。

地図で説明しましょう。本郷通りの右側に東京帝国大学があります。四角に焼けているのが図書館です。丸いところが出火地点で、図書館からの出火と工学部からの出火があります。工学部の方はすぐに消えましたが、図書館の火災は文学部・法学部・理学部と、三四郎池をまたいで広がってしまいました。図書館が出火元になったのですから、文化財は大変な損失を受けました。焼けた本の冊数は、目録が焼けてしまったためにわからないのです。今で言うと、データベースが壊れてしまうようなことですが、三五万冊焼けたと見る人もいれば、七〇万冊焼けたと見る人もいます。和本は上・下で一冊と数えたりしますし、セットの場合もありますから、実際の冊数はよくわからないのです。

右側に附属病院があって、現在と同じ場所です。右下に不忍池があり、右へ行くと西郷さんの銅像がある上野の山があり、途切れるところが動物園です。ですから、地名は変わっていますけれども、現在の状況とほとんど変わりません。中央の白いところの末端が湯島《ゆしま》天神です。湯島天神から下りて、左下に行くと御茶ノ水駅があり、女子高等師範学校があります。お茶の水女子大学は、今の東京医科歯科大学のところにあったので、「お茶の水」なのです。ここで焼けてしまって、大塚の方に移転することになります。その上に順天堂病院があります。

矢印が火の動いた方向ですが、左から火が来て、真ん中で赤と緑に分かれています。真ん中までは九月一日に焼けてしまっているわけです。右側は緑ですから、二日に焼けていて、この火は逆に右下から来ています。ですから、このあたりの焼け方は、時間も風向きも違うことがわかります。地形的に言えば、山の手の台地の上は基本的に残り、台地の下が焼けてしまったことになります。

風のことに触れますけれども、九月一日は非常に風の強い日でした。このデータには風の強さも書かれていて、最初は五メートルくらいだった風が一五メートルから二〇メートル近い風になったことがわかります。写真で見ても風

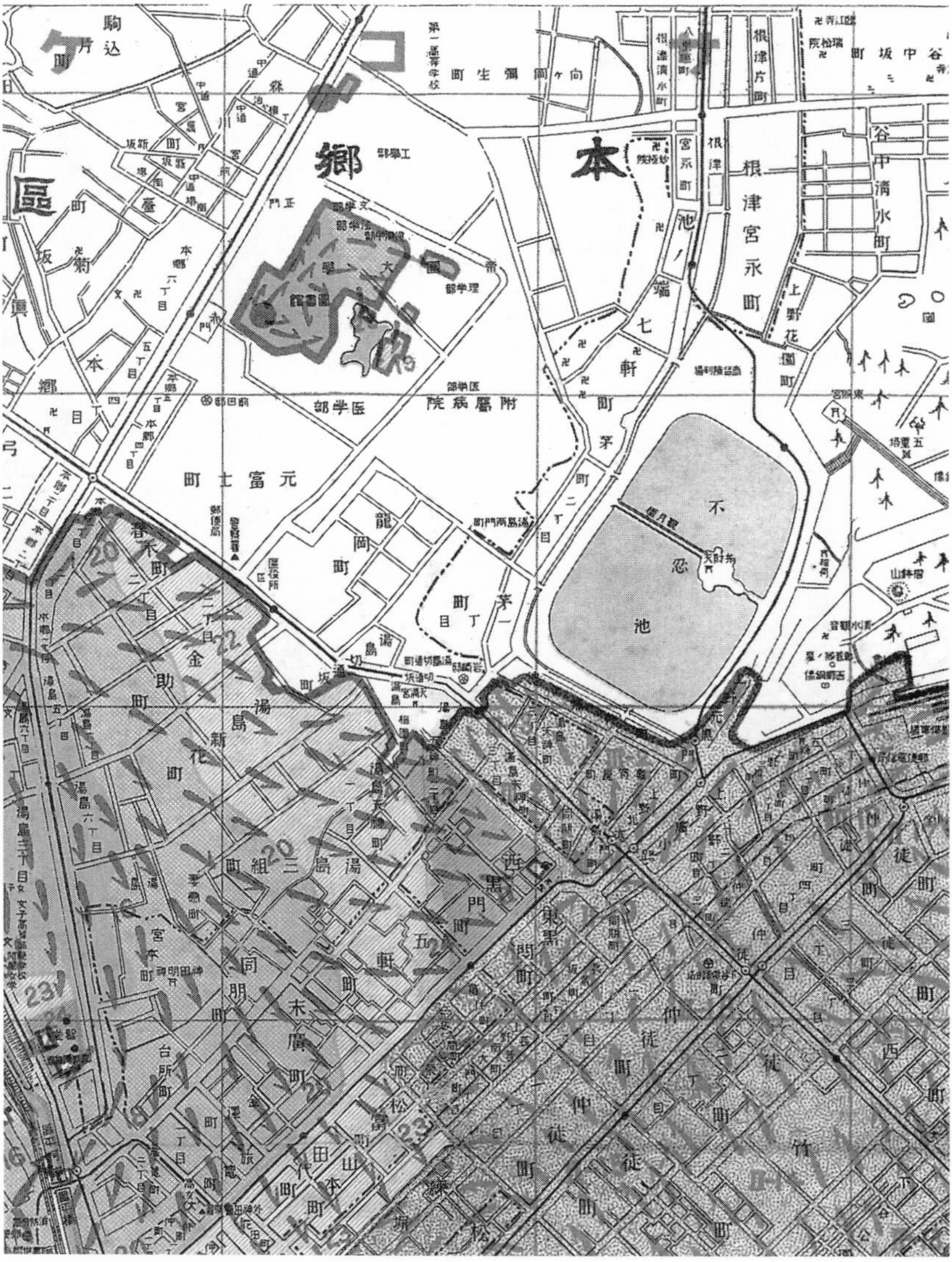

『大正大震火災誌』の「帝都大震火災系統地図」(原図はカラー。右下が緑、左下が赤)

の勢いはほとんどわからなかったのですが、築地本願寺《つきじほんがんじ》に映像が残っていて、いかに風が強くて火事がすごかったかがよくわかりました。これは偶然ですけれども、地震の日の朝は風がなかったけれども、昼ごろから風が強くなり、夜にはさらに風が強くなって、赤のところがいっせいに燃えてしまったのです。風がなければ、もっと違う状況だったと思います。

実は、三月一五日発行『母のひろば』第六五八号に、早乙女勝元《さおとめかつもと》さんの「12歳の孫たちに語る」が載っていました。早乙女さんは東京大空襲を経験して、岩波新書の『東京大空襲』(一九七一年)を書いた方です。昭和二〇年(一九四五)三月一〇日、下町は大空襲に遭って、一〇万人の人が焼死しました。海老名香葉子《えびなかよこ》さんはじめ、家族を失った人たちのいろいろな証言が残されています。早乙女さんの文章でびっくりしたのは、三月一〇日は風の強い日だったということです。もちろん、アメリカは風が強いことを前提に爆撃したのだろうと述べますが、そのとおりだと思います。日本の家は木造家屋で焼けやすいので、効果を上げるには風が強い日に爆弾を落とすのが一番いいわけです。三月一〇日の大空襲の日も風が強い日だったので、下町は一挙に焼けてしまったのです。風の問題は自然条件で、どうすることもできないのですけれども、火事との関係で言えば、一番注意しなければならないのは風です。

先だって、新潟県の糸魚川《いといがわ》の中華料理屋さんから出火して、海に向かって町が焼けてしまいました。今でも一度火がついて延焼してしまうと、見ているだけしか方法がなくなるのです。海に吹きつける風の強さが町を焼いてしまうという気象条件は、他の町でもやはり考慮しておかなければならないことです。例えば、「東京でももちろんイナサという。「今日はイナサが強いから火事が大きくなる」などといって心配するのである。大体は海からの東南風の意味だが、もう少し幅の広い風らしい」ということが、柳田国男の『故郷七十年』(のじぎく文庫、一九五九年)に出てきます。

2 『大震の日』全体像と誕生の経緯

この『大震の日』には「序文」があって、続く一節は寮です。全寮制でしたので、寮にいた生徒たちが二五人。二節は本郷ですから、今まさに私たちがいる本郷区の生徒たちが八人。三節は神田で、神田区は今の千代田区の一部ですが、六人。以下、小石川が今の文京区、牛込・四谷が今の新宿区、赤坂と一つ飛んで芝が今の港区、麹町《こうじまち》・神田が今の千代田区、日本橋が中央区、浅草が台東区、本所が墨田区、深川が江東区という具合です。始業式の午前一一時五八分に地震が起きたのに、なぜ寮にいないのかと言えば、始業式を終えて、生徒たちは帰宅している時間帯だったのです。

その他、一四節の東京は二三人。一五節から二一節は戸山ヶ原辺・大久保・新宿・中野・目黒・千住・東京郊外で、このあたりまでが旧東京府です。さらに、二二節から二四節は横浜・鎌倉・神奈川県で、これが神奈川県です。横浜も大きな火災に遭い、鎌倉には津波が来ていますので、それぞれ大きな被害に遭っています。二五節から二七節は浦和・房州・上州・日光・軽井沢ですから、千葉・群馬・栃木・長野の各県です。三〇節から三二節は静岡・滋賀県・京都で、さらに植民地になっている三三節の朝鮮海峡・支那も見え、三五節の不明は六人です。全体で一二五人の生徒の作文が載っていて、旧東京府は一〇三人ですから、大半です。

このとき、生徒は始業式なのに、まだサボっていることがわかりますが、当時は普通だったのでしょう。作文を読んでいるとわかるのですが、九月一日は土曜日なので、生徒たちは始業式を休めば、日曜日も休みになるので、三日の月曜日から行けばいいと思っていたふしがあります。旧制高校はのんびりしていて、三日には間にあうように東京に行こうくらいの感じでいたのでしょう。

『大震の日』には一二五人の作文が載っていて、先生方は五人ですが、今井彦三郎、杉敏介《すぎとしすけ》、村田祐治、沼波武夫、安井小太郎の名前が見えます。村田は英文のようですが、国文と漢文の先生方が最後に文章を寄せていて、この先生方が編纂したことがわかります。「序文」は「編者識」とありますので、これを書いたの五人の先生のうち、安井を除くどなたかが書いたのでしょう。こう始まります。

大震後、始めての作文日に、「大震の日」と云う題を出した。各々の感銘は強大であり、時間には制限があり、勢い、くだらぬ装飾が少く、緊張し切った文章が出来た。それぞれ分担の教官が見たが、いずれも、今度の作文は皆面白いと言った。さて今年二月に入って、教官室で、安井小太郎先生が、あの地震の作文を集めて本にしておいたら、後世の為に非常に参考になろう。千人程の青年がいろいろな場所であの災難にあい、或《あるい》は聞いたのを其儘《そのまま》に書いたのだからと云われたのがモトになって、生徒にあの作文を出すように、と学校から命じた。ところが第三学期の試験が近づいているので、なかなか集らぬ。やっと試験後になって、これだけ集ったのである。

「作文日」とありますので、生徒たちに定期的に作文を書かせる日があって、九月の、おそらく間もない時期に「大震の日」という題で作文を書かせたのです。生徒はそれぞれの体験を熱心に書いたので、緊張しきった文章が生まれ、分担の教官は皆、「面白い」という意見を持ったのです。「今年二月」といいますから、大正一三年二月に、漢文学者の安井小太郎が、「秋に書かせた作文がなかなかよかったので、あれを本に残したら、後世のために役に立つだろう」と、生徒の作文を残すことを提案したのです。

注意されるのは、「千人程の青年」とあるので、文科と理科を合わせて一〇〇〇人の生徒が作文を書いたのです。

しかし、第三学期の試験が近づいてなかなか集まらず、実際に集まった作文から載せたのは一二五人分ですから、取捨したにしても、一割強しか載せられなかったのです。作文を書かせて集めたあと返したので、いざ集めようとしたら、もう時が経っていて、生徒たちの作文は集まらなかったのです。さらにこう続きます。

> 予想より大変少いのが残念ではあるが、ともかくこれだけを学校を中心として、地理的に分類しそれぞれに別な題目をつけて編輯した。その地理的と云うのは、地震にあった場所によったので、題下に括弧して記したのがそれである。編輯者の推測で記したのもあるから、間違があるかも知れぬ。併《しか》し一々生徒の名簿を調べて確定する程の必要も無いと思って、それはしなかった。生徒所属の組によって列《なら》べると云う事は、単調に傾くを恐れてしなかった。集まった文章の中でも多少取捨をしたことは勿論《もちろん》である。

書かせたときに集めておけば、一〇〇〇人分あったはずですが、先生方はすぐにこれを本にしようという判断ができなかったのです。二月になって震災から遠ざかり、復興は進みましたが、その中で生徒たちの作文の価値が再認識されたのでしょう。おもしろいのは、所属の組によって分類するのではなく、生徒が震災にあった場所を考慮して、地理的な分類を行ったということです。寮から始まって、東京府、そして関西に広がり、朝鮮や支那に及ぶ地理的な分類で並べ直したのです。それによって、個々の作文は場所を得て、輝きを増したと言えましょう。もう一つ、「それぞれに別な題目をつけて編輯した」というのは、おそらく「大震の日」というタイトルだったので、編輯した先生がそれぞれ違うタイトルを後から付けたのです。

この「序文」が書かれたのは三月二八日であり、発行は約五カ月後の八月二〇日でしたので、生徒の作文に直接赤字を入れて編輯し、印刷所に入れたものの、活字を組んで校正を行うのに、ずいぶん時間がかかったことになります。実は、三月というのは重要な時期だったと思われます。昨年（二〇一八）見た小学生の作文が絵画・手工とともに上野で展示されたのは、三月初めのことでした。ところが、絵画や手工は多くの人が熱心に見てくれるけれども、作文は通り過ぎて読んでくれなかったのです。そこで、東京市学務課の担当者がこれはもったいないと考えて、作文集としてその年九月に出したのです。第一高等学校の先生方がそういったものを意識していたのかどうかはわかりません。ひょっとしたら、直接の契機はこの展示会の動きにあった可能性があるかもしれません。その結果、東京市の小学校と第一高等学校のそれぞれから、震災一周年の時期に作文集が出されたのです。

3 福田赳夫の「みんなが出て見な」に見る高崎

この一二五人の作文の中には、何人か大物がいます。「七、上州」は今の群馬県ですけれども、「みんなが出て見な」を書いたのは文科丙類一年にいた福田赳夫《ふくだたけお》です。福田赳夫は、明治三八年（一九〇五）に生まれて、平成七年（一九九五）年に亡くなり、九〇歳まで長生きしました。第六七代の内閣総理大臣でしたので、そうした人が若いときに経験した震災をどのように書いたのかは、やはり注目されます。

彼は、今の高崎市出身で、旧制高崎中学校から第一高等学校を経て、東京帝国大学法学部法律学科で学んで、大蔵官僚になり、のちに政治家になりました。息子は福田康夫で、二代にわたって総理大臣を務めたわけですから、群馬県から出てきた大物です。明治三八年生まれですから、震災のときは一八歳でしょうか。しかし、彼は始業式に出ず、高崎にいたわけです。この作文はこう擬音で始まります。

ドドド、、…………

メキメキメキメキ、、、、……

アレ！…………

藪へ！

ガタン!!

ドシャン!!!

浅間《あさま》がはねたかしら、裏へ出て見よう。俺はこうつぶやきながら裏の小高いところにかけて行った。――上州少くとも俺の地方では、時々浅間山の鳴動に脅《おびや》かされる。浅間山と云うとすぐに地震とその崇高な景色を連想する位だ。

高崎でこんな音が聞こえたら、浅間山の噴火を考えるのが普通でした。高崎の人たちにとっては、地震と言えば浅間山、浅間山と言えば地震というくらい密接に関わっていたのです。「はねる」は方言で、高崎あたりでは噴火することを言ったと思います。しかし、「浅間山には今日は煙すらも見られないではないか」と続き、浅間山の噴火ではありませんでした。

さすがの自分も生れ落ちてから始めての大震には胆《きも》を抜かれざるを得なかった。自分の心はズルズルとこの世のありとあらゆる暗き方面を曳《ひ》き廻される。破滅の世界迄《まで》も。

福田赳夫が生まれて初めて経験した大きな地震だったのです。その時の情景をこう書きます。

あゝ何という静けさだ。赤城《あかぎ》おろしに恵まれている上州に今日は桑の葉一つ動かす風もない。うす白く曇った空には眠そうな太陽が半分眼をつぶったまゝである。さすがの強震ではあったが製糸場の高い煙突が一つ折れていない。農人はひるの休憩を終えて再び野良へ出る。その後には長い煙草《たばこ》の煙が残る。「でけえ地震様でしたな」「わしはこの年になるが始めての大地震でげす」こんな会話は彼等の口の間から煙と共に交々《こもごも》出た。いくら大きい地震であろうと村の菜畑の菜一つ盗み去ったわけではなし、兎《と》に角《かく》この地震と自分の村は地震の当時の後三十分も除けば無関係なのだ。俺は明日上京せねばならぬ。田舎《いなか》の暢気《のんき》な情緒を充分味って行こう。いつもの通り馬の背に乗って散歩する。

「赤城おろし」は上州の空っ風ですが、注意したいのは、「今日は桑の葉一つ動かす風もない」ということです。東京は次第に風が強くなりましたが、高崎では無風だったのです。「製糸場」は生糸《きいと》工場です。大河ドラマの「花燃ゆ」(二〇一五年)でもありましたように、群馬県は生糸で栄えました。それでも農業地帯ですので、農民の、「でけえ地震様でしたな」「わしはこの年になるが始めての大地震でげす」というやりとりは、いいですね。「地震様」と敬語がついています。「……げす」というのは、高崎あたりの文末でしょう。こうした会話に象徴されるように、「この地震と自分の村は地震の当時の後三十分も除けば無関係なのだ」ということになります。

福田赳夫は九月三日の授業から出るために、二日の日に東京へ行く予定だったのです。高崎の田舎の暢気な情緒を味うには、馬の背に乗って散歩するというのもおもしろいですね。大正時代、馬は農耕馬だけでなく、移動手段としても使われていたのです。福田赳夫が生まれたのは、高崎のすぐ北の金古《かねこ》という町で、父親は金古の町長で、元々は名主、庄屋の家だったようです。そうした名家の子息は、すでに東京に出て学んでいたのです。

その後は、「(あゝ何という呑気な田舎だ。これから二十八里の彼方には恰《あたか》もこの時間に四万の精霊が炮烙《ほうらく》の刑に絶望の太い歎息をついていたのではないか)」は心中で、その後の感懐が述べられています。「四万の精霊」といいますが、実は一四万人で、被服廠跡地だけでも三八〇〇〇人が亡くなりましたので、ここは誤植かもしれません。

「皆んなが出て見な！　大変な火の手よ、大変、大変！」

何かしらと闇を冒《おか》して外へ出る。近所の若者の導くまゝに走り出の小高い場所に至って、南の方を見やれば、南の方恰《あたか》も高崎市の西郊に当って、一帯の薄紅の空を望むことが出来るのだ。その中央に高い火の柱が天に沖《ちゅう》している。

「どうしてもあれは秩父《ちちぶ》の方向だ。秩父武甲山《ぶこうさん》の噴火に違いない」と若者は云ふ。

「今日の地震と云い、あの火の手と云い、秩父の武甲山噴火に違いない」と自分は考える。生れて以来、結び付いた、地震と火山の観念は自分の頭の冷静なる批判の力を奪って了《しま》ったのだ。秩父山には火山脈がない筈《はず》であることは後数時間で漸《ようや》くわかった。「いやあれは板鼻町《いたはなまち》の火事だ。あの火柱は火薬庫の爆裂だ」他の若者はこう云う。

自分はどうしても秩父の噴火を信じて疑わなかった。こゝには秩父地方の惨状を想像する二、三の会話が交された。

この「皆んなが出て見な」を採って、福田赳夫の文章のタイトルにしたのです。先生方も、この生徒が後に内閣総理大臣になるとは夢にも思わなかったでしょう。

明るい間はわからなかったのですが、暗くなると南の方の空が真っ赤になります。高崎から一〇〇キロメートル離れた東京は薄紅色の空で、東京が大火事だったことを指します。しかし、高崎の若者たちはそんなことは想像もできませんでした。すぐに想像したのは、秩父武甲山の噴火でした。秩父のセメントを採る武甲山で、西武池袋線で行くと、ちょうど西武秩父駅に入るところに見えます。その言葉を受け、福田自身も、「今日の地震と云い、あの火の手と云い、秩父の武甲山噴火に違いない」と確信します。しかし、別の噂《うわさ》は、板鼻町の火薬庫の爆裂でした。板鼻というのは高崎のすぐ西です。流言飛語とまでは言いませんが、情報が入らない中で、さまざまな噂が飛び交ったことがわかります。しかし、関東大震災の惨状は想像を遥かに超えていたことがわかります。

この文章は「その夜はいやに重苦しい夜であった。自分はいつになく転々として一夜を送った。悪夢は幾度か自分を襲った」と結びます。一八歳の文章ですが、その後の大蔵官僚としての人生、政治家としての人生、そして内閣総理大臣に上り詰めた人生の中で、この経験がどのように作用したのかはわかりません。けれども、彼は関東大震災の渦中にいたのではなく、高崎から、遥かかなたに東京の町を見ていたのです。この作文が残されたことによって、我々はある政治家の若いときの経験を知ることができます。

4　原義房の「噂は噂を」に見る帝大と本郷

まず、寮です。全寮制だった第一高等学校にはいくつかの寮があったようですけれども、寮で地震に遭った生徒の作文を二編取り上げてみます。文科乙類二年の原義房という人の「噂は噂を」です。福田赳夫の作文でも、浅間山の噴火、武甲山の噴火、板鼻の火薬庫の爆発といったいろいろな憶測が飛び交っていました。今だとネット社会ですけれども、一方でネット社会のリスクというのは、フェイクニュースといった問題もあります。情報化されていますけれども、逆に「情報化ゆえの不安」というのは、少なからずあると考えておく必要があります。

大丈夫とは思いつゝも流石《さすが》に快からず。居合す友の顔にも異色あり。窓前の大煙突は物凄く動きつゝあり。遂に居たゝまらずして、西寮十番の二階より滑《す》べるが如《ごと》く走り降れり。誠に恐ろしき迄の震動なりき。されど余は、この震が、帝都並びに関東一帯を惨澹《さんたん》の巷《ちまた》たらしめん大災の緒《お》ならんとは、毫《ごう》も想う能《あた》わざりき。揺震の為に壁を落されたる西寮の堅城も安全の場所ならざるが故に余は急いで和寮前庭に逃れたり。そのとき「火事だ」「一高だ」と叫んで人々走り行く。従って行けば一高ならずして隣接せる帝大の一部の焼けつゝありしなり。

文語体で書かれています。窓の前の大煙突が揺れ、西寮二階の一〇番という部屋にいたけれども、そこから走り降りたわけです。西寮の壁が落ちて危ないというので、和寮前庭に逃れました。「火事だ」「一高だ」という叫び声に従って行くと、一高ではなく、隣接する東京帝国大学の一部が焼けつつあったのです。この「一部」は、図書館ではなく、すぐ傍ですから、工学部の火事だと思います。

本郷通り瓦石《がせき》の落ちたる家少からず。傾きたる家あり。負傷したる人も見受けられたり。震尚《なお》止まず。とかくする中《うち》に、帝大はいつの間にか猛火に包まれ居たり。水道の鉄管破損せしとかにて水の便《びん》なく、火は思う儘《まま》猛威を振えり。時計台にもひゞ入りぬ。揺震は依然として来れる也。帝大の書籍大半焼かれて長大息せるは独り火を眺め居たりし彼の老学者のみならず、最高学府の悲しみは、又我等が悲しみ也。余は暫《しば》く猛火の中に、書籍の搬出に微力を致せり。

本郷通りの惨状も見えますが、なかなか地震は止まりません。東京帝国大学は猛火に包まれますが、重要なのは「水道の鉄管破損せしとかにて水の便なく」です。水道管の破裂というインフラの損傷によって、消火ができなくなっているのです。こうしたことは、水道管の劣化が進んでいることを思えば、将来も起こりうることです。従って、図書館の書籍が焼けても、ため息をついて見ているしかないのです。一高の生徒はほとんどが東京帝国大学に行きますので、蔵書の焼失は「我等が悲しみ」であり、書籍の搬出を助けます。その後は、学外の様子です。

火は啻《ただ》に帝大のみにとゞまらず。神田日本橋等諸所に起れる由《よし》にて、焼け出されて逃れ来れる人々、本郷通りに充満せり。飢えて路傍に倒れたる人、浴衣《ゆかた》一枚にて赤子と共に泣く婦人、病《や》める老人を連れて涙する可憐の少女、わずか鍬《くわ》一丁を提《さ》げしのみにて、走れる大男もありき。

簡潔な文語体で、本郷通りには立錐の余地のないくらい被災者がいた様子が活写されています。不安な思いを抱きながら大勢の被災者がさまよっていますが、飲む水も食う物もない状態でした。この原という人は「係累なき旅の身たる自身にも」というので、親類がいないというのですが、地方から寮に入って生活していて、東京には知り合いがなく、それゆえの不安もあったのでしょう。さらに夜になります。

夜に入りて帝都は全く、紅の猛火に包まれぬ。本郷三丁目近くに立てば、火は追々と近づきつゝ、あるに人々は只《ただ》傍観せるのみ。「神田、日本橋、本所、深川、京橋等全滅せり」と、人々伝え言う。「山本首相危く逃げたり」「宮城炎上せり」などと噂は更に噂を生み、更に「今夜の十時に再度の激震あり」「否《いや》十二時に揺れ返しあり」などの声はいやが上にも人の心を不安に導き、誠に生きたる心地なし。

本郷三丁目の交差点は焼けていないのですが、その南側まで火が来ていました。タイトルの「噂は噂を」というとおり、夜になって流言飛語が飛び交う様子が書かれています。実は、この時、加藤友三郎という総理大臣が八日前に亡くなり、次の総理大臣は決まらず、不在でした。山本権兵衛は九月二日から内閣総理大臣になるわけですから、世評は首相候補者だったのでしょう。「宮城炎上せり」は究極的な噂でしょうし、「今夜の十時に再度の激震あり」「否十二時に揺れ返しあり」などは、余震の噂です。

一方、「一高の中は避難者によりて埋められぬ」という状態でした。一高は壁が落ちたりしましたけれども、焼けていないので、避難所になるわけです。現在でも、学校が避難所になる場合があります。一高には避難してきた人々が溢れ、その中には親を失った人、子を失った人もいました。そして、「「こうしてみんな揃って逃げられたのが何よりの幸《しあわせ》……」と泪《なみだ》して喜び合う人々を見ては流石に思わず我も泣けり」と見えます。阿鼻地獄叫喚地獄のようになっていたことが出てきます。第一高等学校の寮にいた原という生徒は、このようにして、書籍を運び出し、避難者を見て、さまざまな噂が噂を呼んでいる状況を書き記しています。一高の生徒たちは、もちろん避難してきた人たちの支援にあたり、復興の力になったはずです。

5　庄司光の「世の終りか」に見る終末観

理科乙類二年の庄司光という人が「世の終りか」で、終末観を書いています。この人は、調べてみると、後に環境衛生学の学者になった人です。東京帝国大学医学部に行きますが、辞めて京都帝国大学理学部に行き、のちに京大の教授になって、日本の環境衛生学を始めた草分けのような人です。

九月一日は学校の初《はじま》った日である。部屋のものが皆誇らしげに真黒な面《つら》をさげてやってくる。学期の初めは先生も笑い顔で止めてくださる。それがすむと皆の者がぞろぞろと寮の二階に来て寝ころびながら盛んに駄弁《だべ》る。其の日の空は灰色の陰惨な冬の日を想わせるようなものだった。そんな事には一向頓着がなかった。海の話、山の話に花がさく。誰やらの失敗談がでる。えらい騒ぎだ。昨夜汽車でねむられなかったとぐうぐうやって居る奴《やつ》もある。

こうして愉快な時はすぎてゆく。「おい久闊《きゅうかつ》で活動へ行こうじゃないか」「うん賛成々々」次が地震だ、どんなにしてきたのか一寸《ちょっと》も分らない。ぐらぐらゆれ出したのだ。何だかいつものよりきつい。寝て居た奴がパッとおきてとび出した。自分はたゞ走り出した。

真っ黒な顔をしているのは、海や山に行って夏休みを謳歌《おうか》した生徒たちが誇らしげに戻ってきたことを示します。寮の二階で、各地方から戻ってきた生徒たちが、真っ黒に日焼けした顔でお喋りを始めたのです。夏休みを過ごした生徒たちの海の話や山の話であふれたのでしょう。いびきをかいている奴もいました。長い間会わなかったので、活動写真、映画館にでも行かないかと話している間に地震が来たわけです。一高の和気藹々《わきあいあい》とした雰囲気を打ち破るように地震が来たのです。

廊下が横にゆれてうまく歩けない。其時は家が倒れない先にと只《ただ》飛出した。寮務室の前まで夢中で来た。未だゆれている。うまく立って居られない。長い煙突が目の前でぐらぐらゆれて居る。長い長い何分かゞ経って天地はもとに復した。人々がやっと話し出した。火事だ火事だと言う。

大学の応用化学の教室から黒煙がしきりに上っている。自分達は一斉に外へとかけ出した。間もなく消防隊が来た。悲しい哉《かな》水はやがて止ってしまった。

理学部の応用化学教室から火が出たのでしょうか。先ほど水道の鉄管が破損したとありましたが、ここでも水が止まってしまったと述べています。これは、今後を考えても極めて重要なことで、火が消せなくなるのです。首都直下型地震のときに最も気をつけなければならないのは、過去の経験から言えば、この問題が重要で、火事を出さないようにするのにどうするか、消火をどうするかに尽きると思います。

その間にもおそろしいゆりかえしがあった。やがて自分は一人の友とグラウンドへ来てしみじみと恐ろしさについて談《かた》った。地はときどきゆれ火事はほしいまゝにもえて行く。やがて友は去った。自分は進んで大学に行った。人々がやけつゝある教室から本を出して居た。自分もそこから本を取出した。やがて数人の一高生と共に病院の方へとすゝんだ。化学教室のところで　本を出して呉《く》れといわれて少し手伝った。これもすんでトラックの所までゆくとそこは一面の煙であった。そこで誰かゞ氷の一塊を呉れたのをかじった。間もなく寮へかえって握《にぎり》飯《めし》を食ってから又友と飯田橋の方まで出かけた。行けども行けども火はもえて居る。空は真赤である。心細い限りである。

避難したグラウンドというのは一高の向こうの球場のあたりで、根津《ねづ》神社の向こうです。化学教室の書籍の運搬も手伝いますが、その後は附属病院の方へ行ったのでしょう。寮では握飯を出していましたので、それを食べて、心配もあるでしょうし、見物もあるのでしょうか、飯田橋の方まで歩いてゆきます。

再び寮へかえって寝ようとしたが恐ろしくてたまらない。しかたなしにグラウンドへ出て草の上に体をよこたえた。夏とは言いながら寒い。体がひとりでに冷えて行く。地震は幾度となくゆりかえす。上野の方も真赤だ。もうこれが世の終りではないか。そして自分ははかない眠《ねむり》をむさぼるのであった。

この「もうこれが世の終りではないか」というところに、明確な終末観が出てきます。興奮して、これだけあちこち移動すれば疲れるでしょうが、後に環境衛生学者になる方が落ち着いていられなかった心情は、この作文から伝わってきます。

6　石田英一郎の「月の死相」に見る不安感

次に、本郷にいた文科甲類一年の石田英一郎の「月の死相」です。石田英一郎は日本の文化人類学の草分けになった人です。この人は、土佐《とさ》出身の石田男爵家の長男として大阪で生まれ育って、府立四中（現在の都立戸山高等学校）に行って、一高から京都帝国大学経済学部に行きます。ところが彼は左翼運動で検挙され、逮捕されてしまいます。それで爵位を返上して、その後、ウィーンに行って文化人類学を学びます。こういう激動の人生の人も珍しいと思いますが、日本に戻ってきて、後に東京大学に文化人類学教室を興し、日本の文化人類学の第一人者になります。多摩美術大学の学長もなさったと思いますが、若くして亡くなっています。彼は本郷にいて、その経験を書いています。

K君と「西川」で昼食をとった所だった。グラグラと来る、一寸《ちよつと》大きいぞと思うまに、側《そば》の棚のビール瓶がガラガラと一斉に落ち始める。破片が水沫《みなわ》の様に顔まで飛んで来る。吃驚《びつくり》して表に飛出すと大地は大波に揺られているよう。電柱も波に揉《も》まれるマストの様にふり動く。屋根瓦がガラガラと落ちる。土煙が濛々《もうもう》と立つ。あわて、飛出した一人の男が、同じくあわて、ブレイキをかけている電車の救助網に引掛って、四足をついている様がチラリと目に映る。

「西川」は調べられていませんが、一高の生徒が「西川で昼食をとった」と言えば、そこだとすぐわかるような食堂があったようです。先ほど、廊下がゆれて歩けなかったという記述がありましたけれど、「大波に揺られているよう」とあり、「波に揉まれるマストの様に」ともありますが、この文章には比喩がしきりに出てきます。なかなか比喩が上手です。

第二回目だ、ザーザーと瓦や壁土の雨が降るが如くさえ感じられる。急に自分の足下の大地が裂けはしまいかという気がしてゾッとする。

一先《ひとま》ずは鎮まったらしい。けれども息絶えた獣の心臓がビクビクと打つ様に、まだ大地の鼓動が感ぜられる。恐ろしい地震だと思う。家に帰る途中、どの街路でも道の真中に人が一杯塊《かたま》って居る。次に来る強震を思って、兢々《きょうきょう》としているのらしい。血に染まった一人の老人が、家の中から運ばれて来るのが目にはいる。見るにたえない程痛ましい気がする。

家に帰る。隣近所の人達も家の者も、皆前の広場に出ている。火の手が各処に赤黒い煙の柱を立てる。やがてこれらの幾本もの柱が合して、下町方面一体の天を山の様な火煙で覆うのを見る。

第二震で、雨が降るように瓦や壁土がどうっと落ちてくるわけです。神話ではないですけれども、大地が割れるのではないかと恐れます。人々は家の中にいられないので、本郷通りに出てくるわけです。

隣家のMさんが帰って来る。神田方面が全滅だという話が伝わる。何処其処《どこそこ》も焼けている。何処其処も、と、新しい報知が続々伝えられる。煙の山は刻一刻ムクムクと膨大して、ドス黒いその山の上に、更に雪の様に白い、すばらしい雲の峰が盛り上ってはまた崩れている。全市の大半が、火に包まれていることが分る。「一体どうなるのだろう。」人々は互にこの問《とい》を発して、その答《こたえ》に苦しんでいる。

いろいろな噂が入ってくる中で、石田英一郎のつぶやきは、「一体どうなるのだろう」という不安な問いかけでした。

一時間、二時間、三時間、小石川方面は比較的安全地帯らしい。人々は前の広場に蓆《むしろ》、食器、椅子《いす》などをそろそろ持ち出して来る。平常は家庭といふ狭い垣の中に閉じ籠って、道で会っても挨拶一つしない連中が、こんな際には極めて仲好く、お互に語り合い労り合っている。

この本郷区と小石川区は、下町から比べると山の手で、安全地帯だと見られているわけです。そして、普段は家庭の中に閉じ籠もって、道で会っても挨拶もしない連中が、極めて仲好く語り合い、労り合っているというのは重要です。大都会東京は、一〇〇年前にもう無関係の関係という時代に入っていたのです。ところが、いったん震災に遭うと、連帯感を深めてゆく関係ができているのです。これは、阪神・淡路大震災でも、東日本大震災でも言われました。NHKは「無縁社会」と言いましたけれども、つながりのない社会だからと言って、驚く必要はありません。九六年前の関東大震災のときに、「無縁社会」はすでに始まっていたと見ればいいのです。そして、昼から夜になります。

夜が来る。東から南にかけて天が紅に映えて来る。電灯も来ない。水道も来ない。瓦斯《ガス》も来ない。電車もない。一体どうなることなんだろう。こんな時こそ人と人との接触が一入《ひとしお》心強くなつかしくそして尊く感じられて来る。夜が更ける。月、月、恐ろしい色だ。黄でもない、白でもない、面に血がにじんでいるような色だ。お月様に死相が見える。物凄い。

夜は更けて行く。疲れた人の子の群《むれ》は、次第に口少なになって行く。一体どうなるのだろうと思ひつゝも。

石田英一郎は、福田赳夫が見た火事を、もっと間近に見るわけです。そして、重要なのは、近代生活を支える電気・水道・ガス・電車といったインフラが全部ストップしてしまったということです。「無縁社会」の中でも、こういうインフラが止まった状況の中で一番大事なのは、人と人とのつながり、つまり絆であることを述べています。私たちは東京に暮らしていて、隣りに誰が住んでいるのかわからないのですけれども、いったん災害に遭えば、助け合う関係は自然に生まれてくるはずです。それが避難生活を支える一番大きな基盤になり、電気・水道・ガス・電車が止まってもやってゆけるということを証言しているのです。

さっきまでお喋りしていた人々がお喋りを止めてしまうのは、疲れているのでしょう。石田英一郎が繰り返した「一体どうなるのだろう」という不安感は、彼一人のものではなく、被災者の集団心理だったはずです。後に文化人類学者になる石田英一郎が、こういう人間の集団心理をよく捉えていたというのは、災害を語る描写の比喩と並んで注目されます。

7　石井友寿の「夜が明けてくれ」に見る絶望

そして、次の「夜が明けてくれ」も、理科甲類一年の石井友寿という本郷にいた生徒が書いた作文です。この人は自宅が本郷にあったようです。

あの日自分は家に居《お》った。学校から帰った私は昼食をすましてその日の新聞を見て居た。空はよくはれていつもとかわりはなかった。庭の木の葉はときどきガサッガサッと落ちた。外は風があるとも見えなかった。至って平和な秋の日であった。自分は依然として新聞を見続けていた。丁度その時であった。遠くから異様な音がしてきた。私はやはり自動車の音だとばかり思って居た。なぜならそこにはひっきりなしに自動車が煙草を運ぶためにゆきゝしているのであるから。けれどもそれは自動車の音ではなかった。

重要なのは、この地震の直前には、風がなかったことがわかります。そして、異様な音を聞いて、自動車の音ではないかと思います。本郷通りでしょうか、自動車が煙草を運ぶために行き来していたのです。大正一二年、東京に何台くらいの自動車があったのかは調べていませんが、車社会に入っていても、自動車の音は耳に残る特別な音だったようです。煙草を運ぶという認識も気になりますが、話を先に進めましょう。

家はまもなくグラグラとゆれはじめた。私はすぐ地震だと気付いた。気付くより早く縁側へ出た。私の家は周りは全部煉瓦《れんが》の塀で囲まれて居て、庭は五、六坪ばかりの狭いものであった。それで私は庭へ出るのは危険だ出るなら外だと思った。

ここでは、聴覚から、グラグラ揺れ始めたというので、身体感覚に動いて、地震だと気がつきます。縁側に出ますが、庭に出ようか出まいか、悩んでいます。そして、「そのとき自分の後で父の声がした「外へ出るのは危ない、こっちへ」私は言われるがまゝに父の側に行った」とあり、父は姉とともにミシン台の陰にいました。今だと机の下に隠れるというところでしょうが、逆に言えば、この時期にミシンが家庭の中に入っていたことがわかります。

しかし、震動はなかなか止まらず、さらにいろいろな音がしてきます。何の音かというと、壁の落ちる音、本箱の倒れる音など、すさまじい音がしたのでしょう。震動が止むとともに、裏の広場、つまり根津権現の境内に避難します。避難所になるのは、学校とともに、やはり神社と寺院でした。

そこにはもうすでに多くの人が集まって居ってその騒々しさったらなかった。そこで私は色々の人々を見た。八十にもなろうとする一人のおばあさんが口に「ナムアミダブツ……」をとなえながら地に生えている小さな草を唯《ただ》一つのたよりとしてきっしりつかんで居ったなどは今になってもありありと頭に浮ぶ。自分はこれらの光景を目の前に見たときとても現実のものとして見られなかった。自分が新聞を見て居た時からこのときまではほんの五分ばかりしかたって居なかった。ほんの五分ばかりの間にこれほどの変り様を見せつけた自然に対し一種の驚異を感ぜざるを得なかった。それと共に人間の力の自然の力に対し如何《いか》に微弱なものであるかを痛感した。

根津権現では、お婆さんが草をつかんで、「ナムアミダブツ……」と念仏を唱えていました。そして、たった五分の間に目の前の風景がガラッと変わるわけですから、自然の力の前に人間の力がいかに弱いかを痛感せざるをえなかったのです。これは今でも言われることです。余震が続きますので、「家は倒れなかったもの、家の中に再び入る元気はとてもなかった」という行動になります。

根津権現の境内は十分ともたゝないうちにほとんど立錐《りっすい》の余地もないほどに人が集った。そのとき誰かゞ「帝大が火事だ」とさけんだ。その方に目をやるとまさしく南の空には黒煙が濛々とあがって居た。

根津権現は避難者であふれていたのです。ツツジの下あたりもいっぱいだったのでしょう。そして、「私らは家に入るのはやめ、いそいで露宿《ろしゅく》の用意をし始めた。その後しきりにくる余震におびやかされながらようやくにして露宿の用意も終った。そのときはすでに日もくれかけていた。恐ろしい事どもを皆の口からきかされた」というので、露宿、つまり外で寝ることにしたのです。「恐ろしい事ども」が何かは具体的にはわかりませんが、他の事例から想像すれば、朝鮮人の虐殺でしょう。

火事は全市至るところに起って居る様であった。夜になってそれは明《あきらか》に証明された。空という空はまっかにそめられた。自分の家から一歩もはなれる元気はなかった。このちどうなる事かとそればかりが心配であった。ほとんど見当がつかなかった。たゞ恐ろしいという感じのほか何もなかった。寝る事などはてんでできそうもなかった。たゞもう早く夜が明けてくれゝばいゝとそればかりの願《ねがい》であった。夜が明ければどうにかなるだろうとそのときは思って居た。

昼の間はかえって様子がわからないのですが、夜になって暗くなると、火事の明かりが真っ赤になるので、大変になっていると気がつくわけです。昼と夜とで人びとの感じ方ががらっと違うのですが、この様子を福田赳夫は遠くから見ていたわけです。

実は、震災というのは、情報の問題があり、東日本大震災でも、被災地の人たちは、自分たちがどのような状況に置かれているのかわかりません。停電になっていて、テレビは見られませんので、ラジオで聞くしかありません。被災地の方々の方が、かえって自分たちの置かれている状況が捉えられないのです。津波の到来もそうですが、例えば、気仙沼の鹿折《ししおり》の火災を、私たちは東京からテレビの映像で見たわけですが、逆に、被災者は自分たちの置かれている状況をあの火事で知ったはずです。

この「たゞもう早く夜が明けてくれゝばいゝ」という一節が、「夜が明けてくれ」というタイトルになったのでしょう。しかし、「夜が明ければどうにかなるだろうとそのときは思って居た」というのは、逆に、夜が明けてもどうにもならなかったという、大変な状況が鮮明に認識されたということになるのでしょう。この本郷区の根津の辺りでは家は潰れていなくても、家に戻れずに野宿しているということは、やはり知っておいていいことです。根津権現が多くの人たちの避難所になったことも、認識しておきたいことです。

8 前田克己の「少佐の公平」に見る思想ほか

芝区の、文科丙類三年の前田克己という人の「少佐の公平」を読んでみます。これは長い作文なので、飛ばしながら読んでいきます。

まず述べるのは、「あらゆる文明の交通機関の杜絶」です。東京の機能はストップして、印刷所も焼けてしまい、新聞社もどうにもならなくなって、新聞記者が西の都、つまり大阪に動いて報道を流すわけです。その結果、「朝夕の二刊の外に、定期号外が日に五度宛《ずつ》、早暁より深更に亙《わた》って、大の男の血相を変えしむべく、か弱い神経を持った女を慟哭《どうこく》せしむべく発行されたのである」という状況になります。朝刊・夕刊の外に、号外が五回出るというのはとてつもないことです。大阪朝日新聞は東京の写真を一番に載せ、大阪毎日新聞は東京全滅の報知をし、神戸新聞社は備後丸《びんごまる》という船を雇って救護船にしました。東海道線が中断して、鉄道が機能しなくなっているので、救援物資を運ぶのは船なのです。この備後丸という船が大森沖にやって来て、芝浦に着岸したのですが、芝区にいた生徒なので、次のようなことを書いたと思います。

此の時備後丸の舷、百米《メートル》の近くに在った、軍艦山城《やましろ》から、するするすると辷《すべ》る様にランチが走って来た。やがて上って来たのは白い服を着た海軍少佐と、二人の水兵であった。

その後、救護船の備後丸から救援物資を運び出すために、軍艦から軍人が降りてきて、荷物の取り締まりを行うわけです。船内の荷物の臨検を行うと、こんな様子でした。

刻頃にして、船内荷物の臨検が、海軍少佐により行われ出して、便乗の人々は皆手廻りの荷物を持って下甲板に集合した。鋭い検査の眼は別に之《これ》に止らず、やがて少佐が船長の案内で内部へ這入《はい》っていった時、一室に夥《おびただ》しい家具、什器の類が有り、且《か》つ附添《つきそい》の人夫が十人も其の傍に屯《たむろ》してるのを見た。

備後丸は救援船なのですが、中に入って調べたら、夥しい家具や什器があり、その傍に一〇人もの労働者がいたというのです。備後丸は救援物資を運んできたはずなのに、これは何なんだということになると、船長と事務長の顔にはありありと困却の色が現れたそうです。海軍少佐に見られては困るものが見つかってしまったというわけです。その背景に、こんなことがあったのです。

松方公爵、鎌倉にて圧死の報は備後丸神戸解纜《かいらん》の日に到着した。仰天した川崎造船所長松方幸次郎氏は直ちに壮麗なる棺桶《かんおけ》を購《あがな》い、不取敢《とりあえず》これを備後丸に托して鎌倉へ届ける様に取計った。然《しか》るに船が遠州灘通過に際し、神戸より無線電信により、公爵は助かったが、然し鎌倉より引揚げの荷物を運ぶの途《みち》無きにより、途中横須賀に回航し、之を積込む様の旨《むね》を命ぜられた。五日朝後数時間にして、東京へ到着する期待に勇んだ便乗の人々は、松方公の荷物を運ぶ為、こゝに一日を横須賀に迂回する事を知り、一斉に憤激した。さりながら、一刻の急を要する救援も、数百の家族の安否も、有力なる金力後援者松方氏の命令には抗し得ず。かくして積み込まれたる荷物と運搬の為の人夫十人これが即ち、少佐の眼に留った一室の内幕であった。

松方公爵とは松方正義《まつかたまさよし》のことで、第四代・第六代の内閣総理大臣です。元々は薩摩《さつま》出身の軍人だと思いますけれども、草創期の総理大臣経験者で、その人が鎌倉で亡くなったという噂が入るわけです。びっくりした川崎造船所長の松方幸次郎は松方正義の三男で、「壮麗なる棺桶」を用意したというのです。しかし、地震のために松方正義が亡くなったというのはフェイクニュースだったのです。結局、松方正義は翌年亡くなっています。

松方正義は別荘にいて助かるのですが、鎌倉は津波で壊滅状態でした。そこで、ちょうどいいと考え、その家にあった彼の私物を人夫と一緒に救護船に載せて持ち出し、それが見つかってしまったのです。救護に便乗して、私物を船底に入れ込んだのですが、その中身は、「仔細に検すれば、絹の夜具蒲団《ふとん》数襲ねを初め高価なる衣類家具、机の類は、価《あたい》にして数万にも上るべく思われた」というものでした。船長も事務長もまずいことになったと思ったわけですが、政治家の隠された一面が記されています。こういう内容は公式記録には出ません。

然し、少佐はよく一世の元勲の前にも法を枉《ま》げなかった。即ち、船員と附添人夫とを前に置いて少佐は帝都の惨状を説いた。日比谷、上野、増上寺、各避難所に於ける悲惨なる罹災民の実状は髣髴《ほうふつ》として、彼らの眼先に描かれた。聞くものにも、語るものにもやがて、熱い感激が潮《うしお》の様によって来た。附添人夫が一番先に「俺達はこの荷物をもう運ばねい」と云い出した。数万の罹災民の前に頽齢《たいれい》の一老人の荷物が何だ、こんな大変な状況なんだ、元老横暴、金権横暴の声の中に、ついに松方公の荷物は、罹災者のトタン小屋に齎《もたら》さるべく、奇異なる運命を背負う事となった。

「頽齢」は、老いぼれた年寄りという意味です。絹の夜具や蒲団、高価な衣類、家具、机の類は全部、トタン小屋で避難生活をしている人たちにばらまかれたのです。その配慮をしたのは海軍少佐だったので、この作文のタイトルは「少佐の公平」となったのです。一人の少佐の英断は、非常に快かったのでしょうね。

便乗の人々は、又一入《ひとしお》に痛快を絶叫した。一日を便々《べんべん》として横須賀に後らせられたその憤激が、すうっと薄らぐ気持を覚えた。私は今、時間切迫して詳しく後を記す余裕が無いのを悲しむ。唯々空前の大災害と多くの悲惨なる罹災者とを前にしては、あらゆる階級も差別も無かった。それは一種の共産主義の世の中とも云えよう。一人の富めるもの、荷物は、文句無しに貧しいものへ向けられた。先ずすべての人をして生かしめよとの叫《さけび》が、最も強く美しい共存の心の湧き出た人々の胸に宿った大震の日を、涙ぐましく回想する。

内閣総理大臣経験者の横暴も、大災害の前にはまったく意味をなさなかったということです。権力を私物化してはいけないという教えです。ここには、「共産主義の世の中」という思想が出てきますが、大正一二年には新しい思想として入っていたのです。

関東大震災のとき、大事件が起こっています。無政府主義者の大杉《おおすぎ》栄《さかえ》と奥さんの伊藤《いとう》野枝《のえ》が検挙されて、憲兵の甘粕正彦《あまかすまさひこ》によって殺されました。在日朝鮮人の虐殺だけではなく、同時に、無政府主義者をこの機に乗じて虐殺したということがあるわけです。今だったら、このような文章は載せておくのを止めようかということになるのではないかと思いますけれども、私は、これを書いた人間もすごいと思うし、載せた先生たちもすごいと思うのです。

不思議なのは、この本は六合館から出されていますが、検閲にあっているかどうかです。前に『文豪たちの関東大震災体験記』（小学館、二〇一三年）という本を、関東大震災九〇年目に出しました。芥川龍之介をはじめ、文豪たちが被災して震災体験記を書いたので、それをまとめたものです。雑誌などはみんな検閲にあっていて、「朝鮮人」「鮮人」というような個所はみんな伏字になっていました。読めば文脈でだいたいわかるのですけれども、この『大震の日』は伏字が全然ありません。「不逞鮮人」のような言葉もそのまま残っているので、検閲していないのではないかという感じさえします。

また、本所のところの「眼前で切れた女の首」という作文は、ちょっと悲惨な話ですけれども、被服廠跡地に避難した青年の体験談を、理科甲類二年の西脇安という人が書いています。この人は青山に住んでいたので、自分の体験ではないのですが、聞いて書いたものです。トタン板が飛んできて、それが当たって女性の首が落ちて転がったということが書かれています。

被服廠跡地では三八〇〇〇人の人が亡くなっていて、非常に悲しい話が多いのです。なぜ三八〇〇〇人もの人が亡くなったのかは、重要なことです。被服廠というのは、陸軍の軍服などを作った場所ですけれども、移転した後を公園にするために、跡地が広場になっていたのです。現在の江戸東京博物館の向こう側、東京都慰霊堂のあるところです。そこが大きな広場になっていたので、下町の人たちはみんな被服廠跡地に駆け込むわけです。そのとき、松方正義ではありませんけれども、大八車に蒲団《ふとん》や箪笥《たんす》を載せて行ったのです。そこに「火災旋風」が起こって、それらに火が移ってしまいます。避難所と見なされた場所に人々が大勢避難して、そこが被災すると大変なことになります。根津権現はそうならなくてよかったのですが、この作文集では被服廠跡地の状況が書かれている唯一の作文です。聞き書きとして書かれているのですけれども、どのように避難していったのかがわかります。

9　藤本純介の「母の病死」の体験した震災関連死

最後にどうしても触れておきたいのが、京都の文科甲類三年の藤本純介という生徒の「母の病死」です。この人は、九月一日、京都にいたのです。

大震のあった日、私は京都に居た。山に閉じこめられた京都の夏は、毎年非常に暑いのに、今年の残暑は又論外であった。其の日父は留守であったが、市役所の号笛《ごうてき》が鳴ると、残りの四人で風通しのいゝ廊下の板の間に直《じ》かに坐《すわ》って、午食《ひるしょく》の膳を囲んだ。

ふと食事の中途で、異様な眩暈《めまい》を私は感じた。自分の頭がよろけ落ちやしないかという様な気がした。船や車に弱い私には、眩暈は珍しいことではないけれども、こんな異様なのは初めてだ。

関東大震災のとき、京都には微弱な地震があって、それを感じたこの人は眩暈がしたのです。地震だとは思いませんし、船や車に酔いやすいので、貧血を起こしたのではないかと思います。しかし、意識は少しも損なわれていないので、「水をくれ」と女中に言おうと思って、給仕の盆を膝に乗せた女中の姿を見ると、「女中の姿が死んで動かぬもの、如く見えた」というのです。女中も変だと思っていたのでしょうね。

「おい、どうしたのか？」と声を掛けると、彼女が重そうに首を擡《もた》げる前に、母や妹たちの視線が彼女の異様な様子を怪しんだ。彼女の頬の血の色が絞り取られていた。その血が皆目玉に集まった様に、眼が赤く灼熱《しゃくねつ》していた。彼女は目を患って何時も赤く爛《ただ》れた様な目付をしていたが、その時は今にも瞼《まぶた》からぽたぽたと血を滴らしそうにさえ見えた。

母が続いて尋ねると、彼女は漸く目が廻るんだということだけ言った。彼女は直ぐに自分の部屋に寝かされた。

「お母さん、僕も先刻何だかくらくらとしましたよ」と、私は箸を取り上げながら言った。

「まあお前も……」と言った限り、母は気味悪そうに私の顔をしげしげと見た。

「僕、地震があったんじゃないかと思いますよ。」

「だって何も音がしなくってよ。」と、妹が抗議を申込んだ。

「こんな家だと少々の地震じゃ音もしないさ。」

「でもお前、地震なら私達にだって分りそうなもんじゃろう！」と、母が自分だって地震を感ずる権利があるんだという様なことを言った。天井を見上げると、だらりと頭の上へぶらさがった電灯が少し揺れている。母は風がよく這入《はい》るからなと言った。私はも少し早く天井を見ればよかったと思った。

夕方になって鈴の音があわただしく往来を飛び、此の日の大地震が報ぜられた。然し私が当日起きていて知ったのは、僅かに沼津小山地方の消息に過ぎなかった。東京地方の大惨報の至ったのは実に翌日の午後である。

ここには家族の会話が続きますが、京都では電灯が少し揺れる程度の微弱地震でした。この「鈴の音」は号外を知らせる鈴の音で、京都や大阪の新聞社で号外が出たのです。しかし、東京の情報が入ったのは二日の午後だったことがわかります。やはり、ここには情報の距離感が見られます。大正一二年には、テレビはもちろんなく、ラジオもありません。ラジオの時代に入るのはこの後です。新聞の号外ということは、先ほどの前田克己さんの作文と合わせて読みたいところです。

其の後毎日の新聞号外には、未だ嘗《か》つて見ない大きさの活字や、憚られる意味の活字が連続した。それ等を耳にし目にした時の感じは書き表わし様がない。私は只止め度もなく涙を流した。天刑も天恵もない。只だ事実は何処までも事実だ。此の厳《おごそ》かな事実を、只与えられた儘に受ける外ない。抵抗もしたくない。感謝もしたくない。自然は我々人類の事を特殊的には考えて居ては呉れないのだから。

目の赤い女中は四、五日たって親許《おやもと》へ帰って行った。それ御覧なさい、矢っ張り地震だったでしょうと言いたい母は地震の翌日から病気で臥床《がしょう》した。そして僅《わず》か二週間患ったきり地震のことを口にしながら冷たくなってしまった。

私は地震と母とを連想して、妙な感じに打たれる。彼《か》の時母がせめて赤い目をしなくとも、顔色を失って呉れていたのだったら、私や女中の様に今も生きて居られたんじゃなかろうかと思う。但し妹は尚壮健である。東京では今でも地震が多いと言ってやったら、羨《うら》やましいと書いてよこした。

母の五七日の逮夜に、父の述懐が「東京もえらいことだったが、家の地震も可成《かなり》酷かったな」と云うのであった。母自身が家の震源であった。かくして母は永久に地震を感ずる権利を失ってしまった。

ここには、自然に対する諦念の認識が見られます。そして、女中は実家に帰り、母親は一週間後に亡くなってしまったのです。今、避難生活の中で亡くなる方もいて、それを「震災関連死」と呼んでいます。しかし、この母親は、東京ではありませんので、震災関連死という認定は受けられないと思います。けれども、この青年の中では、京都で眩暈がして地震を感じたことと母親の死は、少なからぬ因果関係の中で認識されていることは間違いありません。震災関連死の認定がなされなくても、この家族にとっては、地震との関係の中で、元気だった母親が亡くなったと捉えられていたはずです。

今日は数名を取り上げただけですが、福田赳夫にしても、藤本純介にしても、一人一人の証言が重要であることがわかります。この中の多くの人が東京帝国大学に行って、この国を支えるエリートとして活躍したはずです。彼らが一〇代後半に書いた作文を読み直してみることには、いろいろな意味があるはずです。特に、この国の経済界、政治界、学術界を担うリーダーたちがどのように震災を受け止めたのかということは、よく理解しておきたいことです。

（二〇一九年三月二三日、文京区立本郷図書館にて講演）

参考文献

・石井正己著『文豪たちの関東大震災体験記』小学館101新書、二〇一三年
・石井正己・やまもと民話の会編『復興と民話』三弥井書店、二〇一九年
・NHK「無縁社会プロジェクト」取材班編著『無縁社会』文芸春秋、二〇一〇年
・改造社編『東京大震火災誌』改造社、一九二四年
・早乙女勝元著『東京大空襲』岩波新書、一九七一年

・柳田国男著『故郷七十年』のじぎく文庫、一九五九年
・やまもと民話の会編『巨大津波』小学館、二〇一三年

付記一

質疑応答の中で著作権のことが出ました。確かめられない場合が多いのですが、例えば、福田赳夫は一九九五年に亡くなっていますので、著作権がまだ生きています。実は、この人たちの著作権一つ一つを調べていくとクリアできないので、青空文庫でもネット上でもあげることは難しいと思います。しかし、私は、去年までお話しした子供たちの震災作文集とこれもデータ化して、震災一〇〇年に出版社と相談しながら出したいと思っています。著作権者がわかっている方は、出版社から掲載許諾を取って、ご本人ないしご家族がわからない場合は、ご関係者に連絡をくださいと記して出すことはできると思います。

また、一般の住宅ではなくてビルになっていると、火災は少なかったのではないかという質問がありました。しかし、丸の内・霞が関の辺りでも、官庁街が火災になっています。麹町は四谷に近いオフィス街ですけれども、やはり火事になっています。官庁街とオフィス街は、地域的には山の手ですが、火事になっています。今回は一高の生徒の作文なので、そのことは出てきませんけれども、丸の内が焼けたということは少し出てきます。ですから、木造住宅が燃えやすいだけではなく、当時最新の機能を持っていた官庁街やオフィス街も火災に遭っているのです。それは、この国の政治・経済の中枢機能がやられてしまうという意味ですから、重大です。よく首都機能の移転や分散ということが言われますけれども、日本では東京に一極集中していて、なかなかそれは難しいのです。そういう形でここまで来ていますけれども、過去の経験から言えば、関東大震災で経験したにもかかわらず、この国は長期的なビジョンがないままに発展してきたと言っていいでしょう。東京の中では、木造住宅をどのように耐震構造にしてゆくかということで、庶民の方にまなざしが行っていて、政治・経済の中枢機能は安全だという前提ですが、九六年前の経験で言うと、政治・経済の中枢機能が大きく傷めつけられたということは、やはり考えておくべきことです。なぜビルが耐えられずに火災を出してしまったのかということは私も検証できていませんし、震災後は鉄筋コンクリート化してゆくことが急速に進められたのは確かです。

付記二

抄録ですが、斉木勉編『私は激震の中にいた—旧制第一高等学校学生被災体験記集—』（有朋社、一九七三年）が出ています。「まえがき」に、「関東大震災五十周年記念として世に出るにあたり、第一高等学校の同窓会である向陵駒場同窓会の絶大なご協力をいただきました」とあります。その結果、再録された文章に、当時の職業や肩書きが入っている場合が見られます。なお、新漢字・現代仮名遣いに改めただけでなく、全体を〈浅草〉〈本所〉〈深川〉〈本郷〉〈神田〉〈小石川〉〈牛込〉〈四谷〉〈赤坂〉〈麹町〉〈芝〉〈芝浦〉〈新橋〉〈日本橋〉〈市内〉〈京橋〉〈丸の内〉〈厩橋〉〈湯島〉〈根岸〉〈飯田橋〉〈大久保〉〈新宿〉〈目黒〉〈千住〉〈東京郊外〉〈横浜〉〈鎌倉〉〈浦和〉〈房州〉〈上州〉〈軽井沢〉〈房総〉に分類し直してあります。後にいた場所がわかった人は地区を改めるなど調整しているのはいいのですが、「寮」が「本郷」にされてしまったために、寮の意味合いが見えなくなってしまいました。そのために中心を失い、平板な構成になってしまったことは否定できません。

Ⅲ　三陸大津波の釜石——記録の力

宮城県唐桑半島にある海嘯紀念碑

8 釜石を歩いた柳田国男と佐々木喜善

――「豆手帖から」と「辺土の浜」

1 日本を旅した柳田国男

柳田国男が遠野の人佐々木喜善《ささききぜん》から不思議な話を聞いて、『遠野物語』をまとめたのは、明治四三年（一九一〇）でした。もう一世紀以上経ちましたが、やっとこの物語の価値がわかってきました。かつて遠野を訪ねたときには、年配の方々は『遠野物語』はちょっとという感じでした。遠野が文明から遅れていることを示す話であるという印象を持っていたからです。でも、この物語が本当に価値を持つものだという方向に、三〇年かけて大きく舵《かじ》を切ってきたように思います。近年は、英語をはじめ、中国語・韓国語の翻訳が出ていますので、この物語も国際化の時代へ入った印象を持っていて、海外で『遠野物語』について話す機会が始まっています。その東側にある釜石で、二人が何を見たのかをお話ししてみます。

ちょうど『遠野物語』から一〇年経った大正九年（一九二〇）、柳田国男と佐々木喜善は、この釜石を訪ねています。柳田国男は東京帝国大学を出たエリート官僚として過ごし、大正八年（一九一九）に貴族院書記官長を辞任します。翌大正九年から彼が関わったのは、新聞界でした。ジャーナリストとして携わってゆくわけですが、その歩みは民俗学の誕生と深く関わります。

年譜を見ますと、大正九年七月に、朝日新聞のジャーナリストである安藤正純《あんどうまさずみ》から、「官僚を辞めたのだから、新たな仕事は新聞でどうか」と誘われ、柳田国男は、「それならば日本を旅行させてほしい」と頼みました。その条件が初代社長の村山龍平《むらやまりようへい》に受け入れられ、八月四日に東京朝日新聞社客員になります。彼の新聞界における前半の活動は、客員として日本を旅することでした。そして、東北を旅したり、沖縄を旅したりします。その後、新渡戸稲造《にとべいなぞう》に推されて国際連盟委任統治委員になります。ヨーロッパに二回行って、その仕事を行っています。その中断の後、新聞界に戻って、今度は論説委員として昭和五年（一九三〇）まで活躍します。だいたい一〇年ぐらい、新聞界でジャーナリストとして筆を振るう時期があったわけです。

2 「豆手帖から」と「辺土の浜」

日本を旅させてほしいという希望をまず実現したのは、大正九年の八月から九月にかけて、松本信広《まつもとのぶひろ》・佐々木喜善とともに歩いた東北東海岸の旅でした。松本信広は、後に慶應義塾大学の教授になった東洋史学者です。佐々木喜善は『遠野物語』の語り手で、後にザシキワラシや昔話を集めた民俗学者です。若い二人を連れて三陸海岸を旅したのです。それはまさに、東日本大震災で大きな被害を受けた場所でした。

私は、平成七年（一九九五）、柳田国男が歩いた場所をたどってみようと考えて、反対に、青森県の階上《はしかみ》から久慈《くじ》、田野畑《たのはた》で一揆の資料館を見て、宮古・釜石、最後は唐桑《からくわ》半島の先まで行きました。その後、遠野へ戻りましたが、一週間ぐらい家族を連れて旅をして、柳田国男と佐々木喜善が何を見たのかを確認しました。もう二〇年以上前になります。

そのとき、柳田国男は、『東京朝日新聞』に「豆手帖から」という紀行文を書いて送ります。それが八月から一一月にかけて連載されて、昭和三年（一九二八）の『雪国の春』に入ります。この「豆手帖」そのものからの抜き書きもあるのですけれども、前半で記述が中断してしまい、後半はよくわかりません。ですから、釜石は公開された「豆手帖」では見ることができません。

この『雪国の春』には地図がありますので、それを持ってきました。柳田国男は、南の仙台から出発し、海岸沿いを塩釜・野蒜《のびる》・石巻《いしのまき》と旅して、飯野川《いいのがわ》から佐沼《さぬま》の方へ抜ける。本当は海岸沿いを歩きたかったのですけれども、洪水があってうまく進めず、内陸に入って、一関《いちのせき》・岩谷堂《いわやどう》を経て、人首《ひとかべ》から遠野へ入ります。遠野で伊能《いのう》嘉矩《かのり》や佐々木喜善に会って旧交を温め、そこから松本信広と二人で、世田米《せたまい》、気仙沼、大島にも渡って、気仙沼から三陸汽船に乗って釜石に入る。遠野からやって来た佐々木喜善とは釜石で合流します。ですから三人が一緒に旅をしたのは、実は釜石からというのが正確です。釜石から鵜住居《うのすまい》・大槌《おおつち》・宮古・小本《おもと》・普代《ふだい》、そして「清光館哀史」の小子内《おこない》を経て、八戸《はちのへ》まで行く。

ここまで、柳田国男の「豆手帖から」は書かれています。「仙台方言集」から始まって、「失業者の帰農」「子供の眼」「田地売立」「狐のわな」「町の大水」「安眠御用心」「古物保存」「改造の歩み」「二十五箇年後」「町を作る人」「蟬鳴く浦」「おかみんの話」「処々の花」「鵜住居の寺」「樺皮《かばかわ》の由来」「礼儀作法」「足袋《たび》と菓子《かし》」を経て、最後の「浜の月夜」は、小子内で見た盆踊りを印象的に書いています。一九編の小文を集めたのが「豆手帖から」です。

実際には、柳田国男は、八戸から秋田へ回って、秋田図書館で江戸時代の紀行家の菅江《すがえ》真澄《ますみ》の文章を調べていますけれども、「豆手帖から」は八戸で終わっています。ですから、仙台から始まって八戸までの旅で、基本的には徒歩です。三陸鉄道もありませんし、バスもありません。途中、船を使っていますけれども、大半は徒歩旅行です。海沿いを徒歩で歩きながら、三陸海岸の暮らしをみつめ、そこで発見した問題を東京の新聞社に送ったわけです。

一方、釜石から同行した佐々木喜善は、『岩手毎日新聞』に「辺土の浜」という紀行文を寄せています。「鳥谷坂《とやさか》」

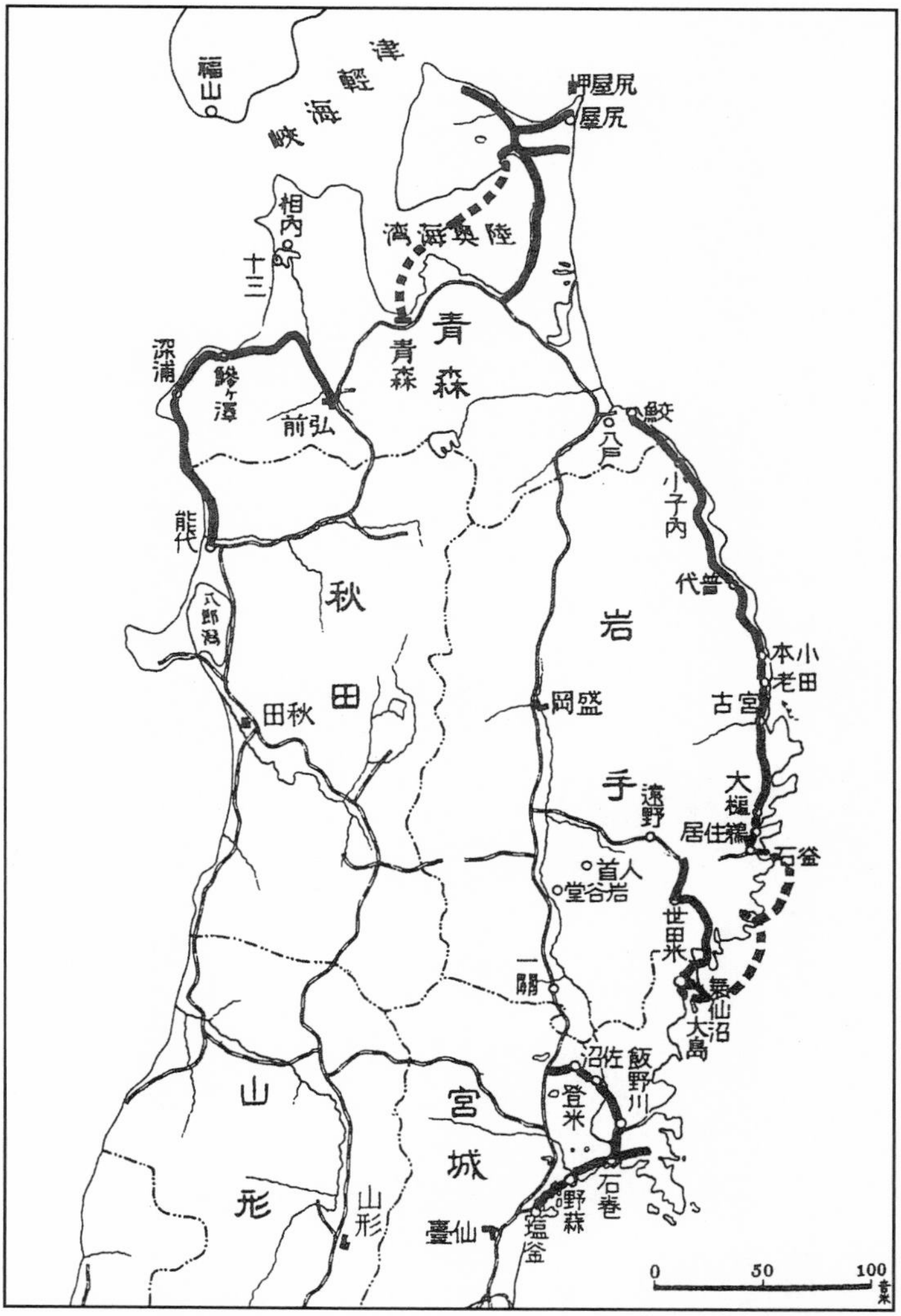

柳田国男『雪国の春』の「豆手帖の旅」の地図

「小児の草履《ぞうり》」「鵜住居の古老」「臼《うす》の口碑」「町の典型」「犬の市場」「心の陰影《くま》」「オシラ神」「浜風の色」「田老《たろう》の盆市」「柏樹の密林」「山中の霊泉」「小本《おもと》の俗信」「濃霧」「炭焼小屋」「不知の浜風」という一六編が一四回にわたって載っています。これは残念ながら『佐々木喜善全集』で落ちていますので、今もってきちんと読める環境になっていません。機会があれば、柳田国男と佐々木喜善の文章を並べて読めるようにしたいと思います。二人の文章を読み比べてみますと、関心の違いがわかりますので、そのことについても触れてみましょう。

3 「改造の歩み」——杵と臼から考える

まず、柳田国男の「豆手帖から」から、釜石前後に関わる三編の文章を取り出してみました。「改造の歩み」という九番目の文章は陸前高田《りくぜんたかた》市の広田湾の付け根にある獺沢《おそざわ》というところの話です。かつて佐藤家を訪ねて、土間を見せてもらいました。広田湾の海岸からせり上がった中腹にある旧家でしたけれども、薄暗い土間にいろいろな農具が並べてあって、今でもまざまざと思い出します。

柳田国男は「獺沢の佐藤氏は、農家で漁業家でかつ役場の書記をしている。大きな昔風の家である」と紹介します。農業、漁業、そして役場の仕事にもかかわっている旧家でした。この旧家の後ろの丘から海岸一帯にかけては無数の土器や石器が出てくるとありますので、縄文の遺跡であり、そこに旧家が建っていることになります。ですから、佐藤家のある場所は、おそらく縄文期から高台に人々が住んできて、今、旧家がそこにあるのでしょう。大正時代に入って、世の中が大きく変わろうとする頃になって、この家への関心が深まっているということも見えます。

柳田国男は台所の土間に座りながら、この柱は、江刺《えさし》地方では竈神《かまどがみ》のヒオトコのお面が掛けられている場所だと思います。唐丹《とうに》から南は伊達藩《だてはん》ですので、陸前高田は伊達藩ですが、竈神が掛けられていなかったので、そんなことを書いています。むしろ、柳田が関心を持ったのは佐藤家の杵《きね》と臼でした。「気仙の村々に今も用いらるる手杵の効用を尋ねてみた」というのですから、気仙地方では手杵を使っていたのです。今、皆様の家庭ではどうでしょうか。お餅をつくときに臼と杵でしょうか、電動餅つき機でしょうか、マーケットに行って買うのでしょうか。ずいぶん、時代は変わってきていますね。

杵には二種類あります。兎《うさぎ》の杵と呼んでいる上下に頭のある真っ直ぐな杵で、これは女性が使い、それに対して、柄の長い杵、打杵《うちぎね》と呼ばれるものがあると述べます。九州の天草下島《あまくさしもしま》では、老女がこの兎の杵を使っているのを見てびっくりしたそうです。しかし、東北に来て見ると、今も普通にこの竪杵を使っているのです。でも一方では、打杵と呼ばれる横杵も使っていました。横杵は竪杵に比べて重く、男性が使ったようです。一方、臼の方は、石の挽臼《ひきうす》があり、入口の右手には地唐臼《じからうす》がある。地唐臼というのは、足踏みの臼です。兎の杵と打杵があり、石の挽臼と地唐臼があるというのは、「新旧の雑居が可笑《おか》しい」という状態です。臼と杵を見るだけでも、東北では「改造の歩み」が緩やかで、急激な改革をしないことがわかります。

また、村には賃舂《ちんつ》き臼屋《うすや》があって、搗《つ》き賃《ちん》を受けて、臼で搗くことを商売にしていました。この辺りは広田半島で、川の流れがないので、水車ではなく、電気を動力にして多数の杵を動かしました。杵と臼の機械化が始まっていることを指摘しています。そのような臼屋が増えようとしていると言いますから、機械化はさらに進んだはずです。

それにつけても、本吉《もとよし》郡の気仙大島や唐桑半島でも、石臼があるのに、手杵も使っているのはどういうことなのかといぶかしく思います。旧盆が近くなると、船に乗って、娘や女房たちが、島や半島から気仙沼辺りにある水車小屋へ、お盆の団子用の粉を挽きにやって来るというのです。この三陸海岸に機械化や商業化が始まっていたことがわかります。それは町の本屋にも見られ、古い宗教の本もあれば、フランスの小説家やイギリスの哲学者の本もあり、これもどういうことなのだろうと思うわけです。

一方、神奈川県の内郷《うちごう》村、今は相模原《さがみはら》市に入っていると思いますけれども、そこの長谷川一郎という人の話を聞くと、若かった頃はヒデ鉢といって、松を焚《た》いて灯火とするために、石の平鼎《ひらがなえ》を持っていたが、それが行灯《あんどん》になり、カンテラになり、ランプになり、電気が敷かれるようになったそうです。神奈川県では、ヒデ鉢から電気まで徐々に灯りが変わってきました。でも、東北では、どうもそうではなく、一遍に改革を行わず、古いものを温存させながら新しいものに傾いてきたのです。確かに私たちは、文明が発達すると、便利な方に動いてゆくのですけれども、どうも日本の社会の中には、古いものを切り捨てずに、新しいものと同居させてゆく、そういう文化の懐の深さがあることに、この三陸海岸を歩いて気づいています。

4 「二十五箇年後」――津波と復興の現状

次に取り上げる「二十五箇年後」は、この東日本大震災とも関わって、私がとても大事にしてきた文章で、気仙沼市の唐桑半島の話です。柳田は、陸前高田から、歩けなかった気仙沼へ南下して、船で釜石へ北上します。柳田のたどった行程を見てくださると、文章の順番がこうなった理由がわかります。

それは、「唐桑浜の宿《しゅく》という部落では、家の数が四十戸足らずの中《うち》、ただの一戸だけ残って他はことごとくあの海嘯《つなみ》で潰《つぶ》れた」と始まります。「あの海嘯」とは、明治二九年（一八九六）六月一五日、旧暦五月五日端午《たんご》の節句の日に起こった三陸大津波で、二七〇〇〇人が亡くなりました。宿は唐桑半島の付け根の集落で、東日本大震災の後、私も訪ねましたが、やはり壊滅的な状態でした。明治の三陸大津波の後、四〇戸のうち一戸だけ残して、みんな津波で流されてしまいました。その残った一軒でも床の上に四尺上がったというので、海水は一・二メートル床上に上がったことになります。その結果、あっと言う間にさっと海水が引いて、浮くほどの物はすべて持って行ってしまったのです。

その上、この家では八歳になる誠におとなしい男の子を一人亡くしました。ですから、このときは、その子が亡くなって、足掛け二五年という年月を数えたことになるわけです。家が無事だったのに、なぜ男の子は亡くなったのか、たぶん柳田国男はそう聞いたはずです。それに対して、「道の傍に店を出している婆さんの処へ泊まりに往《い》って、明日は何処《どこ》とかへ御参りに行くのだから、戻っているようにと迎えにやったが、おら詣《まい》りとうなござんすと言って遂に永遠に還《かえ》って来なかった」と説明しています。この残った一軒は、宿の集落の中で一番高い場所に建っていたはずです。しかし、男の子は端午の節句だからというので、海岸沿いのおばあさんの家に泊まりに行ったのでしょう。家族は「明日は何処とかへ御参りに行くのだから、戻っているように」と迎えにやったのに、男の子は「おら詣りとうなござんす」と言って、そのまま帰らぬ人になったのです。

人の運命というのは非常に不思議で、このときに帰ってきていれば、この男の子は助かったはずです。でも、おばあさんの家に泊まりに行って、そのまま亡くなってしまったのです。柳田国男は、印象深い話として、これを書き留めたはずです。この家の話を語った女性は、そのとき一四歳だったということですから、それから二五年経って、三九歳ぐらいの中年女性になっていたはずです。今、東日本大震災から六年半が経ちましたけれども、二五年経ったときに、私たちも、東日本大震災について、つらい思い出を含めて語り継いでゆかなければならないと思います。

この話をした婦人自身の体験が続きます。「高潮の力に押し廻され、中の間の柱と蚕棚《かいこだな》との間に挟まって、動かれなくなっている中に水が引き去り、後《うしろ》の岡の上で父がしきりに名を呼ぶので、登って征《い》ったそうである」とあります。この婦人は高潮に押し廻されて動けなくなっていたら、後ろの岡の上から父親が名前を呼ぶ声が聞こえ、その声に導かれて岡の上に登って行って助かったのです。

そして、「その晩はそれから家の薪《たきぎ》を三百束ほども焚いたという。海上からこの火の光を見掛けて、泳いで帰った者も大分あった」と続きます。家の薪はどこにあったのかという疑問もありますが、三〇〇束を岡の上で焚いたのです。東日本大震災では残念ながら聞かれませんでしたが、例えば、戦中の国定教科書に載った「稲むらの火」は、ご存知の方があると思います。和歌山県の、現在の広川町《ひろがわちょう》で、浜口梧陵《はまぐちごりょう》、この話の中では五兵衛となっていますが、この人が津波で流された人を救うために自分の稲むらに火をつけ、その火を目指して泳いで帰って助かったという話です。和歌山県でも三陸海岸でも薪や稲藁《いなわら》を焚いて、その火をめがけて泳いで戻ってこられるようにしました。この火は命を救う灯火だったのです。

この婦人は、母親が同じ中の間にいて、乳呑み児《ちのご》と一緒にいて助かったことを知らなかったそうです。一緒にいたけれども、津波のために家族がばらばらになって、すぐには消息がわからなかったのです。「母はいかな事があってもこの子は放すまいと思って、左の手で精一杯に抱えていた。乳房を含ませていたために、潮水は少しも飲まなかったが、山に上がって夜通し焚火の傍にじっとしていたので、翌朝見ると赤子の顔から頭へかけて、煤《すす》の埃《ほこり》で胡麻《ごま》あえのようになっていた」という話です。母親は乳呑み児を抱きしめて助かったのですが、朝になって赤子の顔の煤を見て、喜びの笑いがあったはずです。二五年経ちますから、そのときの乳飲み児は兵隊に出ていましたが、今年はもう帰ってくる時期なので、「よっぽど孝行をしてもらわにゃ」と、年老いた母親は言っていたそうです。ここには、まさに家族の歴史があります。NHKで言えば、「ファミリーヒストリー」です。

さらに話は続きます。旧暦五月五日で早く月が沈んだ晩、雨が降り、地震が起こって津波が来ました。押し流された家の中で、家財も人も馬も無事であったという話もありました。あるいは、当時の雑誌にも出た話ですが、「二階に子供を寝させておいて湯に入っていた母親が、風呂桶のまま海に流されて裸で命を全うし、三日目に屋根を破って入ってみると、その児が疵《きず》もなく活《い》きていたというような珍しい話もある」というものです。風呂桶に入ったまま流されて助かったという珍しい話は覚えられますが、「親身の者の外は忘れて行くことが早いらしい」と述べます。二五年という歳月は、家族や友人はともかく、多くの人の記憶が失われてゆく時間だったのです。

こんな話をして、釜石の皆様はつらい思い出に触れるようなことになっているかもしれませんが、でも、私たちは六年半を過ごしてきましたので、二五年後のことを思い描いてみる必要があります。話になるような珍しい話は伝えられるけれども、多くの記憶はどんどん減ってゆき、人々にはさまざまな変化がありました。東日本大震災後、新聞やテレビは、この宿の話を何度も取り上げ、私もインタビューに応じました。しかし、新聞やテレビが取り上げてくれないのは、この後の話です。私は、この後の話が、復興を考える上で重要だと思っています。

それはまず、「もっと手短に言えば金持は貧乏した。貧乏人は亡くした者を探すと称して、毎日々々浦から崎を歩き廻り、自分の物でないものを沢山拾い集めて蔵《しま》っておいた。元の主の手に復《かえ》る場合は甚だ少なかったそうである。恢復《かいふく》と名づくべき事業は行われ難かった。智慧《ちえ》のある人は臆病になってしまったという」という指摘です。今こそ千載一遇のチャンスだと思う人もいて、富の転倒が起こったことが生々しく書かれています。

次に、「元の屋敷を見棄てて高みへ上った者は、それ故にもうよほど以前から後悔をしている」という指摘があります。「元の屋敷を見棄てて高みへ上った」というのは、高台移住のことです。明治の三陸大津波のときには、元々屋敷のあった場所で再建するのが一般的でしたけれども、山に土地を持っている地主が土地を提供して高台へ上った集落もありました。その後、そのまま定着した場合もあれば、浜へ降りてきた場合もありましたが、高台へ上った人たちは、失敗したと悔やんでいるというのです。

東日本大震災以降、高台移住が進められて、安全安心な暮らしということが言われていますが、経済活動とどうつなげるかということについては、必ずしも明確ではなく、各自の努力に任されている状態です。安全安心はもちろん大事ですが、地域の活力が重要であることも考えさせられます。「これに反して夙《つと》に経験を忘れ、またはそれよりも食うが大事だと、ずんずん浜辺近く出た者は、漁業にも商売にも大きな便宜を得ている」とあります。臆病になって高台へ上った者は後悔し、食ってゆくことが重要だと浜へ出た者は繁盛しているというのです。これが現実です。

そして、三つめの立場に、「或《あ》るいはまた他処《よそ》から遣って来て、委細構わず勝手な処に住む者もあって、結局村落の形は元のごとく、人の数も海嘯の前よりはずっと多い」という指摘です。これは新規の移住者です。新たに入ってきた人たちは津波の経験がありませんから、脅えることなく、そこで新たに暮らし始めます。そういった人たちが一緒になって町がつくられ、村々は元よりも人の数も多くなっているというのですから、二五年後には激減した人口がむしろ増えていたことになります。「一人々々の不幸を度外に置けば、疵は既に全く癒えている」とあり、二五年経つと、一人一人の心の傷みは癒やされることがなくても、町は復興し、村は人口も増えていると書いています。私たちは今、この九七年ほど前に書かれた記録をどう読んだらいいのか、深く考えさせられます。

三陸でも、文明年間（一四六九〜八七）の大高潮はもう伝説になっていて、金石文などの遺物はありませんが、明治二九年の津波の記念碑が村ごとに建てられていました。でも、その記念碑は「碑文も漢語で、最早その前に立つ人もない」という状態でした。明治の津波のときの碑文は漢文で書かれた記録でした。けっこう大きな碑が多く、どれほどの犠牲者が出たかが事細かく書かれているのです。それに対して、柳田が訪れた後、昭和八年（一九三三）の津波のあとに建てられた記念碑は、むしろ標語です。朝日新聞社が支援して、有名なのは、「地震が来たら、津波に注意。津波が来たら、高台へ」というような言葉が書かれています。明治の碑と昭和の碑とは、性質が全然違います。二五年経つと、明治の記念碑の前に立つ者がいないというのは、津波を気にしない日常の暮らしが戻っていることを意味します。この釜石辺りでも、そのことを改めて考えてみる必要があると思います。「二十五箇年後」の後半に書かれた復興の様子は、現在の政治の動きと逆行するところがあるためか、なかなか新聞社は取り上げてくれませんが、私はとても大事な指摘だと思っています。

5 「鵜住居の寺」――スペイン風邪と供養絵額の発見

三つめの「鵜住居の寺」は、釜石市の鵜住居の常楽寺《じょうらくじ》の話です。江戸では、青山の御家人が盆の月になると高灯籠を揚げていたそうですが、明治維新で軒先の切子灯籠になり、そして、仏壇の前の岐阜提灯《ぎふちょうちん》になったと指摘します。高灯籠というのは、この辺りで言うと、灯籠木《とうろぎ》、ムカイトロゲのことです。私は東京下町で育ちましたけれども、お盆の時期になると岐阜提灯を揚げて、盆飾りを作った思い出があります。江戸から東京に移り、高灯籠から切子灯籠、さらに岐阜提灯になり、屋外から屋内へと、盆の灯りが変わってきたというのです。

でも、この東北に来ると、そうではありません。お寺の境内に立てられている場合もありますけれども、民家に灯籠木が立てられている場合が見られます。盆の時期になると、三年間、灯籠木を立てますので、八月のお盆の時期にこの辺りに来ると、今でも農家の庭先に灯籠木が立っていて、亡くなった人があったことを知ります。白い幡《はた》が男性で、赤い幡が女性だとか、集落によっても違いますけれども、今でもそれが見られます。前に『図説　遠野物語の世界』（二〇〇〇年）を作ったときに、この燈籠木に白い幡が二つ付いていたので、「どうしてですか」と尋ねましたら、「三年の間に二人亡くなった」と説明され、不幸が重なったことを知ったという思い出もあります。

そして、「閉伊の吉里吉里《きりきり》の村などは、小高い処から振り返って見ると、殆《ほとん》ど一戸として灯籠の木を立てぬ家はない。どうしてまたこのような夥《おびただ》しい数かと思うと、やはり昨年の流行感冒のためであったのだ」という一節も見えます。大正八年に流行った「流行感冒」というのはスペイン風邪のことです。どの家でも人が亡くなり、柳田が訪れたときには、あらゆる家でこの灯籠木が立てられていたのだとわかります。そういう中で、仏教の影響もあって、「供養さえすれば幽霊も怖くはない」と知って、親しかった人々の魂をお盆のときに迎えると定めたのだと推測します。

そして、鵜住居の常楽寺の話になっています。この「ジョウ」という字は「常」という字を書くのが正しいと思いますが、柳田はこの「浄」の字をあてて、「浄楽寺」と書いています。「鵜住居の浄楽寺は陰鬱なる口碑に富んだ寺だそうなが、自分は偶然その本堂の前に立って、しおらしいこの土地の風習を見た。村で玉瓔珞《たまようらく》と呼んでいるモスリンを三角に縫った棺《ひつぎ》の装飾、または小児の野辺送りに用いたらしい紅《あか》い洋傘、その他色々の記念品にまじって、新旧の肖像画の額が隙間もなく掲げてある」と始まります。

この「陰鬱なる口碑」が何を指すのかは、具体的にはわかりません。先の旅でも、その後にも、常楽寺を何度も訪ねていますけれども、なかなかご住職からゆっくりお話を聞く機会もなくて、東日本大震災で本堂も流され、今は再建されました。柳田国男は本堂の前に立って中を見て、この土地の風習がわかったと述べます。棺の装飾の玉瓔珞、小児の野辺送りの紅い洋傘、そして新旧の肖像画です。この「紅の洋傘」というのは、遠野の青笹《あおざさ》町の喜清院《きせいいん》にもありますけれども、子供が亡くなると、廊下のところに傘を提げておきます。その傘がぽろっと落ちると、子供が成《じょう》仏《ぶつ》したと言って喜ぶと聞きました。

そして、青笹の喜清院にも残っていますが、「新旧の肖像画の額が隙間もなく掲げてある」というものです。この額については、「その中には戦死した青年や大黒帽の生徒などの、多勢で撮った写真の中から、切り放し引き伸ばしたものもあるが、他の大部分は江戸絵風の彩色画であった。不思議なことには近頃のもの迄、男は髷《まげ》があり女房や娘は夜着のような衣物《きもの》を着ている。独りで茶を飲んでいる処もあり、三人五人と一家団欒の態《さま》を描いた画《え》も多い。後者は海嘯で死んだ人たちだといったが、そうでなくとも一度に溜《ため》ておいて額にする例もあるという。立派に描いてやれば、よく似ているといって悦ぶものだそうである。こうして寺に持って来て、不幸なる人々はその記憶を、新たにもすればまた美しくもした。誠に人間らしい悲しみようである」と説明しています。

若くして死んだ青年や生徒の写真が寺の本堂に、位牌《いはい》や遺骨とともにある様子は、他にも見られます。注目すべきは、大部分を占める江戸絵風の彩色画を発見したことでしょう。これはこの地域に残っている珍しい民俗で、「供養絵額」と呼ばれています。絵師が描いた大きく綺麗な絵額が常楽寺にはたくさんあったのです。早く亡くなった人にこういった結婚をさせたかったというような様子を描いたものだとされ、この辺りから花巻にかけて残っています。一家団欒の姿を描いた画は津波で亡くなった人たちだと言いますが、生前の家族を描いた、あるいは、津波で亡くなった人に結婚させて、こういう幸せな家族をつくってほしかったという願いを描いた、と考えることもできるでしょう。このような絵額を寺に持ってきて、人々は忘れないように記憶をつないでいったというのです。

6 「鳥谷坂」——消えてゆく旧道

次に、佐々木喜善の「辺土の浜」です。釜石から柳田国男に合流した佐々木喜善は、釜石辺りのことをけっこう書いています。まず、「鳥谷坂」です。「未だ見しことのない不知の世界の人間を少しずつでも深尋して行くということが愉快なことに違いない。それが若《も》し、更に果敢《はか》ない今に此《こ》の世の中から消えて行きつつあるものの心と姿を尋ねて行く旅人であったなら、前とは違って折々は目に涙ぐみ、心に哀隣《あわれ》を感じてたどらなければならぬことである」と始まります。まだ知られていない世界の人間を尋ね、この世の中から消えてゆくものを尋ねなければいけないという義務感をもって歩きはじめます。少し後には、アンドレエフというロシアの作家の「消えゆくものの美しさ」という作品も取り上げています。

そして、釜石から出発します。「余談はさて置き、私たちが釜石を立った日は、相憎《あいにく》の雨の日であった。沢村《さわむら》という街路を通ると、まだ早かったので、大方は雨戸が閉ざされたままであったが、それでも赤い腰巻をした肌着ばかりの女が水汲みに出かけたりなどしていた。此の辺に昔新倉屋《しんくらや》という遊女屋があって、其所《そこ》の二階座敷のある一室に夫婦のザシキワラシがいて時々笛や太鼓でお囃子などをしたというような伝説を、私は町の後の山路を登りながら想い出した。しかし眺める屋並《やなみ》はすべて生新しく、殖民地《しょくみんち》のような無態《ぶざま》な感じを私たちに持って来るばかりであった」とあります。

新倉屋という遊女屋にいるザシキワラシの話が出てきます。この遊女屋はなくなったということですけれども、ちょうど大正九年に、佐々木喜善は『奥州のザシキワラシの話』という、ザシキワラシを集めた小さな本を出していました。その（二七）にこの話が出てきます。「釜石町の字《あざ》沢村という処は、昔からの遊女町である。新倉屋という家があった。此家にも何人《なんびと》も入ることの出来ぬ一つの室《ま》があったが、ある夜突然に、此入らずの室から、太鼓三味線のにぎやかな囃子《はやし》の音が起った。それからは毎夜のように、可《か》なり久しいこと続いたのである。その頃秋田から買われて来ていた一人の女は、ある夜そっと室の内を覗《のぞ》いて見たために、中から物で目を突かれて片目《めっこ》になった。これはザシキワラシの仕業で、この家には夫婦居ったということである。五、六十年ばかり前の話である。今は此家は無い」という話です。ザシキワラシが現れるときは、姿を現す場合と音を立てる場合がありますが、この場合は音です。末尾は、遊女屋の没落はザシキワラシがいなくなったことに由来すると思わせます。これは遠野町の松田亀太郎という人の話を記録したものです。

やや気になるのは、大正九年頃の釜石が「機械の町」で、「屋並はすべて生新しく、殖民地のような無態な感じ」と、やや否定的ですけれども、それは鉄の町としての釜石が繁栄してゆくさまを表しています。その繁栄ぶりは植民地につくられた新しい都市を思い浮かべるほど異様だったのでしょう。そして、大槌の方へ行く鳥谷坂を探しますが、どこが鳥谷坂だかわからなくなっています。機械の町の釜石が大きく発展してゆくなかで、かつてあった古い道が失われて、徒歩で旅しようとしてもわからなくなっていたのです。おそらく釜石と大槌の間に新しい道ができて、そちらが中心になって、釜石の町はさらに発展していったのでしょう。鳥谷坂をやっと探してみたら、向こうから女子連れがやって来てすれ違いますけれども、恥ずかしさを覚えたと書いています。釜石の町が変わり、それに伴って古い道が消えてゆく様子がよくわかります。最初に、消えてゆくものとして発見したのは、道だったのです。

7 「鶏住居の古老」――大津波と地名起源譚

そして、「小児の草履」には、トドの供養碑があったということが出てきます。トドは、アシカ科のトドのことなのか、あるいはボラのことをトドというので、ボラのことなのか、どちらを供養したのだろうかと議論しながら歩いてゆくと、子供の草履が置かれていて、この草履は、何でこんなところに脱ぎ捨ててあるのだろうという議論になります。佐々木喜善が「おっ母さんか誰かにおんぶでもしてもらったでしょうね」という推測を述べたのに対して、柳田国男は「やっぱり草履を脱いで跣足《はだし》になって坂を登って行っただろう」という推測だったことが出てきます。

重要なのは、「其処《そこ》を下れば、昔弘法大師に鮭《さけ》をやらなかったために呪《のろ》われて、今では一尾もとれぬと言う伝説のある水海《みずうみ》の里である。ある家に立ち寄って水をよばわれながら其処《そこ》の主人にきくと此処《ここ》は昔湖水であったと言うことで、其処に見える鳥居はその水海の神様で三ヶ月神社と云うなどと盛《さかん》に話してくれるのである」という一節です。弘法大師に冷たくしたという話は他にもありますが、これは弘法大師に鮭をやらなかったために呪われて、今では鮭が一匹もとれなくなったという伝説です。水海という地名の起源の上に、弘法大師伝説が語られ、それが三ヶ月神社の縁起になっています。

その次が「鵜住居の古老」です。柳田国男と比べる意味で重要です。「私の今度の旅は、重《おも》に所々の村に残っている昔の話を聞き、なお而《そ》してそれらのことを物語る古老の顔を見ることであった。それは、私の先生も頻りに今のうちに出来るだけそれらの老人《としより》どもに逢って置けと言われたからでもある」と始まります。佐々木の旅の目的は、昔の話を聞き、古老の顔を見ることでした。柳田も、「今のうちに出来るだけそれらの老人どもに逢って置け」と言ったのです。「話を聞くきかぬと言うようなことは問題ではなく、所々の古老の顔を見て置くことが有意義なことである」とも言ったそうです。

そこで、鵜住居に入って、まず古老を探します。「暫時《しばらく》経つと、私は此の村の古老、大町久之助翁と村役場で話をしていた。大町翁は七十八、九の至而《いたって》品のある高雅な老人である」と続きます。かつて三陸海岸を歩いたときに、大町家の御子孫がいて、そのときに写真を見せてもらいました。大町久之助さんが奥さんと向かい合っている写真でした。現物はもうなくなってしまったと思いますけれども、『テクストとしての柳田国男』（二〇一五年）という本の中に入れておきました。常楽寺の檀家総代をしたと思います。

一方、「先生は村の寺院へとて先に行かれ、私と慶應の先生の松本信広君とが役場へ立ち寄った。松本君は専門の村勢調査のためで、自然と私とは目的が違っている」とあり、三人はそれぞれの関心に従って別行動をしたのです。柳田国男は、「村の寺院」、常楽寺へ行きました。先ほどの「豆手帖から」の「鵜住居の寺」の記述はそこから生まれたことになります。松本信広はやはり役場へ立ち寄りましたが、専門の村勢調査を行い、若い助役の二本松豊太郎と

大町久之助（右）と妻（左）

いう人に村の統計などを見せてもらいました。そして、佐々木喜善は大町久之助に会って話を聴いたのです。一緒に旅をしながら、三人の関心は違っていたことが、この文章を見るとよくわかります。

そこで、佐々木喜善は、「私は大町翁と例の昔の話、現在の世の中から消えて行きつつある無形の物の上のことなどを話し合った。翁曰《いわ》く、今の若い者どもは此の老人の話などをばとんと聞いてくれぬ。それだのに草鞋《わらじ》がけでそう云う話を聞いて歩かれる人達もあるかと思えば真《まこと》に気強いことだ。なんでも聞いてくれいと言う有難い態度である」と述べます。「現在の世の中から消えて行きつつある無形の物」というのは、「例の昔の話」です。先ほど道が消えてゆくと言いましたが、世の中から消えてゆくのは昔の話もそうでした。だから、それを書いておかなければいけないというのが民俗学の動機でした。大町翁は「今の若い者どもは、此の老人の話などをばとんと聞いてくれぬ」と言うのですから、すでに年寄りの話に耳を傾ける人はいなかったのです。そこに遠野から話を聞きに来たのですから、感激したはずです。

そこで、大町翁が語った話をこう書いています。「昔、何百年前のことであるが、此の辺一帯大海嘯《おおつなみ》があった時、両石《りょういし》の方から一個の大きな木臼が此の後の山を越えて来た。それで其の名を越《こえ》の峠と言うのだとは、翁が陸地測量部五万分一の地図にある恋《こい》の峠というのの名前を糺《ただ》したのにの御答えである」。大津波で流された木臼が山を越えたので、「越の峠」という地名が生まれた起源譚です。翁は、地図を見ながら、「越の峠」が訛って「恋の峠」になったと語ったはずです。「恋の峠」は津波の伝説が起源だと語っているのですから、貴重です。佐々木は「この話はひどく私には面白かったから、次には一寸《ちょっと》臼に関した民譚の一節をお話して見ることにしよう」と展開します。

佐々木自身が書いた『聴耳草紙』(一九三一年)を見ると、大町翁から聞いた「九七番　鮭の翁《おきな》」と「一〇〇番　鱈《たら》男《おとこ》」が載っています。「鮭の翁」は、竹駒《たけこま》の美しい娘が大鷲《おおわし》に攫われると、淵の中から老翁が出てきて背中に乗せて送り届けてくれた、その老翁は鮭《さけ》の大助《おおすけ》で、やがて娘と結婚した、その子孫は決して鮭は食わない、という話です。遠野の宮家みたいな話です。「鱈男」は、殿様がお姫様を持っていた、そこに、「蛇聟入」ではありませんけれども、美しい男が通ってくる、「お前さまはどこのお方か明かして下さい」と頼んでも教えてくれない、侍女が小豆飯《あずきめし》を炊いて食べさせると、翌朝鱈が死んでいた、その美しい男の正体は鱈だった、というのです。どちらも魚と人間との「異類婚姻譚」であることがわかります(本書第2章参照)。

8　「臼の口碑」――洪水伝説の形式

次に「臼の口碑」を見ましょう。「此処ばかりではない、大槌町字小槌臼沢という所も、何百年か昔の大海嘯《おおつなみ》の時に、大臼が漂着した所だとは大槌町岩間《いわま》旅館の主人の話である。注意すべきことには東奥三陸の海岸にはずうっと大海嘯の伝説が古代の大洪水伝説の形式で残っていることである。大海嘯とは勿論《もちろん》幾百年か前のことで、廿五年前の新しい海嘯のことではない」とあります。これも大津波から生まれた臼沢という場所の地名起源譚になっています。これは大槌町にあった岩間旅館の主人が語った伝説でした。重要なのは、「東奥三陸の海岸にはずうっと大海嘯の伝説が古代の大洪水伝説の形式で残っていることである」という指摘です。洪水伝説の形式で、この三陸海岸には点々と大津波の伝説が残っていることを指摘したのです。東日本大震災を経て読んでみると、佐々木喜善が書いていたことは、決してつまらないことではなく、地名が大事な意味を持つことに気づきます。

そして、「下閉伊郡宮古町から直ぐの近くの名勝地、浄土ヶ浜のある半島の八百六十米突《メートル》ばかりの小山を臼木山と言うている。此の山なども或は大昔の津波の時臼がどうかしたと云うので、そんな名前をつけられたのかも知れない。そのことについて只今彼地《かの》の学者に問い合せ中であるから後に言おう」とします。先の臼沢から、臼木山という地名も大津波の伝説に由来するのではないかと広げてゆきますが、推測の域を出ません。仮説は大切ですが、宮古の学者に確かめてからでもよかったと思います。

重要なのはその後の、「此処に本統の余談として臼に関係がある民話の一つを話すと、第一に先《ま》ず台湾のアミ族の元始伝説を言わなくてはならない。此の蕃族の祖先に兄妹《きようだい》のまだ未婚の者があって、二人で粟《あわ》を搗いているところに大海嘯《おおつなみ》が来て、兄妹は其の臼に乗って避難をした。その臼が幾日か浪間に漂流していたが遂にラガ山というに漂着して漸く助かるを得た。今のアミ族は其の兄妹から出た種族であって、今だに其の祖先が乗って来た臼をば神聖な物として祭っている。その臼は勿論木製で、細長い丁度《ちようど》わが地方の馬飼舟《うまかいぶね》と同じい格好である。これは即ち横臼で蕃語でLulanと言う神臼も写真で見ると殆ど同じようであるが、普通この横臼は長さ一丈五尺幅一尺五寸高さ一尺五寸程という物である」という話です。台湾のアミ族の始祖伝説にも大津波と臼に関わる話があるのです。そして、この臼は元々舟だったのではないかと推測し、「元始民族には往々舟と臼とがごちゃにされて考えられていたらしい」というのです。

そして、「鵜住居村の峠を越えて来た臼も或は舟であったかも知れない。先年五月節句の夜の大津波の時にも所々の山に舟が漂着したというような話があったが、これなども幾百年か後世になったら、自《みずか》ら臼になってわれわれの子孫に言い伝えられないものでもないのである」とまとめます。先の恋の峠の伝説に言い及びますが、「先年五月節句の夜の大津波の時にも所々の山に舟が漂着したというような話があった」というのは、明治の三陸大津波のことです。かつて旅したときに、例えば、山田の船越《ふなこし》半島で、「船越半島ってなんで言うんですか」って聞くと、「昔、大津波があって、船が山を越えたから、船越って言うんだよ」って年寄りから聞いて、「へえ、そうですか」って答えました。それは法螺話《ほらばなし》ではないかと半信半疑でした。けれども、東日本大震災が起こってみると、船越半島は切り離されて島になりました。船越という地名は本当に大事なメッセージで、私はきちんと認識することができませんでした。地名というのは大事なものだと改めて思うようになりましたけれども、そういったことを佐々木喜善が書いてくれていたのです。

最後に、「町の典型」を見ます。少し長くなりますが、そのまま引いてみますと、「大槌町の外観の整然としている処は甚《ひど》く珍らしいと、先生は頻りと賞讃する。行きがけに此の町を古廟坂《こびょうざか》から眺め、もう去りしまに吉里吉里坂《きりきりざか》の頂きから観ても、やっぱり整然とした趣きは百姓家の娘が盲縞《めくらじま》の野良衣《のらぎ》に桃色の襷《たすき》をかけて白い手拭を姉さんかぶりにしたような風格である。即ち私のこんな形容をしたのは其処に一点の無駄もなく取り乱した姿もないと云うことを言い表し度《た》かったためである。殊に此の町で秀《すぐ》れて立派なのは小学校の白い建物で、それが一段と高く町屋の上に聳《そび》えているのが見事であった。昔は城廓の立派なのを自慢もし又其の町の凡《すべ》てのもののシンボルでもあったように、今《こん》日《にち》では此の校舎がそれと建ち代っている。村々の折合様から村と村の中間の無人の原っぱに、継児《ままこ》が棄てられて泣いているように小学校が建てられている例が所々に尠《すくな》くないが、此の町のように学校の大きな建物を中心として左右に両腕を伸ばした如くに形造されているのを見ると、何は扨《さ》て置き毎日通う児童のために嬉し涙が滴《こぼ》れる。私等はこう云う風な気持ちのいい町村を見ると、其の裏に余程しっかりした人々が居《お》ったろうとすぐに想像して見る。そこで私が先の百姓娘の譬えをば撤回して隙のない昔の二本差した深網笠の侍姿を胸に画《えが》いて見たのである」と書きます。

大槌の町は小学校の白い建物が町の真ん中に建っていて、整然として珍しいくらい美しい町であるというのです。私は大槌が復興したときに、この「町の典型」を大槌の皆様の前で読み上げたいと思っています。この町は、日本中を見ていた柳田国男が、「大槌町の外観の整然としている処は甚《ひど》く珍らしい」と頻りに賞讃したというのです。普通、小学校を建てるときに集落の間で引き合いをして、妥協点で両者の間に建てようというふうになると、一番辺鄙《へんぴ》なところに小学校ができてしまうわけです。そうすると、小学校は町の中心ではなく、町のはずれにあって、小学校が町の中でうまく機能しません。しかし、大槌では、まっ白な小学校の建物を中心に美しい町が形成されています。町の景観から、そこに住む人々の心持ちがわかるというのです。

大正九年に柳田国男と佐々木喜善がこの釜石を歩いて何を見たのかをお話ししました。それから九七年、やがて一〇〇年になろうとしています。「二十五箇年後」という文章もありましたけれども、彼らが残してくれた文章を、釜石の未来、大槌の未来を考えるときに大事な拠り所にしてくだされば、今日の私のお話も意味があろうかと思います。

（二〇一七年九月九日、釜石市立図書館にて講演）

参考文献

・石井正己著『図説　遠野物語の世界』河出書房新社、二〇〇〇年
・石井正己著『テクストとしての柳田国男』三弥井書店、二〇一五年

9　残された教訓を未来へつなぐ――『地震並津浪の常識』の活用

1　『地震並津浪の常識』の発見

今日は、古書店で購入して驚いた、『地震並津浪の常識』という本についてお話しします。昭和八年（一九三三）三月三日に、三陸大津波がありました。奥付には、昭和八年九月一八日発行、非売品とあり、編集者は佐々木忠治、発行者は釜石小学校長の高橋定之進、印刷所は東北民論社、発行所は小学校の郷土教育研究部とあります。扉は釜石小学校郷土教育研究所となっていますので、一冊の本の中で研究部と研究所と揺れ動いています。

私がなぜ驚いたかと言いますと、三月に津波があってから半年で、小学校がこの冊子を発行しているからです。二〇〇〇部発行していますので、ここにいらっしゃる方の家にもあるかと思います。これは非売品ですから、販売されたものではなく、この高橋校長先生が児童の家庭や公共機関に配布したはずです。

半年でこうした資料を残した例を他に知りません。その前の関東大震災では一年後に作文集を残していますけれども、それともちょっと違います。岩手県でも震災の資料集を作りますけれども、それはもう少しあとのことです。短期間で校長先生を中心に先生方が動いて記録を残し、次の災害に対応する力を備えようと考えたことは、改めて思い出しておきたいことです。

佐々木さんが、編集の終わりの「編輯後記」で、「何しろ編輯の目的は再度襲うところの津波の惨害をより少くしたい為に其の予防対策を多くの人々が常識として常に貯えておき、来るべき変事に備えていたゞきたいと云うところにある」と述べています。次の津波に備えるためには「常識」を養う必要があると考えたのです。つまり、この本は「常識」という言葉をキーワードにして編まれたのです。従って、あまり資料を多くせず、人々の「常識」を養って、次の機会にきちっと対応できる力を持ってほしいという願いで発行されたとわかります。これはすばらしいことだと思います。

しかし、一方で、この本があることを釜石の皆様も忘れてしまっていると思うのです。私も一年くらい前まで知りませんでした。今、震災から七年が経って、たくさんの記録が残されています。ビッグデータと言っていいでしょう。でも、記録を残すだけではなく、残した記録を「常識」にして、生かしてゆく仕組みが必要だと思います。そのときに、今日のこの市民教養講座のようなかたちで、図書館や博物館、小学校や中学校・高等学校が公共機関として働いてくださるのは、とても大事なことになります。せっかく作られた記録が今度の震災でどこまで生かされたかということを、私たちは厳しい目で検証しなければいけません。今改めて、昭和の三陸大津波のときに残された思いをしっかり受け止めたいと思っているのです。

2　石橋生の「まえがき」

「目次」を見ますと、「まえがき」を石橋さんが書いています。この方は釜石小学校の先生だろうと思います。そして、先ほどの「編輯後記」を佐々木忠治さんがまとめています。本文は一節から二四節まで番号が付けられて、整然と並んでいます。

この「まえがき」は、こう始まります。

三月三日突如襲来せる大津浪の被害は此処に更《あら》めて申し上げるまでもないことでありますが、喉元《のどもと》過ぐれば熱さを忘るの譬《たと》えもある通り、あの思い出すだにぞっとするむごたらしい惨害と心に受けた痛手の事実を、期日の遠のくに従って忘れてしまう様な傾向を人間が通弊として持っている様に思われます。

半年後にこういう文章を書き、「喉元過ぐれば熱さを忘る」ということわざを引いています。大変なときが過ぎてしまうと、人間というのはそれを忘れてしまうのも早いというたとえです。人々は思い出すのさえぞっとするむごたらしい惨害と心に受けた痛手を、期日が遠のくのにつれて忘れてしまう傾向を持っていて、それは人間の通弊だと言うのです。これは、半分は当たっていますが、半分は当たっていない気がします。七年が経ってもあの日のことを忘れずに生きている方があると思います。でも、七年という歳月が日常に戻してゆく時間であることもまた紛れもない事実です。昭和八年にも物質的な被害を受け、心理的な苦痛を受けたのですが、半年という期日の間に、人はそれを忘れてしまうというのです。

これは昭和の大津波だけではなく、今、私たちが直面していることだと思われます。もちろん、釜石の方々にとっては切実ですけれども、ずっと離れた東京からは三陸海岸が遠景に退《しりぞ》きつつあって、三月一一日が近づくと報道が賑やかになりますので、忘れてはいけないと感じるほどです。

私がこの七年間東京で続けてきたことがあります。大正一二年（一九二三）九月一日に関東大震災があって、東京は未曾有《みぞう》の被害に遭っています。でも、そこから一〇〇年が経ってしまえば、経験者はほとんどありません。一〇〇歳を過ぎている方はありますけれども、豊かな話をうかがうことは困難です。もはや、東京にそんなことがあったことさえ探さなければわからなくなっています。

東日本大震災の経験を東京で生きることを見直す契機にしたいと考えて、関東大震災の後に子供たちが書いた作文を毎年、本郷図書館で読み続けてきています。本郷図書館がこれは大事なことだからというので、毎年三月にその講演会を開いているのです。そうした継続によって、東京においても東日本大震災は他人事ではなく、自分の問題になるのではないかと考えています。

それにしても私たちは、忘れてしまうという問題、そして、忘れられないという問題とどう向き合ったらいいのでしょうか。むしろ、心の問題とすると、七年経って、特に子供たちの間に心の痛手が深くなっているという場合があります。宮城県の仙台の南、亘理《わたり》郡山元町では、平野が津波に襲われましたので、六〇〇名を超える方が亡くなっています。釜石でもそうかもしれませんが、そこで話題になったのは、心の痛手から学校に行けなくなっているということです。輝かしい復興が進む一方で、心の痛手がより深くなっています。

それと同時に大事なことは、今年小学校に入学してきた子供たちは、震災を知らないということです。やがて時が経てば、中学生も知らないし、高校生も知らないということが確実に始まります。「忘れない」ではなく、「知らない」ということが、この釜石でも起こってくるはずです。しかし、時代を超えるバトンタッチをしなければならないのです。

石橋さんが書いている文章をもう少し読んでみましょう。

勿論《もちろん》我々にはのっぴきならぬ生活問題が横たわっているので、恐ろしい津浪でも火事でも過ぎてしまった後には何でもない問題になり勝《がち》な為もあるでしょう。然《しか》しこれが地震津浪の研究の進歩しない大昔ならともかく、世界一進歩している国の国民としてたゞ時間の問題で打忘れてしまうということは、余りに非常識な、あまりにも勝手な人心と言わねばなりません。

動きが取れないような生活の問題が半年後にはずいぶんあったと思いますので、そちらが優先されがちなのはわからなくもありません。しかし、すでに日本は地震津波研究が世界一進歩している国であるという自負があったのです。今もこの国には地震に関する研究所やセンターが各地にあって、さまざまな科学的データを集めています。おそらく世界でもトップと言っていいでしょう。日本は、この国だけでなく、世界の各地で起こっている地震災害に貢献しなければならないと思います。

しかし、学者が言うと、何を言っているのかわからない話がいっぱい出てくるわけです。そうすると、それは常識を蓄えることにはなかなかなりません。学術的な成果を多くの人々にわかりやすく伝えることが大切ですが、これは小学校の先生だからできることかもしれません。その際に何度も出てくるのは、今村明恒《いまむらあきつね》という東京帝国大学の地震を専門とした学者の話です。驚くべきことに、「一　地震並に津浪に関する常識」は今村博士講演要旨とあり、釜石では地震が起きた三カ月後の六月に、今村博士を釜石小学校に呼んで講演をしてもらっているのです。地震学の第一人者の話を小学校で聞いて、その要旨を載せていますので、この町の対応は非常に早かったと言うことができます。

そのほか、新聞記事をはじめ、いろいろな「地震津浪の常識」を集めて編集したので、本当は『津浪読本』という書名にしようと思っていたようです。しかし、早く作ることを優先して、「常識として必要なもの」にしたと述べています。「不意の地震」と「不意の津浪」に「不断の用意」をということを合言葉にして、この発行を次のように説きます。

『不意の地震に、不断の用意』――『不意の津浪に、不断の用意』――その昔は新しい草履《ぞうり》をそなえ提灯《ちょうちん》にロウソクとマッチを入れて備附《そなえつ》けて常には絶対に用いぬ非常時用のそなえがあったといいます。文明に洗われた心の一隅にこの歴史を残し、日常のつまらないことのような些細事《ささいじ》を以て未来に備えたいものであります。

突然やって来る地震や津波に対して絶えることのない心の用意を日常的に持つためには、常識をきちんと養っておく必要があるということを、小学校の先生方が町の方々に呼びかけたのです。時代色を感じるのはその後です。時代をさかのぼってゆくと、お祖父さんやお祖母さんは「新しい草履を枕元に置いておく」と言っていたのです。暗い夜でも避難ができるようにしたのです。そして、「提灯にロウソクとマッチを入れて備え付けておく」とも言ったのです。マッチがありますから、もう明治の時代のことでしょうが、そのようにして非常時の備えをしたのです。しかし、「その昔は……」というので、もう昔の言い伝えになってしまっています。

それでも重要なのは、今だと動きやすい運動靴や懐中電灯を用意しておくことを意味しましょう。東日本大震災のとき、東京では五〇〇万人の帰宅困難者が出ましたが、ハイヒールや革靴で二〇キロメートルの道のりを帰ることはできないと痛感しました。そこで職場に運動靴を備えて、何かあれば歩いて家に帰ろうと思いました。また、今なら懐中電灯でしょうけれども、東日本大震災は日中でしたので、すぐに使うことはありませんでしたが、停電した地域も多くありました。この心掛けは、時代こそ変われ、今も十分に適応できます。

「文明に洗われた心の一隅に」とあるのは、明治になって文明開化によって西洋の文物がたくさん入ってきて、新しい生活が始まって変化した心理を意味します。確かに、この間、ガス・水道・電気といったインフラが整備されて、私たちは便利な生活ができるようになりました。さらに、三種の神器と呼ばれたテレビ・冷蔵庫・洗濯機も家庭に入りました。従って、確かに草履や提灯は陳腐でしょうが、運動靴や懐中電灯は切実です。

ここに来ての新文明ということならば、スマホでしょうか。もうわれわれの生活の中になくてはならない必需品になっていて、今日見えている方の九割はスマホを持って生活されていると思うのです。山手線に乗ると、一〇人のうち八人はスマホを使っています。韓国で地下鉄に乗っても一〇人のうち八人はしっかりスマホを見ていますので、世界共通でしょう。このスマホが災害のときに役立つはずです。

そして、石橋さんは「日常のつまらないことのような些細事を以て未来に備えたいものであります」と述べます。日常のつまらないことが実は大事だというのは、その通りだろうと思います。日常のさりげない暮らしが私たちにとってどんなに大事かということは本当です。ですから、このときの思いというのは今に通じると思います。

3　健守の詠んだ歌と石応寺の「警世ノ碑文」

この本には釜石が火事になった様子、煙がもくもく出ている様子の写真があります。この「まえがき」の後には、「健守読む」とある歌が二首載っています。次のような歌を作って警鐘を鳴らしたのです。

▽底ゆれの大きな地震津浪よび
　　人のあわては火事をよぶ

▽地震津浪に火事おやぢ
　　いづれもしほ、ひを見るが肝心

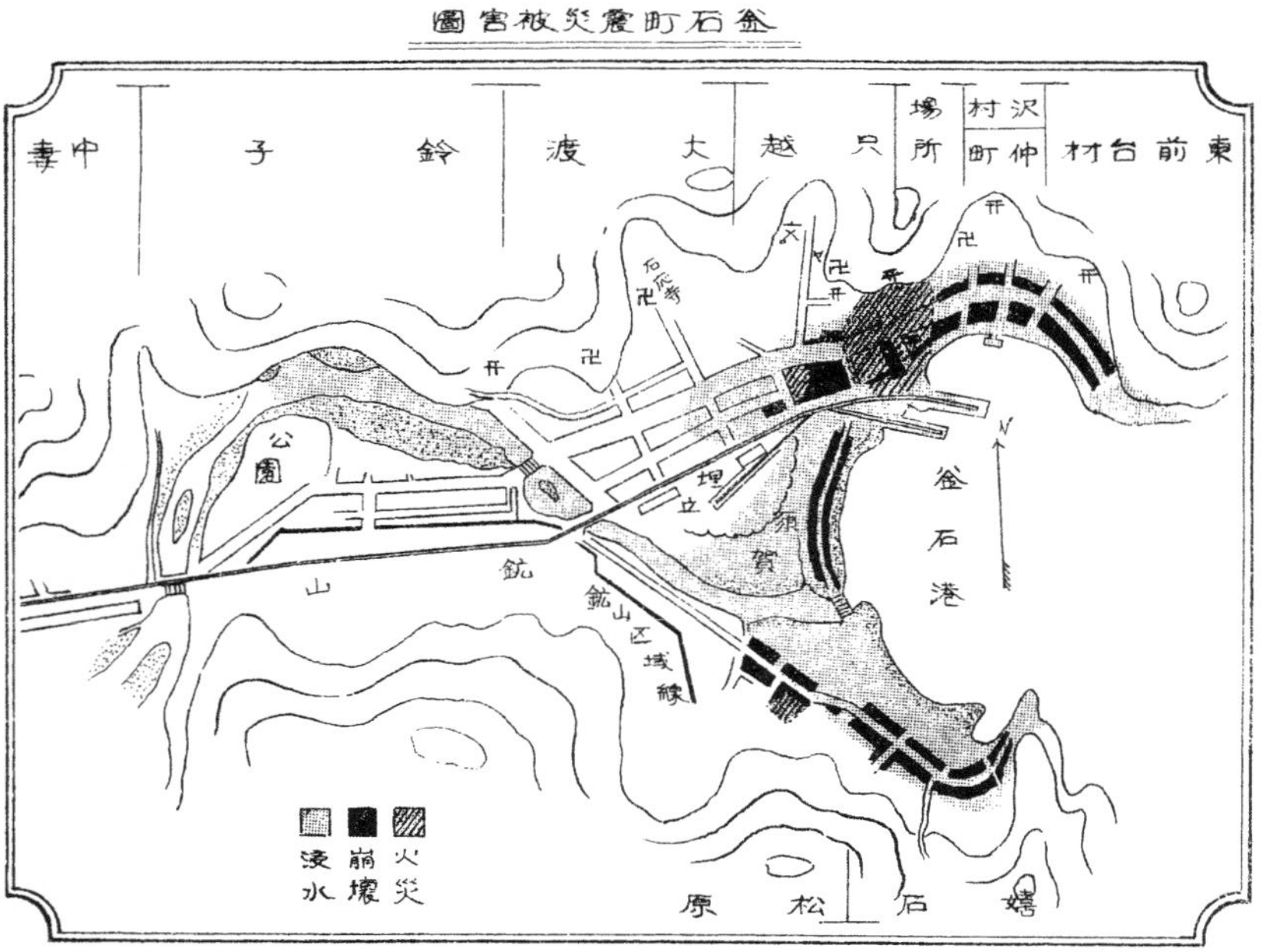

（潮干、火）

底揺れのする大きな地震があったら津波が来るので、あわてずに火を消しなさい、という意味です。また、次の歌は、怖いのは地震・津浪・火事・おやじだけれども、いずれにしても、「潮干《しほひ》」のヒではないが、火を見るのに注意しなさい、という意味でしょうか。「潮干」というのは海水が引くことです。地震の後、海水がどっと引く現象が起きる場合がありますので、そのことを注意しているのだと思います。海水が引くことがあったら、津波が来るから用心しなければいけないということを警告したのです。

そして、「釜石町震災被害図」の地図があります。今度の東日本大震災でも重なっている地域があろうかと思います。このときは、写真にもあったように、釜石港が大きな火災になっています。黒い部分は家が崩壊したところですが、点々の部分は浸水したところで、津波が甲子川《かっしがわ》をさかのぼっていることがわかります。

鉄道がありますけれども、「鉱山」と書かれているのは、釜石鉱山鉄道で、左側が大橋《おおはし》です。鉄道は釜石港まで乗り入れて、貨物を運びました。人よりは貨物を運ぶための鉄道として釜石鉱山鉄道はできたのです。今は鈴子《すずこ》の辺りに駅ができていますけれども、それは後のことです。そして、仙人峠《せんにんとうげ》を隔てた岩手軽便鉄道とつながるのは戦後になってからです。

　地図に「石応寺」というお寺が見えます。曹洞《そうとう》宗の石応禅寺《せきおうぜんじ》です。実は、この本の「まえがき」の前、口絵の写真の後に、そのときの瀬川住職の許可を得て、次のような「警世ノ碑文」が出ています。一五世の菊池智賢住職が、大正一〇年（一九二一）の八月一五日のお盆のときに、この「警世ノ碑文」を書いて、門前にお地蔵様とともにお祀《まつ》りしたそうです。この寺は明治二六年（一八九三）、津波の三年前に浜町《はまちょう》から現在の場所に移転してきました。菊池住職はその中興にあたった人です。

歴史ハ過去ノ囈語《げいご》ニアラズ正《まさ》ニ是《これ》現在ノ警策未来ノ指針ナリ。明治二十九年六月十五日突然来襲シテ惨胆ヲ極メタル三陸大海嘯《おおつなみ》モ今ヤ殆ンド忘ラレントシツ、アリ。嗚呼《ああ》　哀　哉《かなしいかな》其《そ》ノ際釜石部落ノミニ於テ難死セルモノ実ニ三千九百六十二人、其ノ内死者ノ族籍判明セザル迄《まで》ニ腐敗セル七百二十余人ハ仲町《なかまち》公葬地、只越《ただこえ》公葬地一隅ニ合葬シ記念ノ延命《えんめい》地蔵尊ノ銅像ヲ安置セリ。今年八月是等不明者ノ遺骨ヲ収集シテ爰ニ改葬ス。夫レ見ル者一時ノ天災トノミ断ゼズ、近キ将来ニ必ラズヤ此《かく》ノ如《ごと》キ大惨事アルモノト覚悟シテ大ニ戒慎《かいしん》ヲ怠ラザルヲ庶　幾《こいねがう》。

　これは関東大震災より前の碑文です。菊池住職は、昭和の大津波より前、明治二九年（一八九六）の津波とその後のことを書いています。このときの津波のことは柳田国男の『雪国の春』（一九二八年）にも出てくることで、前にもお話し申し上げました（本書第8章参照）。六月一五日は旧暦五月五日の端午の節句の日でした。

しかし、大正一〇年、二五年くらいが経つと、「三陸大海嘯モ今ヤ殆ンド忘ラレントシツ、アリ」という状態だったのです。二五年は震災を風化させてしまう歳月だったのです。この二五年というのは、平成七年（一九九五）の阪神・淡路大震災から今までの時間に相当します。

柳田国男は大正九年（一九二〇）に、この三陸海岸を歩いて旅をします。そこで「二十五箇年後」という文章を書いて『東京朝日新聞』に載せているのです。それが昭和三年（一九二八）の『雪国の春』に収録されています。柳田が歩いたその翌年に、石応寺のご住職が大惨事を忘れてしまっていると書いているのです。

この明治の大津波のとき、釜石では亡くなった方が三九六二人いたわけです。三九六二人というのは過酷な数字ですけれども、大切なことですから申し上げます。そのうち、身元のわからない方が七二〇人余りありました。二割近くの遺体の身元がわからなかったのです。

今はＤＮＡ鑑定で捜し当てられるようになりましたが、それでも身元不明者がいます。先ほど大槌の城山《しろやま》に行ったら、震災で亡くなった方で、身元がわからない方の遺骨を納めたお堂があって、こういう施設が造られたということを知りました。

明治の身元がわからない遺体は、仲町公葬地と只越公葬地の一隅に合葬したのです。火葬もできませんので、身元不明者として埋葬したのです。延命地蔵尊の銅像を安置してあったというのですから、それが忘れないための目印になったはずです。今も石応禅寺の入口に向き合うようにある二体がそれです。

大正一〇年八月、菊池住職がこの碑文を建てたのは、身元不明者の遺骨を公葬地から集めて改葬したからです。そのことを忘れないために、この碑文を建てたのです。そして、「近キ将来ニ必ラズヤ此ノ如キ大惨事アルモノト覚悟シテ大ニ戒慎ヲ怠ラザルヲ庶幾」としたのです。改葬をよい機会と考えて、二五年が経って今は忘れてしまっているけれども、必ず同じような大惨事があることを覚悟しておかなければならないと戒めたのです。それから一二年後に昭和の大津波が起こったことになります。この碑文を最初に載せたのは、こうした思いをつないでゆかなければいけないと考えたからだと思います。

4 各種談話の収録と津波教育

本文は一節から二四節まであるとお話ししました。今村明恒博士を呼んで講演を聞き、著書からは「二 津浪について」などを引用し、「三 津浪の予測、津浪の碑文」「四 大きなる地塊運動」といった談話も載せていて、さまざまに博士の最新の知見を入れています。国富技師は中央気象台の方で、「五 津浪はリヤース式海岸に多い」「六 三十年毎に津浪、日本一危険地帯」という談話も載せています。

釜石小学校教育研究部の先生がすごいと思うのは、「七 三陸沿岸海嘯年表」として津波の歴史を年表にしたことです。平安時代の貞観《じょうがん》大津波（八六九年）から昭和八年の津波までを年表にしています。「八 三陸沿岸海嘯史」は三月三日の被害の状況を記録に残しています。つまり、歴史の中に昭和八年の津波を位置づけているのです。私たちはつい目先のことだけになってしまいがちですが、貞観大津波や慶長《けいちょう》大津波（一六一一年）のように、今度の東日本大震災に匹敵するような大きな津波が来たことがわかります。

そして、東北帝国大学の理学部海洋学博士の林喬の「一〇 三陸を襲った津浪の三つの型」という談話を載せたり、文部大臣を会長とした震災予防評議会の「一一 津浪予防の常識概要」という知見も載せています。評議会の知見の中で重要だと思われることに、記念日を決めて記念碑を造る必要があるのではないかと提案していることがあります。

それは、時の経過に伴って心が緩《ゆる》んでくるからです。

明治二九年に高台へ移転したけれども、喉元過ぎて熱さを忘れ、また元の場所に戻ってきて昭和の津波に遭ってしまいました。東日本大震災でもそういう側面があったかもしれません。海岸というのは便利で活気があふれますので、柳田国男が言うように、高台に引っ込んだ人は臆病になって苦しみ、海岸に出た人は羽振りがよかったのです。そして、津波を知らない新たな移住者が来て、町は活気づきました（本書第8章参照）。釜石でも元々釜石住まいではなく、新たに住みはじめた方がいたと思います。

評議会は記念日を作って記念碑を建てることを提案し、今村博士も「津浪に関する常識の養成が大いに肝要で、それには記念日を設けてその機会に行う方が一層印象づける」と述べています。私たちは記念日と言いませんが、三月一一日を忘れない日として迎えます。ある意味で言うと、忘れてはいけない記念日のようになっています。

この一年に一度思い出すというのは大事なことで、時間が経ってゆけばやはり震災は遠ざかります。東京では九月一日になると、必ず東京都慰霊堂の報道が新聞やテレビでなされます。でも、九〇年以上前の風景は我々の想像力をはるかに超えてしまうところがあります。ですから、記念日だけではなく、忘れないための仕掛けを用意する必要があります。

朝日新聞社が協力して、集落ごとに記念碑を建てます。今も残る碑もあれば、今回の津波で流された碑もあります。明治大津波の碑は記録や供養の意味合いが強く、大きな碑に被害状況が漢文で書かれています。柳田国男は唐桑《からくわ》半島の大きな碑を見ていますが、人々は前を通り過ぎるだけで、誰も立ち止まって読まないと書いています。それが二五年後の現実だったのです。そこで昭和大津波の碑は注意を喚起する碑になりました。昭和八年の碑文にはパターンがあって、「地震が来たら、津波に注意」などと書いています。

私は若いときから三陸海岸を訪ねましたが、最も多く行ったのは宮城県の気仙沼です。気仙沼は海岸部も山間部もくまなく回りました。そうすると、唐桑半島に行く山の中に昭和八年の碑がありました。東北大学を退かれた川島秀一さんが地元だったので、「なぜこんなところに碑があるんだろう」と話をしました。あとでわかったのは、かつて津波が来た場所に建てたということでした。でも、そこに碑が建てられた意味がわからなくなっていたわけです。

今日、車でやって来ましたけれども、かつて津波が来たところには「津波到達地点」の掲示があって、「忘れないための仕掛け」が用意されています。ですから、過去を振り返りながら、私たちがどのようにして「忘れないための仕掛け」を作ったらよいのかを考えなければなりません。昭和の人たちもやはり苦労したことを思い出しておきたいのです。

私がとても重要だと思ったことがもう一つあります。「一二　津浪の特殊教育」は東京帝国大学地震学教室の武者理学士の談話です。子供たちに、地震や津波に対する教育をきちんとしておかなければいけないと言っています。今、子供が次第に津波を知らない世代になってきますので、「忘れない」だけではなく、やがてやって来る問題は「知らない」です。この津波教育には、次のような談話が見えます。

津浪の恐るべきことはこゝ二、三年は忘れまい。現在の子供等は誠にその点幸福であった。それは彼《か》の明治二十九年の恐ろしかった災害を父兄が体験し、今回の津浪では逸早く避難したので田老《たろう》唐丹《とうに》は例外として他は多く避難の余裕があったのである。今の児童は何十年後まで父兄と同様に緊張、津浪恐るべしの考えをもって呉《く》れゝばよいが！　もし津浪を甘く考え緊張味を失っていたならば、明治二十九年位の津浪が襲って来た時どんな惨禍《さんか》を蒙《こうむ》ることだろう。想像するだにおそろしいことだ。私は地方特殊の津浪教育が、或は手緩《てぬる》いというものもあろうが絶対必要と考える。

昭和の津波は明治の津波に比べて被害が少なかった理由について、明治の津波を父兄が体験し、逸早く避難したことを指摘します。実は、明治二九年の津波から昭和八年の津波までは三七年です。三七年という歳月は、祖父祖母や父母がつらい経験をして、それを子供や孫に直接伝えることができた時間だったのです。しかし、今の児童が「津浪恐るべし」という緊張を持ちつづけるのはなかなか困難だというのです。

この時間の問題を考えると、昭和八年の津波から平成の津波までは、なんと七八年が経っているのです。途中にチリ地震の津波(一九六〇年)があったにしても、あれは直接揺れのない津波でしたから、同一にはできません。七八年という歳月は、もはや直接の経験者がほとんどいない長い時間だったということになります。

私たちは、未来の子供たちに対して、これを「一〇〇年プロジェクト」にして手渡さなければいけないと思っています。釜石でもそうですが、東京では九〇年以上が経ちました。報道では、西日本に深く関わる南海トラフ地震が三〇年間にやって来る可能性は八割だと言われていますが、それ以上の時間が経っています。

南海トラフ地震が起こったら大変です。この三陸海岸では震源地から距離がありますから、避難の時間があります。ところが、南海トラフ地震は震源地が近いので、紀伊半島の先端には五分ほどで津波が来るはずです。静岡県に行くと、『静岡新聞』が盛んに書いていますけれども、逃げる高台がないのです。避難ビルをどうするかなど考えなければなりません。

この東日本大震災のつらい経験を、三〇年間に八割は来ると言われている南海トラフ地震のために生かさなければいけないのです。そのときに、こういう長い時間とどう向き合うのかという課題があります。ですから、「一〇〇年プロジェクト」と呼ぶのです。一〇〇年と言えば、私も含めて、ここにいる人は誰も生きていません。私たちが誰もいなくなったときの未来の子供たちに、今の思いを伝えるためにどうしたらいいかを考えなければならないのです。

5　「地震津浪に関する心掛」の二〇カ条

このとき小学校の先生方が残してくださった教訓が「二二　地震津浪に関する心掛」に二〇カ条ありますので、一緒に読んでみましょう。今日家に帰ったら、ご家族に、「こんなことを釜石小学校の先生たちは言ってたんだよ」とお話ししてください。

1亀裂を生じたり時には砂や泥を噴出することがあるから竹藪《たけやぶ》のある所は竹藪に逃げ込むとよい。
2一たび地割したものは再び密閉することがないから怖れることはない。

この「竹藪に逃げ込むとよい」ということは盛んに言われています。「砂や泥を噴出する」というのは、今で言うと「液状化現象」でしょう。ですから、亀裂や液状化に注意するために竹藪が安全だというのです。でも、今、東京には竹藪はほとんどありません。

3建物を地震に耐える様にしておくことである。木材を密に組合せて対角支柱を組んでおく。

これは、今ならば、「筋交い」を入れることです。古い建物が耐震基準を満たしているかどうか検証して、耐震補強をする必要があると述べているのです。

4戸外に出る時火の用心を忘れてはならない。

5夜間であれば漏電の虞《おそ》れがあるからスイッチを切るがよい。

まず火を消してから外に出ましょう。関東大震災で一〇万人以上の方が亡くなりましたけれども、地震の揺れで亡くなった方よりは、その後の火災で亡くなった方がたくさんいます。普段やって来るはずの消防自動車が来ないのです。東京はすごく楽観していると思いますが、ビルが倒れたり人があふれたりして、消防機能が麻痺《まひ》すると思います。都会で一番怖いのは、地震そのものよりは、二次的な火事です。

6戸外に避難するとき頭から布団を被り身を保護して出るがよい。

7日頃の注意と事に臨んであわてぬ度胸。

8利慾にかられて狼狽《ろうばい》の結果あたら人命を失うことあり。

頭巾ではなくて、布団を被るのです。また、いろいろな財産に執着することを戒めます。今は「利慾」だけでなく、身体の不自由なお年寄りや病人をどう避難させるか、という大事な問題があります。

9逃出して若《も》し途中危険な場所を通らねばならぬとか、避難すべき場所のない時は屋内の丈夫な机の下に身をよせる。

10木造二階建では階下がつぶれても二階がつぶれない場合が多いからあわて丶飛下りるようなことはしてはならぬ。

11地震が起ったら大小にかゝわらず出口の戸をあけること。

12長く大きく揺れる地震ありたる時は一時間内外に津浪襲来のおそれあれば高所に一時間内外避難しおるべし。

13津浪襲来感知せる時は速《すみやか》に高所に避難すべし。

はっきり、「一時間内外に津浪襲来のおそれあれば」と言っています。

14既に波におそわれ逃ぐるいとまなかった場合は狼狽して外に出ることなく屋内の丈夫な柱にたより又二階建の家にては二階に上り更に屋根にのぼるべし。

宮城県亘理郡山元町の庄司アイさんは、二階にいて、御主人とお孫さんと犬と一緒に流されて一晩過ごし、翌朝救出されています。

15常に避難道路及附近の地理を知りおくこと。

16海に連絡せる川添《かわぞい》をにげぬこと。

17着替をせずそのまゝにげること。

「避難道路及附近の地理を知りおくこと」は大事なことですが、今は人の移動がとても激しい社会です。東京で考えなければいけないのは、外国人観光客や外国人移住者があふれていることです。この方々も含めて命を救う手立てを考えなければいけません。そして、「海に連絡せる川添をにげぬこと」は、甲子川を津波がさかのぼっていることからもわかります。一〇月一一日の『毎日新聞』に、津波対策ができている教育委員会は四割という記事があります。石巻《いしのまき》の大川小学校のことが教訓になっているからですが、学校で十分な対策が取られていない心配があるのです。先ほどの静岡県ではありませんけれども、「対応しろ」と言っても、地理的な条件もあって、なかなかできないこともあろうかと思います。でも私たちは、最善の努力をすべきだと考えます。学校は子供たちの状況や立地の条件などを見直さなければいけません。

18常に非常時用のあかりを用意すること。
19津波襲来のおそれある地震の時は地震後四十分内外海岸を見守ること。
20常に非常時用の軽便なる履物を用意しておくこと。

これらは、釜石小学校の先生方がこの町の皆様に知って心がけてほしいと考えた「常識」だったのです。しかし、私だけではなく釜石の皆様も、昭和八年のこの本を知らなかった方が多いと思います。この遺産を、東日本大震災のつらい経験と一緒に抱きしめて未来に送りたいと思います。そのときに、図書館や博物館もそうですけれども、学校はとても大事です。

先生方は大急ぎでこの本を作って、町の皆様に伝えようとしたのです。その思いは、七八年という歳月の間に十分に伝えられたとは言いがたいと思います。けれども、このことをもう一度、町の皆様に見直していただきたいと思います。そして私は、東京に帰って、実は釜石小学校では半年後にこういう本を作って呼びかけたとお話ししたいと思います。

（二〇一八年一〇月一四日、釜石市立図書館にて講演）

参考文献

・柳田国男著『雪国の春』岡書院、一九二八年

10　明治三陸大津波と釜石——雑誌『風俗画報』に見る

1　『風俗画報』の記事と図版の一覧

今日は、『風俗画報』という、明治の半ばから大正にかけて月二回発行されていた雑誌を取り上げます。これは雑誌名のとおり、風俗を絵にしてまとめた雑誌ですけれども、風俗だけでなく、さまざまな事件や出来事があると、それを取材して書いています。明治二九年（一八九六）七月から八月の三号分が明治三陸大津波の被害を記しています。それは、「海嘯被害見聞録」（『風俗画報』第一一八号、明治二九年七月一〇日）、「海嘯被害見聞録」（『風俗画報』第一一九号、明治二九年七月二五日）、「海嘯被害見聞録」（『風俗画報』第一二〇号、明治二九年八月一〇日）です。釜石の記事を見出しまたは冒頭の一節で挙げると、次のようになります。上段から中段、下段に並びます。

①『風俗画報』第一一八号、明治二九年七月一〇日

●釜石町
釜石の被害
海嘯の激烈
部長の負傷
少女の幸運（五日目に堀出さる）

水産補修学校員の無難
餓虎の肉を争うに似たり
当時皆川虎吉なる者は〜
重もなる溺死者
見す見す捲去らる

帆船に押送らる
鈴子製鉄所
●水海、両石
水海は鳥谷坂の北麓〜
両石村は水海の北方〜

石応寺前の悲惨
石応寺門前の死骸
仮警察署
桟橋の流失及線路の破壊
長安丸以下の船舶
石鳥居の流失
町役場の安全
港内の光景
樹上に玩弄物を弄ぶ
溺死者金庫の鍵を持去る
巡査教員の死亡者
姉の首のみ残る
遭難を知らずに助かる
姉、二弟を助けて惨死す
少女四昼夜間潰家に在り
樹上より両親愛子の最後を見送る
白木沢孝氏の奇話
●鵜住居村
南閉伊郡鵜住居村は〜
村役場に於て〜
石川清分氏の奇特
惨話二三
夫婦のみ不思議に助かる

②『風俗画報』第一一九号、明治二九年七月二五日

●釜石町
釜石電信局長の義奮
陸上の魚類
陸上の船舶
漂着者の幸運
郵便局の流壊
警察署の紛失
宣教師の死亡
小軽米県会議員の惨死
永沢亀吉なる者あり〜
釜石町内大町の〜
業務に熱心して難を免かる
老婦山に在り
釜石の宿屋
技手工夫辛うじて一生を得
盲人の幸運
新沼屋の隣家に〜
七十七の老婆
何事も涙の種
漂着者の救助
身を擲ちて人を救う
三日間海上に漂う
死体の発掘
遺骸の陳列
巡査部長
麦畑の中に座し居る〜
帆走船畑の中に直立す
孝心の為めに死す
仏国宣教師の遭難
助けねば祟るぞ
白砂の惨状
小童樹に攀じて命を拾う
●両石村
白木沢孝という医師〜
●箱崎村
御真影の為めに〜

③『風俗画報』第一二〇号、明治二九年八月一〇日

●釜石町
他人の子を救う
慨然の小児
鈴子地方の人士も〜
又釜石地方に於て〜
海上には異変なし

掌中の珠を失う
養女を救う
幸運の小児
幸運の一家
奇特の米商

鉄長組大坂出張所員～
初めて海嘯を見たる人
海嘯の来りたる区域は
釜石町の惨状
釜石町の位置

技手身を以て免かる
屋根に乗りて浪中に漂う
新沼屋一家の惨状

また、図版は次のようになっています。

①『風俗画報』第一一八号、明治二九年七月一〇日

釜石町石応寺門前伏屍相累なるの図
篝火の為に命を拾い得たるの図（釜石町）
浅野音松船板に縋りて三日間海上に漂うの図（釜石町）
釜石海岸の惨状
樹上より両親愛子の最期を見送るの図（釜石町）
釜石役場書記某の姉の首材木に挟まれたるの図
地中の人声を聞て救出の図（釜石町）

②『風俗画報』第一一九号、明治二九年七月二五日

釜石の県会議員小軽米某氏惨死の図
釜石の前川某鰑船に救助せらるゝの図
釜石被害後仮小屋の図

③『風俗画報』第一二〇号、明治二九年八月一〇日

やや重要なのは、記事と図版が必ずしも近くにあるわけではないということです。例えば、第一一八号の「姉の首のみ残る」は、末尾に「（挿図参看）」とありますが、この図版は、同号に離れてある「釜石役場書記　某《なにがし》の姉の首材木に挟《はさ》まれたるの図」を指しています。やや不親切な感じがしますが、この見聞録は図版を別紙で入れ込んだようです。

六月一五日に地震が起きてから、一カ月経たないうちにこういう雑誌が出て、全国に報道されたことになります。新聞もありましたけれども、もちろん、現在のようにラジオやテレビがあるわけでもなく、スマホやパソコ

釜石町の医師鈴木勝治氏遭難者を救うの図（口絵、カラー）
釜石の永沢某遭難の図
釜石町海嘯被害後の図
釜石町被害後惨況の図

ンはありません。記者が取材に入っていますが、雑誌ですから、第一一八号に三五話、第一一九号に三三話、第一二〇号に一八話が、エピソードとして三面記事的に載っています。今では不謹慎な感じがする書き方も見受けられますが、それでも無視するのではなく、自分なりに受け止めて読み込めばいいのだと思います。こうした記録が残っているのですから、これを未来に活かせないかと考えた方がいいと思います。

2　石応禅寺門前の様子と哀話

それぞれの号はみな宮城県・岩手県・青森県という具合に、海岸線を南から北に向かって自治体別に編集していて、どれも「釜石町」は「南閉伊郡」に入っています。当時はもう上閉伊郡になっていましたけれども、まだ南閉伊郡という意識が残っていたらしく、南閉伊郡の釜石町になっています。このときは釜石東方沖を震源地とするマグニチュード七・六の地震でしたので、釜石は甚大な被害に遭っています。

第一一八号の「釜石の被害」のデータを見て驚くのは、総戸数一一〇五戸で、そのうち流出家屋は九五〇戸、破壊家屋は四〇戸ですから、九〇％になることです。さらに、人口は六五二九人で、死亡者は四九八五人、負傷者は五〇人です。石応禅寺の碑文（本書第9章参照）と数が違います。六五二九人のうち四九八五人が亡くなったということは七六％で、四人のうち三人が亡くなってしまったことになります。生き残った方は一〇〇〇人余りだったのです。東日本大震災も大変な被害がありましたけれども、一二三年前の津波はもっと大変だったのです。それを乗り越えて、今の釜石があるのだと感じます。

その次は「海嘯《つなみ》の激烈」。「海嘯の起れるは十五日午後八時三、四十分の間に」とあり、夜の八時半ころだったのです。ですから、もう暗くなっています。しかも、「大降雨なりしが」とあり、大雨が降っていたのです。夜の雨の中で津波がたちまちやって来て、それはわずかの間に二回に及び、「全市の家屋殆んど洗い去られ壊し尽くされしなり」という惨状でした。「海嘯の高さは七丈にも及びしならんという」とあり、これは伝聞ですが、二〇メートル近い高さだったのではないかと考えられます。

そして、「石応寺前の悲惨」では、このお寺は北方の高地にあったので、津波の難を免れました。そこで、亡くなった方々のご遺体はことごとく石応禅寺に運搬したと書かれています。ご遺体の様子は文飾を尽くすように書かれていて、こうしたところに三面記事的な書き方が出てきます。

その後の「石応寺門前の死骸」には、亡くなった方々のエピソードが出てきます。ご遺体を並べてあるので、そこに遺族が捜しに来る様子です。六月一八日、ご夫婦だと思われるお爺さんとお婆さんがやって来て、若い婦人の前に跪いて、「オ、お前は此処《ここ》に居たか」と声をかけで亡骸《なきがら》を抱き起こし、経帷子《きょうかたびら》の代わりに白木綿を着せながら涙を浮かべて、生きている人と話をするように、「之れを持って行けよ此帯をして行《ゆ》けよ」などと語ったのです。この婦人はたぶんこのお爺さんとお婆さんの娘さんではないかと思います。周りにいた人は、我が身につまされて、もらい泣きをしたと書かれていきます。石応禅寺はご遺体の安置所になって大変だったと思います。『風俗画報』には絵が載っていますけれども、「釜石町石応寺門前伏屍相累《あいかさ》なるの図」（次頁参照）には、ご遺体が散乱した中で救助の人が活動し、警官がそれを見ている様子が出てきます。左奥が石応禅寺でしょう。

第一一九号の「死体の発掘」には、死体を掘り出しても、その人が誰か、村内の者でもわからないとあります。そこで、「遺骸の陳列」では、石応寺、沢村、只越などに集めて、「心当りの者は就《つい》て見る可《べ》し」という掲示をしました

が、震災後に死者の身元を明らかにすることが困難であったことがわかります。こうした記事を読むと、仲町公葬地、只越公葬地に七〇〇人を超える身元不明者を急いで合葬した（本書第9章参照）理由がわかります。従って、世の中が落ち着いた二五年後になって、菊池智賢住職は公葬地から遺骨を収集して改葬したのだと知られます。この住職が明治の震災と向き合ってきたご苦心が感じられますし、改めて敬意を表したいと思うわけです。甚大な被害を受けた釜石がどんな状況だったのかが、こうした記事を読むと、断片的にわかって来ます。

3　鈴子製鉄所長が焚かせた篝火

このとき、釜石町長は服部保受《はっとりやすしげ》という方でした。第一二〇号「釜石町の惨状」には、津波は釜石湾の湾口の東南から来て、北西の高台を襲ったとあります。鉄道線路を越えて、再び東南に引き波が戻ったようです。夜でしたので、取り紛れて何事ともわからなかったけれども、翌朝、夜が明けてみると、目もあてられない様子でした。町全体が流されてしまい、高台に人家が十数軒残るだけでした。不思議なのは土蔵が三棟残っていたことです。これは建築がしっかりしていたためだろうか、あるいは、水の勢いが弱かったためだろうか、はっきりしないけれども、奇跡的に残ったのです。

鉄工所の桟橋だと思いますけれども、海岸の桟橋は微塵《みじん》となって、その影をとどめず、杭柱のみ残って、木片は一〇余町離れた高地に打ち上げられていました。これは、鉱山から出た鉄を運ぶために設けられた桟橋でした。その桟橋はレールを敷いて、汽車が行ったり来たりする堅牢《けんろう》なものでしたけれども、こうして流されてしまったのを見ると、波の勢いが甚だしかったことがわかるということも出てきます。

続く「釜石町の位置」では、「釜石町は海岸に在りて鉱山事務所までの距離十八町なるが」とあり、鉱山事務所までは一・八キロメートルくらいありました。道はタラタラと緩やかな上り坂で、その勾配は「三十尺に過ぎざれば」というので、九メートル程度なので、ほとんど平地と言ってもいいくらいでした。「釜石の住民は重《おも》に漁業を営み」というので、一二三年前の釜石の町は漁村だったのです。都市というよりは漁村で、「閑暇なる際には鉱山の人夫となるもの多し」というので、漁業を営んでいた人たちが、暇なときに鉱山稼ぎをしたのです。漁業が主で、鉱山で働くのは副業だったのです。

家は漁師の家なので、茅葺《かやぶ》きや柾葺《まさぶ》きのような粗造なるものが多いけれども、立派な建築もあったそうです。海岸は岸際まで水がやって来て、小さな船は横付けにすることができました。「平常にても満潮の際は陸上に侵入するほどなりき。此回《このたび》最も多く害を被《こうむ》りたるは湾口の左右に当りたる所にて却って洋中に突出せる所には被害少なしと云う」というのは、地形と被害の関係を考える上で注意されます。釜石の鉱山は被害を免れたので、構内にいた者に怪《け》我人《がにん》がなかったけれども、海岸にあった桟橋係や甲子川の岸にあった水車係など、四〇名以上が流されたそうです。

こうして見ると、鉄の町・釜石は、一二三年前は漁村であったと見なければなりません。そして、そこに製鉄所ができて、漁師が副業で鉱山の人夫になって働くことが始まっていたのです。釜石の近代化を象徴するものとして、「橋野《はしの》鉄鉱山・高炉跡」が「明治日本の産業革命遺産」の一つとして世界遺産に認定されました（二〇一五年）けれども、明治になって二九年という歳月の中で、鉄の町・釜石が姿を現してくるのです。そうした歩みの中で、こういう津波の被害に遭ったことになります。でも、桟橋や鉄道ができて、鉄の町・釜石への歩みが始まっていたことが、これを見るとわかります。

いろいろな話が出てくるので、少し見てみましょう。せっかくですから、製鉄所の話をあげれば、第一一八号に「鈴子《すずこ》製鉄所」があり、鈴子製鉄所長の話が出てきます。「当夜海嘯の起る前震動の声甚しく」とあって、まず震動の音がして、「尋《つい》で処々泣号の声聞えしかば」というので、泣き声も聞こえてきました。走って堤の上に行ったところ、電信柱に取り付いて助けを求める者がいました。橋の乱杭に取り付く者もいました。そのうちに、船舶や材木等が流れてきて、「猶予ならず」というので、所長は鈴子製鉄所に帰って、「職工をして所々に火を焼《た》かしめ」というので、製鉄所の職員たちにあちらこちらで火を焚かせたのです。「釜石の方《かた》にも火を焼くべし」というので、鈴子から釜石方面でも火を焚こうということになり、数カ所で篝火《かがりび》を焚いたのです。「之《これ》を見て助かるを得しもの八、九十人もあり」というので、篝火を見て、泳いで帰って助かった者が八〇人から九〇人いたというのです。

このことは絵にも出てきます。第一一九号の「篝火の為に命を拾い得たるの図（釜石町）」（次頁参照）がそれです。左上で篝火を盛んに焚いて、海岸を泳いできた人たちの手を引き、綱を渡して引っ張り上げている様子が描かれています。これはとても大事で、柳田国男も『雪国の春』（一九二八年）の中で書いています。このときは夜だったので、篝火を焚いて、それを目当てにして帰ってきた人たちがたくさんいたというのです。『雪国の春』の中に書かれてい

るので、それを知りましたが、実際にはどうだったのかは確かめられませんでした。ところが、『風俗画報』を見ると、それがあったのです。鈴子製鉄所の所長さんが職員たちに火を焚かせて、夜で雨も降っていますので、どっちへ泳いで帰ればいいのかわからなかったときに、陸地の目安になったのがこの篝火だったのです。命の火だったことがわかります。

この製鉄所は鈴子ですから、かなり内陸に入りますので、被害を受けなかったのです。そこで、どのように救援活動をしたらいいのかを考えて、咄嗟《とっさ》に篝火を焚いたのが一つです。二つめは、その後に、「其《そ》れより又た馬の飼料造る大なる釜にて粥《かゆ》を煮て所々に配付したり」というのですから、馬の飼料を炊く大きな釜、このあたりで言うマガマ（馬釜）で、おにぎりではなく、お粥を煮て、それをあちらこちらに配ったのです。「又製鉄所の備蓄米百石許《ばか》り流され」というので、備蓄米が一〇〇石あったのですが、これも流され、「其外流されたる材木鉄鉱も夥《おびただ》しく此騒《さわぎ》にて本製鉄所にての損失は四万二千円なりしと」というような、大変な被害を受けたのです。備蓄米は、むしろ、冷害対策だったのではないでしょうか。そうした被害状況の中でも、篝火を焚いて人々の命を救い、お粥を煮て人々の飢えを凌《しの》いだことが、この記事を読むとわかります。『雪国の春』は名文ですけれども、実際はどうだったのかを知るための生々しい記事として読めるのはこういう文章です。生き残った人々が助け合って救助したことがわかります。

4 安政地震の経験が災いした場合

そして、第一一八号の鵜住居《うのすまい》の「石川清分氏の奇特」によれば、この石川清分という人は遠野町の開業医というのですから、内陸の遠野の町場でお医者さんをしていました。遠野の記録を見れば、明治二九年に開業医の石川清分という人が出てくると思います。「海嘯の警報に接すると同時に」というので、津波が来たということを聞いて、彼は「匆々《そうそう》薬品を整え」というので、即座に医薬品を持って、昼夜かまわずに、故郷《ふるさと》である鵜住居を慰問し、患者を収容して、救急治療に余念がなかったというのです。つまり、彼は鵜住居の出身で、遠野へ行って開業していたのです。海岸が被害に遭っていると聞き、医薬品を持っていち早く、故郷の鵜住居へ行ったのです。これについて書き手は、「これ等を真の仁術家と謂《い》うべし」という感想を記しています。

こういう小さな記事は、実は、こういう記録でないとなかなか見つかりません。本当に断片的なお話で、三面記事的なところが多いのですけれども、鵜住居出身で遠野の町で開業したお医者さんが、いち早く薬品を持って駆けつけて治療に当たったという美談を残しました。こういう人がいたということも、この文章で初めて知ることができるわけですから、断片的ですけれども、とても大事だと思うのです。一二三年前の人だって、故郷が大変だと聞けば、居ても立ってもいられなかっただろうと感じます。第一二〇号の口絵にはカラーで、「釜石町の医師鈴木勝治氏遭難者

を救うの図」が載っていて、釜石の医師の活躍も伝えています。

第一一九号には、「小軽米《こかるまい》県会議員の惨死《さんし》」があります。小軽米という県会議員が亡くなった話です。小軽米という議員は、釜石町の豪家、大変なお金持ちで、県会議員をしていました。その晩、警察署長の山口良五郎と釜石町長の服部保受の両氏を自分の家に呼んで宴会をしていました。ちょうど杯をとろうとしたときに叫び声が起こって、「失火ならん」、つまり、火事が起こったのではないかと推測しました。あるいは、「来鯨《らいげい》ならん」、つまり、鯨が寄りついたのではないかと推察しました。そこで服部町長は、窓から出たのではないかと思いますけれども、直ちに後方の高地に登って、火元を確かめようとしました。山口署長は、雨戸を打つ音を聞いて、急いで屋前に出るや、激しい波に倒されてしまったそうです。しかし、小軽米の家族はみな逃げ出す余裕がなく、とうとう亡くなったそうです。この家の惨状は、第一一九号の「釜石の県会議員小軽米某氏惨死の図」（上段参照）に出てきます。

実は、そこに古老の言葉があるのです。お年寄りが、「今より四十三年前の安政《あんせい》年間の海嘯に小軽米氏の本家は浸水せざりし為《ため》今回もそを当て込《こみ》て同家に駆付《かけつけ》し男女五、六十人は孰《いず》れも皆不帰の鬼《き》となりたるこそ哀れなれ」と語っています。明治二九年より四三年前の安政年間（一八五五～六〇）の思い出です。この安政年間というのは非常に地震の多い時期で、東海地震、南海地震、江戸地震と、毎年のように地震が起こりました。

その津波のときに、小軽米氏の本家は浸水しなかったので、今回も大丈夫だろうと思って、この家に避難した男の人女の人五〇人から六〇人が帰らぬ人になってしまったというのです。土地の人たちは、この町一の大金持ちで、県会議員をしている小軽米家は、安政地震のときも無事だったので、あそこへ逃げれば大丈夫だと思ったけれども、そこが被害に遭ったために多くが亡くなったのです。避難所が被災してしまいますと、多くの人の命が失われるということは、今度の東日本大震災でも起こりました。安政年間の津波の経験が、逆に被害を大きくしたと考えることができる記事だということがわかります。

5　生き残った老婆の孤独

もう少し一緒にたどってみましょう。人々の人生がわかるような記事がいくつかあります。第一一九号の「七十七の老婆」は、「釜石なる石応寺に至らんとする途中にて腫上《ふくれあが》れる頭部に繃帯《ほうたい》なしたる白髪《しらが》の老婆杖《つえ》に縋《すが》りてトボトボと歩み来るありけり」と始まり、これを書いた人の視点が出て来ます。石応禅寺を目指して多くの人が避難して行ったのでしょう。七七歳のこの老人は、杖を突きながら歩いて来たので、その姓名を尋ねてみると、こう話したそうです。磯田じゅんという名前で、今年七七歳になる、このたびの災難で、幸い一命は助かったけれども、頭に傷を負って痛みは堪えがたい、そして、「寄辺《よるべ》なき身の寧《いっ》そ死したらんが優しなりし」と言ったというのです。つまり、磯田じゅんという七七歳のお婆さんは生き残ったけれども、寄る辺がなく孤独だったので、むしろ死んでしまったほうがよかったと言うのです。これもまた一つの人生であり、こういう言葉にこそ真実があると思うのです。

次の「何事も涙の種」は、「口は物言う為にはあらで泣く為めに出来居るものかと思わるゝは昨今災民の有様なり」と始まります。口というのは物を言うためでなく、泣くためにできたのだと思われるのは、このところ被害に遭った方々の様子を見ると、そのように思われるというのです。男はともかく、女子供は亡骸を見ると、「オ、死んだか」と言ってさめざめと泣き、生きて戻った人に会っては、「能《よ》く助かったことよ」と言ってさめざめと泣く。亡くなっても泣き、生きても泣き、聞く人見る人、またみな泣くので、震災後の天地はことごとく涙でないものはなかったと述べます。おそらく、八年半前の東日本大震災後の釜石もこうだったのだろうと思いますが、一二三年前の方々もこうして涙したのです。

ちょっと気になるのは、その後の「漂着者の救助」です。「釜石より二里余の沖合に三貫島《さんかんじま》と云う小嶼《しょうしょ》あり、此処に遭難者百五十余名漂着し居たるを発見して直に救助したりと」あることです。両石《りょういし》沖の三貫島に一五〇名を超える人々が漂着したそうです。信じられないことですが、漂流した人がこんなにたくさん助かったことがあったのです。

さらに、「身を擲《なげう》ちて人を救う」。釜石鉱山の役員赤星武雄という人は元陸軍の軍人でしたが、津波だと聞くやいなや、三之橋際《さんのはしぎわ》まで駆け出すと、水はすでに膝《ひざ》の上まで来ていて、左右前後に助けを呼ぶ者の声が聞こえました。「暗さは暗し烏羽玉《うばたま》の何《いず》れをや助けん」というので、真っ暗闇でどの人を助けようかと惑っているうちに、たちまち水が胸のところまで来てしまいます。でも、元軍人である赤星武雄は少しも屈することなく、突っ立ちながら人々を救い上げました。三之橋際で篝火を焚いていたことが出て来ます。避難した人たちはその火を目当てに泳いできて、助かった者がたくさんいたそうです。赤星武雄も一生懸命働いて、夜明けまでに九人の避難者を助け上げたと書かれています。しかし、助けたうちの一人は、不幸にして亡くなったそうです。
こうした話がいくつもあります。記録は断片的ですが、これからの釜石を考える際に役に立つところがあると思いますし、釜石だけでなく、普遍化して考えるべき課題が残されていると思います。

（二〇一九年九月八日、釜石市立図書館にて講演）

参考文献

・大槌町総合政策部公民連携室生きた証プロジェクト推進協議会編『生きた証《あかし》』大槌町、二〇一七年
・柳田国男著『雪国の春』岡書院、一九二八年

Ⅳ

柳田国男・宮沢賢治・井上ひさし——文学の力

井上ひさし著『イーハトーボの劇列車』（新潮文庫、1988年）のカバー

11 河童や幽霊は今もいるか？——命を見つめて生きるための『遠野物語』

1 河童や幽霊は今もいるか？

明治になるとき、日本は鎖国を停止して国を開き、「文明開化」「殖産興業」「富国強兵」という目標を掲げて進んできました。明治四三年（一九一〇）ということですから、明治の時代もずいぶん進んできて、その間に、日清戦争や日露戦争があって、軍国主義に進んできたことも確かです。一方で、文明開化が実現して、便利な仕組みが人々の生活に浸透します。みなさんが身近に接しているガス・水道・電気といったインフラが都市から地方に徐々に浸透してゆく時代でもありました。

兵庫県の姫路から播但線《ばんたん》に乗って北に行くと福崎《ふくさき》という駅があり、そこが柳田国男のふるさとです。明治八年（一八七五）に生まれ、昭和三七年（一九六二）に亡くなるまで、八八年の長い生涯を送りました。その人生を通して、民俗学という学問を日本で初めて作りました。お祖父さんお祖母さんが子供や孫に言い伝えてきた常識は文字に書かれませんので、調べて記録しないとわかりません。人々はそういったことに関心を持って、日本中で記録しました。それらを総合して、日本人とは何かを考えようとしたのが民俗学です。その民俗学の出発点の一つになったのが『遠野物語』（一九一〇年）です。

柳田国男は東京帝国大学を出たエリートで、日本全国を視察に歩きました。九州宮崎県の山奥に椎葉《しいば》という村がありますけれども、そこへ入って行ったら猪狩りをしていました。今も椎葉では猪狩りをしています。また、山を焼いて、蕎麦《そば》や大根を育てる焼き畑農業は今もわずかに行われています。みなさんが歴史で習う狩猟や採集は縄文時代で終わったかのような印象がありますが、日本列島には、今もなお狩猟や採集で暮らしている人がいます。縄文的な暮らしが生きていることを、柳田国男は目の当たりにしたのです。

狩猟・採集というのは、縄文時代で終わったのではなく、実は現在までずっと生きているのです。例えば、採集で言うと、東京では実感ができませんが、東北へ行くと、春になれば山菜を採って暮らし、秋になれば茸《きのこ》を採って暮らしています。自然の恵みを受けながら生きるというのは、縄文時代だけでなく、現代まで続いてきているのです。ですから、日本人は、スマホ・パソコンという新しい文明を手に入れた一方で、同じ人が山菜や茸を採りに行き、山の恵みを受けて暮らしています。

柳田は九州から帰って、岩手県の遠野で生まれ育った佐々木喜善という人に会います。北上山地のおへそにあたる位置にある小盆地が遠野です。佐々木はまだ二〇代半ばの青年でした。柳田が佐々木に会って話を聞くと、彼は不思議な話をたくさん持っていました。その話の中には、山の神や里の神・家の神や、河童《かっぱ》や天狗《てんぐ》・雪女も出てきますし、幽霊も現れます。この作品には、神様や妖怪・幽霊といった不思議なものたちが次々と現れて、人間と触れ合い、出来事が起こる、という小さな話が一一九話あります。

東北には不思議な神様がいます。今は妖怪に入れますが、かつて神様に入っていたのはザシキワラシです。ザシキワラシがいるとお金持ちだけれども、いなくなると貧乏になってしまいます。また、オシラサマは、馬と娘が結婚して、禁断の恋の結果、神様になります。その神様をかたどったのがオシラサマです。そういったザシキワラシやオシラサマという神様がいることを、日本で最初に紹介したのが『遠野物語』です。水木しげるさんは、『遠野物語』を読み、妖怪について勉強して漫画に描き、目に見える形にしました。でも、神様や妖怪は必ずしも目に見えるものではなく、どこかちょっと感じるところが大切だったはずです。座敷でザワザワって音がすると、ザシキワラシがいるのかなという感覚を持っていたのです。では、そのことをどう考えたらいいのかということをお話ししてみましょう。

2 津波からの復興を語る話

今、東日本大震災から四年八カ月ほどが経ちました。大学生も中学生も、どこかでその地震に遭い、怖い経験をしたと思います。三陸海岸から千葉にかけて、震災関連死で亡くなった人が二万人を超えています。巨大災害でした。福島第一原発の事故があって、復興どころか、まだ震災の渦中にある人たちもいます。避難生活をしている人もたくさんいますし、避難指示が解除になって住めるようになったといっても、赤ちゃんや子供を抱えている人は内部被爆が心配なので、なかなか帰れません。家族が解体したまま四年八カ月を迎えている状況です。若いみなさんは、そういった状況を乗り越えながら未来を描いていかなければなりません。

一〇五年前の『遠野物語』の中に、実は明治の三陸大津波のことが出てきます。明治二九年（一八九六）の六月一五日に、巨大な地震が発生しました。岩手県では一八〇〇〇人くらいの人が亡くなっています。遠野に暮らす佐々木喜善の親戚に北川という家があります。その北川の家から出た福二という人が、今の下閉伊《しもへい》郡山田町にお婿さんに行きます。釜石と宮古という大きな町がありますが、その間に山田町はあります。船越《ふなこし》半島が出ているところです。

昔、船越半島を歩いて、「どうしてここを船越っていうんですか」と、土地のお爺さんやお婆さんに聞きました。「それは昔、津波で船が越えたからだよ」という話でした。「船越」という地名の由来は、津波で船が半島を越えたので、船越というようになったとする。でも、それは信じられませんでした。しかし、実際に東日本大震災が起こってみると、船越半島の付け根は両方からの津波で分断され、島になってしまいました。今はそこを埋めて道路ができ、半島に渡れるようになりましたけれども、「船越」という地名は嘘偽りなく歴史の真実を伝えていることを知ったわけです。地名は大事だということに気づかなかったのは大きな反省です。私にしても、あの辺りに暮らしている人でも、そういう地名についての深い理解があれば、もう少し違う行動がとれたかもしれません。

その船越半島の田の浜というところに、福二がお婿さんに行きました。大津波で奥さんと子供を亡くし、生き残った二人の子供と、元の家のあった場所に小屋をかけて暮らしました。現在のように仮設住宅はありませんので、屋敷のあった場所に小屋を建てて、自力で復興してゆきます。今は高台移転が議論されますけれども、明治の時代は屋敷のあった場所でやり直したわけです。

翌年の夏の夜、福二は便所に行きたいと思って、起き上がりました。東北では便所は家の中でなく、外に離れてあります。この時は共同便所だったのでしょう、渚《なぎさ》の辺りにある便所に行こうとすると、霧の中を男女二人がやって来る様子が見えました。その男女を追いかけて行ったら、その女性は津波で死んだ自分の奥さんでした。奥さんの名前は、「たきの」という説があって、その名前を呼ぶと、にっこりと振り返りました。そのとき、奥さんは、「今は此人《この》と夫婦になりてあり」と言ったのです。相手の男性は、同じ津波の難で亡くなった田の浜の男でした。福二がお婿さんに入る前に、奥さんが付き合っていた男性です。

昔は家を継ぐのが大事でしたので、恋愛関係にあっても別れさせて、お婿さんを迎えることはよくありました。村社会では、お婿さんがやって来ると、「あなたの奥さんが付き合っていた人はこの人だ」って話すのです。奥さんが「今は此人と夫婦になりてあり」と言ったのは、生きているときには駄目だったけれども、死んだ今は一緒になった、ということを意味します。

「今は此人と夫婦になりてあり」と言われて、福二は「子供は可愛くは無いのか」と言ったのです。二人の子供を残したまま、その男性と一緒になるのかと反論したのです。奥さんは女として生きる選択をしましたが、福二は奥さんに母親であることを自覚させ、自分のもとに引き留めようとしたのだと思います。そのとき、妻は悲しそうな顔をして泣いたそうです。福二は二人の後姿を追いかけますが、死んだ人とものを言うはずはないと自省します。だんだん覚醒してゆき、死んだ人だったと思いながら、二人の姿を見失った後、呆然《ぼうぜん》と道路に立ち尽くして家に帰り、長い間思ったと書かれています。

この話はとても重要だと思います。実は、東日本大震災の前にも、被災地になった釜石の人たち、大船渡《おおふなと》の人たちに話す機会があって、『遠野物語』にはこういう話がある、という話をしました。でも、そのときにはわからなかったことがあったのです。それは何かというと、この奥さんの亡骸《なきがら》は見つかっていないということです。

東日本大震災では、ＤＮＡ鑑定などで、亡骸が個人と特定できるようになっています。でも、亡くなっていると考えなければいけない人が、まだ三四〇〇人くらい見つからずにいます。亡骸が見つからないままに死を受け止めるというのは、とても難しいことです。福二もそうだったのだと思います。死んだはずだと思いながら、なかなかそれを受け止めることができなかったはずです。でも、奥さんと話をすることで、彼は奥さんの死を受け止めて生きてゆく決心ができたのでしょう。この話は、震災の悲惨さを語る話ではなく、震災後に人々が心をしっかり持って生きてゆくきっかけになった話ではないかと思うのです。

そんなふうにこの話を読むなら、東日本大震災から四年八カ月経った今、この話を考えてみることはとても重要ではないかと考えます。長い間病んで亡くなるのであれば、その時間に死を受け止める準備ができます。でも、循環器系の病気などで急に亡くなってしまえば、受け止めにくいはずです。ましてや事故の場合は、やっぱり受け止めがたいと思います。でも、そこに亡骸があれば、どうしても死を実感せざるを得ません。今、目の前から突然、家族がいなくなったら、その死を受け止めるのは容易なことではありません。

この話は遠野の話ではなく、海岸の話ですけれども、たぶん福二が遠野へ行ったときに、佐々木喜善に話をし、佐々木がそれを柳田に話して、『遠野物語』に残ったのでしょう。その意味を考えて、「命を見つめて生きる」ということを考える入口にしてほしいと願っています。今、幽霊だと言いますが、福二は、奥さんは生きているか死んでいるかわからず、生きているかもしれないと思っていて、そういう意識からすれば、その生死は曖昧《あいまい》なのだろうと思います。

3　衝撃的な親殺しの話

もう少し、『遠野物語』の中の危ない話についてお話ししてみます。それは親殺しの話です。例えば、バットで親を殴るとかという悲惨な事件があります。あるいは、現代で言うと、高齢化社会を迎え、介護に疲れて親を殺してしまったという事件もあります。親殺しも一様ではないと思いますが、メディアで知るように、今もなおこの問題は消えずにあります。

『遠野物語』の中に、こんな話があります。菊池弥之助《きくちやのすけ》という人が、先ほど言ったように、秋になって茸を採りに山へ入ります。今のように自動車で行くわけではありませんので、山の中へ入ると小屋をかけて茸狩りをします。そんな真夜中に「キャー」という悲鳴が聞こえ、里に帰ると、同じ日の同じ時刻に、妹が息子に殺されていた、というのです。里で起こった事件の、「キャー」という悲鳴が山の奥まで聞こえるのは不思議です。でも、そのような不思議な現象を本当にあったことと信じて、認めるのです。

殺された妹というのは母一人子一人の家族で、そこにお嫁さんがやって来ます。お嫁さんとお母さんは嫁と姑《しゅうとめ》の関係で、しょっちゅう喧嘩《けんか》しています。今は多くが核家族でわかりにくいでしょうが、一つ屋根の下にお嫁さんがやって来ると、お母さんは息子、お嫁さんは夫を、互いに奪い合います。その結果は決まっていて、お母さんの方が強いのです。そのため、お嫁さんはしょっちゅう実家へ帰って、戻ってきません。

この日、お嫁さんはたまたま家にいて、ふて寝をしていました。そしたら、突然息子が、「ガガはとても生しては置かれぬ。今日はきっと殺すべし」と宣言します。「ガガ」というのは東北の方言で、お母さんの意味です。ですから、殺人を宣言して、大きな草苅鎌《くさかりがま》をごしごしと研《と》ぎ始めます。お母さんは詫びますが、もう聞き入れる耳はありません。奥さんも泣いて頼んだけれども、聞き入れようとしません。

観念したお母さんは、「便用に行きたし」、つまり、「便所に行きたい」と言って、逃げ出そうとします。すると、息子は部屋を全部閉ざして、オマルという便器を持ってきて、「此《これ》へせよ」と言うのです。そうこうするうちに夕方になります。夕方というのは、神隠しに遭ったり、危ない時間帯です。もう駄目だと思ったお母さんが囲炉裏端《いろりばた》にうずくまっていると、息子が大きな鎌を持ってきて、斬りかかります。左の肩口が斬れたと書かれていますので、息子は右利きだったはずです。

その時、お母さんは「キャー」という悲鳴を上げた。その声が山奥にいる兄の弥之助に聞こえたのです。弥之助は、妹の家で何か起こるのではないかといつも心配していたのでしょう。この悲鳴は、そういう心配をしていた心が聞いた幻聴かもしれません。お母さんは「キャー」と叫びますが、鎌が囲炉裏の上にある火棚《ひだな》に引っかかってうまく斬れません。次には、左から右肩を薙《な》ぎます。そこに村人たちがやって来て、息子を取り押さえ、警官に引き渡します。警官がまだ棒を持っていた時代だったと書かれています。今で言うと、「ドラマの時代考証」です。

警官が棒を持っているのは今は普通ですが、明治一五年（一八八二）から、警官は日本刀を仕込んだサーベルを持つようになっています。従って、まだ棒を持っていた時代というのは、明治一五年より前に、この事件は起こったことになります。語り手の佐々木喜善が生まれる前の出来事です。警官に引き立てられてゆくとき、お母さんは、「おのれは恨《うらみ》も抱かずに死ぬるなれば、孫四郎は宥《ゆる》したまわれ」と言ったそうです。息子の名前は孫四郎ということがわかります。

『遠野物語』の中には、こういう固有名詞がよく出てきます。地名や人名です。今だったら個人情報なので、未成年なら、A君、Bさんと書かれて、名前は出ないでしょう。でも、『遠野物語』には至るところに名前が出てきます。この孫四郎も、遠野の人たちが聞けば、どこの家かわかったはずです。個人情報が保護されなければいけない社会と『遠野物語』の世界とは、相容《あいい》れないところがあるのです。でも、柳田国男は、この話は本当にあったことだとして、個人の名前を伏せずに書いたのです。

その後、孫四郎は、今でいう精神鑑定を受けて放免されています。この話の終わりのすごいところは、「家に帰り、今も生きて里に在り」とある点です。明治一五年より前に事件を起こした男性が、明治四三年、村で今も生きて暮らしているのです。現代社会では考えられないことです。今、何か事件を起こしたら、その地域から離れて、都会の片隅でひっそりと生きてゆくというイメージだと思います。

しかし、かつての日本の社会はそうではなく、母親を殺した息子がその里でずっと生きて、それを見つめている人たちがいたのです。佐々木喜善は、年老いていたであろう孫四郎を知っていたでしょう。「あのお爺さんは、昔、母親を殺したことがある」とささやかれたはずです。でも、地縁血縁のつながりのある社会では、そういった闇まで含めて生きていたことがよくわかります。一人の男性の人生が、短い話の中に結晶のようにして残っているのです。

柳田国男は序文で、「之《これ》を語りて平地人を戦慄《せんりつ》せしめよ」と言いました。親殺しの話を読んで、恐れおののかせたかったのです。今、この話を読んで怖いと思う人がいれば、それはたぶん他人事では済まないと感じるからでしょう。みなさんの家にそういう緊張感がないことを祈りますが、追い込まれていったとき、「私は親を殺さない」と言い切れる人はいないと思います。介護に疲れたら、死んだ方がいいのではないかと思うことがあるかもしれません。人間の悩みの深さを感じます。

『遠野物語』が重要なのは、その世界が懐かしい日本を表わしているからではなく、一〇五年後の現代を生きる日本人にとっても衝撃だからだと思います。この親殺しの話は、中国の講義でもしましたし、韓国の講演でもしましたし、ロシアでもこの話をしたことがあります。国境を越えて、この物語の意味を一緒に考えようと思っているからです。

4　河童に託された子殺しの話

親殺しではなく、次は、子殺しです。『遠野物語』の中には子供を殺した話が出てきます。でも、その子供は、先ほど言った河童です。遠野の猿ヶ石川という川には、河童がたくさんいるとあります。松崎という村の川端《かわばた》という家《うち》に、河童の子供が生まれました。その河童の子供を切り刻んで一升樽に入れて、土の中に埋めた、という話です。一升というのは一・八リットルです。河童の子供だからということを大義名分にして、殺してしまうわけです。実は、その家は、新張《にいばり》村の同じ川端の家という屋号の家からお婿さんをもらっています。

河童を産んだ娘は、畑仕事に行ったとき、夕方、水際にしゃがんでにこにこと笑っていました。昼の休みにもそんなことをします。夫がいるわけですが、夫が駄賃附《だちんづけ》といって、内陸の米を海岸に運び、海岸の海産物を内陸に運ぶ運送業をしていました。夫が駄賃附に行っている留守にもやって来るようになったので、村では、「村の何某と云う者夜々《よるよる》通う」、つまり、「不倫ではないか」と噂《うわさ》になります。そして、夫がいる日までやって来るようになるのです。お婿さんのお母さんがやって来て見守りますが、金縛りにあってどうにもできません。「河童なるべし」という噂がだんだん高くなってゆきます。

お産は極めて難産で、なかなか生まれません。馬槽《うまふね》といって馬に飼葉《かいば》という餌をあげるための桶があります。二メートルぐらいの桶なので、馬槽と言います。ある人が、「馬槽に水をたゝえ其《その》中にて産まば安く産まるべし」と言うので、その通りにしたら、無事に子供が生まれました。生まれてきた子供は手に水掻きがあったのです。水掻きがあるというのは、人間の子供ではなく、河童の子供である証拠になります。

物語の終わりは、この家は大変なお金持ちの家で、○○○○○という士族、つまり元武士であり、村会議員もしたことがあるとします。遠野の中でも有名な家のスキャンダルとして、この話が語られているのです。○○○○○と、この家の主人の名前は伏字になっています。先ほど柳田国男は人名を丁寧に書いたと言いましたが、そこは伏字になっているのです。

遠野へ行ったとき、図書館の係長さんが、「先生、『遠野物語』の原稿の複製ができたので、見てくれ」と言うので、翌週もう一度行って、本になる前の原稿類を見ました。そのとき、この話に突き当たって、びっくりしました。そこは伏字ではなく、固有名詞が書かれていたのです。原稿用紙の清書にも固有名詞が書かれ、印刷に入った最初の校正にも固有名詞が書かれていました。でも、できあがったときは伏字になっていたのです。二回目の校正で、ここを伏字にして、わからないようにしたことは明らかです。つまり、河童の子供を殺した家の主人の名前は明かしてはいけないと考えたことがわかりました。

それを知ったときに、「ああ、ここに『遠野物語』の最も大事なところがある」と感じました。そして、同時に、「この作品の最も危ないところも、ここだ」と感じました。それから八年ぐらい調べて最初の本を書きました。柳田国男の心が揺らいだのですが、その揺らぎはとても重要ではないかと思います。従って、現代のような個人情報が重要視される社会では、『遠野物語』は絶対に書かれないこともわかりました。

もう一つ、河童の子供の話をして終わりにしましょう。上郷村《かみごう》というところで、河童らしい子供が生まれました。そこで、その子供を追分《おいわけ》という、道が別れたところに捨てに行きます。その子供を捨てに行ったのは、お父さんでしょう。生まれてきた子供は醜かったので、捨てたのです。しかし、戻ろうとしたときに、ふと彼の心を思いがよぎるのです。「惜しきものなり。売りて見せ物にせば金になるべきに」と思って戻ってみると、もう取り隠されて見えませんでした。すでに異界に連れ去られていたのです。こうして見たように、河童の子供が生まれたならば、切り刻んで土の中に埋めたり、追分に捨ててきたりしてもいいという、そういう習俗が東北にはあり続けてきたのです。でも、実は『遠野物語』が重要なのは、そうではなく、その習俗を破るかのように、「惜しきものなり。売りて見せ物にせば金になるべきに」と思った点にあるのではないかと思います。見世物小屋というのは、お祭りのときに神社の境内に建てられたりしますが、「蛇女」などいろいろ演目が出てきます。今も少し残っていますが、私は東京の下町に生まれましたので、小学校の高学年のときに見世物小屋に入ったことがあります。本当に筵《むしろ》が掛けられた小屋で、中は蠟燭《ろうそく》の灯りです。その中の出し物の一つに、今でもよく覚えていますけれども、「何の因果で生まれたか、これが牛と人間の間に生まれた子供である」と言って、茶色いものをチラッと見せて、すぐに隠したのです。

河童の子供というのは、見世物小屋に出されるものでした。それは本物ではなく、巧妙な細工物であることが、今ではレントゲン写真でわかっています。でも、河童の子供を殺すより恐ろしいのは、「これを売ったら金になるだろう」と思う人間の心が生まれていることでしょう。遠野の人の中に、これまでの習俗にならって河童の子供を捨てるだけでなく、売って金にしようという経済原理が生まれているのです。『遠野物語』は古いものを遺したのでなく、それが崩れて、現代の日本人につながる価値観が生まれる一端を覗《のぞ》かせてくれるところがあります。そこが恐ろしいと思います。

子供を殺すということで言えば、柳田国男は一二歳のとき、利根川のほとりの布川《ふかわ》に来ました。友達と遊んでいて、「兄弟八人だ」と言うと、「お前は何を考えているんだ」と言われたそうです。友達を見ると、みんな男の子一人女の子一人の二人きょうだいでした。柳田は何となくその理由がわかりました。つまり、日本では、長い間、「間引き」という形で人口調整をしてきたのです。近所の地蔵堂にある絵馬を見ると、生まれたばかりの子供をお母さんが首を絞めて殺し、そばに地蔵様が立って涙を流していたので、ぞっとしたと書いています。

今、日本では、間引きはなくなりました。でも、例えば、「出生前検診」ということがあります。妊娠したときに血液検査をすると、胎児に異常があるかどうかがわかります。出生前検診で異常があった場合、そのうちの四分の三は産まないという決断をしています。命をどう考えるかというとても難しい問題です。一〇〇年前のことは、決して昔のことになっていません。科学を介在させてみると、未来にもその問題があるのではないかと考えられます。

「『遠野物語』は名著だ」と言った一人に、小説家・戯曲家の三島由紀夫がいます。彼は、「民俗学は生まれたときから死臭が漂う学問だ」と書きました。死臭というのは、死体が腐敗するときに発する臭いです。あの三島由紀夫が『遠野物語』を読んで、その世界に死の臭いを感じとったというのは、すごい感受性だと思います。国語の時間の中で、死と向き合うのはなかなか難しいかもしれません。でも、作品を読むことによって、みなさんが自分で経験したことのない世界を知ることができます。そこから、若いみなさんが将来を考えるきっかけを作品の中に探してもらえたらうれしいと思います。
今日は三つの話を取り上げましたが、今、現代社会の中で、災害の問題、病気の問題、そして戦争やテロの問題など、日本の国だけでなく、世界中が同時に抱え込んでいます。国際化とか情報化ということが言われるなかで、この国だけでは解決できない問題と向き合わなければなりません。例えば、地球温暖化とどう向き合うかが、経済優先社会とのかねあいの中でやり取りされてもいます。そこには宗教的な対立もあるし、経済的な格差もあります。そういう現実的な問題と向き合おうとするときに、国語は役に立たないのか、役に立つのかと言えば、私は役に立つ勉強をしたいと願っています。その中で、今日お話しした『遠野物語』は入口にすぎませんが、一〇五年前に日本人が考えていたことは、決して過去形ではなく、みなさんが未来を考えて生きてゆくときの、一つの礎《いしずえ》になるのではないかと思っています。

（二〇一五年一二月四日、東京学芸大学附属小金井中学校にて講演。大学の学生も出席した）

付記

「河童は身体に異常を抱えて生まれてきた子供ではないか」という質問がありました。この話では水掻きがあることが河童である証拠になっています。ある研究者は、それを奇形の問題として読み解こうとしました。でも、私はそうは考えず、河童の子供という枠組みを与えることで、殺してしまうことを正当化することが重要だと考えます。ついでに言えば、河童は妖怪で、柳田国男は水の神様が零落したと言いました。やがて、河童の世界に行ったことがあるという小説が生まれます。柳田国男の大変なファンだった芥川龍之介が、最晩年に書いた『河童』という小説です。あの世界を生み出したきっかけは『遠野物語』で、「柳田国男氏」とはっきり出てきます。『遠野物語』を読んで、芥川は『河童』という話を書くのです。
日本の社会も、江戸時代の後半は、飢饉がよく起こりました。冷害が起きると米がとれなくなり、食べる物がなくなると、餓死する人が出てきます。東北は餓死者がずいぶん出て、そういう歴史を背負っています。たくさんの人を養えず、日本の社会では、江戸時代まで間引きというかたちで人口調整をすることが認められてきました。しかし、明治時代になるとそれは子殺しであり、裁判になります。そういう挟間で、『遠野物語』は生まれていますが、悩んで殺したということではないでしょう。悩まないで、当たり前だと思って殺してしまうところが怖いのです。お母さんはお腹を痛めて産んだ子ですから、愛情が生まれないはずはないと思いますが、そのあたりの心の葛藤は必ずしもはっきりしません。

また、「『遠野物語』には明るい話はあるのか」という質問がありました。『遠野物語』には、ほとんど笑い話はありません。狐と相撲を取ったというような話があって、それはお正月に話した話で、みんながそれを聞いて笑ったということはありますが、悲しい話がほとんどです。では、遠野の人は悲しい話だけして生きてきたかというと、そうではなく、一方でたくさんの笑い話を伝えています。でも、『遠野物語』の世界が聞き取ったのは、そういう悲しい話という一面だったと考えるべきです。

また、理科を専攻している大学生からは、「過去の昔話と科学の未来をどう考えるか」という質問がありました。これはいろいろなところに書きましたが、例えば、「笠地蔵」という話があります。笠が売れ残ったお爺さんが、雪が降っているので、その笠を六体の地蔵様に、「これはさぞ寒かろう」と言って被せ、足りない分は自分の笠や手拭を被せます。そうすると、夜中に声がして、正月を越せない老夫婦に、米や野菜・お金まで持ってきます。

理科系の人が考えたら、お地蔵様はただの石かもしれません。でも、昔話の中では、お地蔵様が命を持っていて、人間と同じように感じると考えているのです。そういうのは非合理的な心かもしれません。だから一方で、もっと合理的に生きようということになり、大人になると昔話を忘れてゆくと思います。しかし、人間の感受性の中に同情や愛情の気持ちがあるというのは、やはり必要でしょう。そういうことをこういう話は教えてくれると思います。合理性と非合理性、理系と文系のバランスをどういうふうに自分の中でとるのかということは、大学生にとっても、中学生にとっても、とても大事なことです。

12　宮沢賢治を食う！――「グスコーブドリの伝記」など

1　宮沢賢治生誕一二〇年と復興

今回は、「宮沢賢治生誕一二〇年」ですので、岩手が生んだ偉人・宮沢賢治の話をして、それを震災から五年目の復興の支えにしたいと考えました。宮沢賢治はご存知のとおり花巻の生まれで、明治二九年（一八九六）に生を受けています。明治二九年は明治の三陸大津波の年でした。亡くなったのは昭和八年（一九三三）です。これは昭和の三陸大津波の年でした。賢治の人生は、そういう意味では数奇だったかもしれません。賢治が生まれて一二〇年、亡くなってからも八三年で、それほどの歳月が過ぎました。もう宮沢賢治に会った人はいなくなりました。

しかし、宮沢賢治はなお未来にあって、古くないという感じを強く持ちます。文学者、宗教家、科学者という三つが出会ったところに賢治の世界が作られていて、彼が亡くなった後も、我々に問いかけてくる力はすさまじいと思います。そういう意味で、まだ宮沢賢治に手が届いてないという印象さえ持ちます。ただ一方で、今日は「宮沢賢治を食う！」というタイトルにしましたのは、我々は賢治を命の糧にして生きてゆく読み方をした方がいいのではないかと考えたからです。賢治のメッセージをつかまえて、それを超えてゆく思想を生み出す必要があると思います。

もちろん、賢治は岩手の生んだ偉大な作家であるだけではなく、日本でも特異な存在であり、最近は海外の研究者も生まれて、二一世紀を迎え、今や世界文学になりつつあります。どんどん翻訳も出て、多くの外国人が読む時代が来ています。「世界文学としての宮沢賢治」を議論するべき必要があります。

そこで、「食う」と比喩的に言いましたのは、我々が宮沢賢治が遺したものを食って、この震災を乗り越えてゆきたいと願っていることを込めています。生きてゆくための重要なものに、衣食住があります。衣は着ること、食は食べること、住は住むことです。これらが命を支えていることは、東日本大震災を経験した釜石の方々ばかりでなく、東京に住んでいる私たちも切実に感じます。衣食住が満ち足りていることがどんなに幸せなことか、さりげない日常がいかに大切なものか、ということを改めて認識しています。

先だって熊本地震がありましたが、この場合には津波もなく、大きな火災もありませんでした。しかし、多くの住宅が半壊・全壊しましたので、「住」の復興が大変になってます。日本列島は災害の多い地域ですが、同時に、今日、仙人峠《せんにんとうげ》を越えて来ても感じるのは、日本列島ほど緑の豊かな地域もそうないということです。ですから、日本人はその豊かさと厳しさと向き合って生きてきたし、これからも生きてゆけばいいのです。その中で、この釜石で暮らし、日本で生きる意味を繰り返し考えなければなりません。

2 『注文の多い料理店』の「序」に見る希望

宮沢賢治は、大正一三年（一九二四）に詩集の『春と修羅』、童話集の『注文の多い料理店』を出しました。生前の著書はこの二冊だけで、多くはトランクの中に草稿のままで残されました。書きかけの作品を組み合わせながら新しい童話を創ることを、最晩年まで模索し続けました。従って、賢治の詩や童話は未完成だったはずで、おそらく完成に向かおうとする力があるはずです。賢治の模索の跡は原稿でたどれるわけですが、その息遣いはとても新鮮です。

大正一三年、二八歳の時の童話集が『注文の多い料理店』ですが、この中には九編の短い童話が入っています。その「序」はこう始まります。

わたしたちは、氷砂糖をほしいくらいもたないでも、きれいにすきとおった風をたべ、桃いろのうつくしい朝の日光をのむことができます。

こうして冒頭からいきなり「食」の問題が出てきます。確かに、甘い氷砂糖は欲しいでしょう。昔の人にとっては、今以上に甘味は魅力だったはずです。甘い氷砂糖を欲しいほど持たなくても、透き通った風を食べ、朝の日光を飲むことができると主張します。風を食べるって何なんだ、日光を飲むって何なんだということになります。自然と呼吸することの比喩かと思いますが、賢治には、自然の恵みを受けて、それを糧にして生きるという発想があったはずです。先ほど言った衣食住の「食」、食う世界が、我々が考えている即物的な氷砂糖よりもっと広く存在していて、自然の恵みとして、風を食べ、日光を飲んで生きてゆく、人間にはそういうことが必要なのだということを、いきなり述べているわけです。

またわたくしは、はたけや森の中で、ひどいぼろぼろのきものが、いちばんすばらしいびろうどや羅紗《らしゃ》や、宝石いろのきものに、かわっているのをたびたび見ました。

わたくしは、そういうきれいなたべものやきものをすきです。

食べ物の次には着物が出てきて、「食」と「衣」を並べます。美しい食べ物や着物に対する陶酔《とうすい》的な愛着を語ります。そして、こう続きます。

これらのわたくしのおはなしは、みんな林や野はらや鉄道線路らで、虹や月あかりからもらってきたのです。

この後に収められた九編の童話は、虹や月明かりからもらってきたというのです。自分の意思で書いたのではなく、外部の世界を受け止め、その感受性の中から童話の世界が生まれているのです。これは外部の世界に対して敬虔な姿勢を表しただけでなく、創作の方法や本質に関わると思います。

賢治は、「どうしてもこんな気がしてしかたがない」、「こんなことがあるようでしかたがない」という思いを書いたに過ぎないと考えます。しかも、「あなたのためになるところもあるでしょうし、ただそれっきりのところもあるでしょう」として、これらの童話が教育的にも道徳的にもためになるかどうか、わからないとします。童話はそうした固定的な規範の中に収束するものではないという認識があったのでしょう。最後の一文はこうです。

けれども、わたくしは、これらのちいさなものがたりの幾きれかが、おしまい、あなたのすきとおったほんとうのたべものになることを、どんなにねがうかわかりません。

九編の童話は小さな物語であり、それらが読者であるあなた方の本当の食べ物になるというのです。つまり、自分が書いた童話は教育的にも道徳的にも役に立つかどうかはわからないけれども、生きてゆくためになくてはならない食べ物になると言っているのです。

私たちは毎日食べて生きているという現実がありますが、それだけでは人間は生きてゆけず、こういう小さな物語を食べ物にすることで、人は本当に生きてゆけるといいます。しかし、「どんなにねがうかわかりません」というのですから、これは自明なことではなく、希望だったのです。賢治の童話はそういう希望を書いていて、『注文の多い料理店』も未来にあると思います。こうした立場に立つならば、文学は「食」や「衣」に匹敵するほど重要なものだということになります。後で言いますように、賢治は希望を持ち続けていたのであって、決して断定していたわけではないと思います。

人間は希望を持っても、ときに叶《かな》えられたり、ときに叶えられなかったりすることがあります。けれども、私たちはどこかでそういう希望を失ってはいけないのであって、それが生きる力になるということを、賢治を読んでいると強く感じます。そこで、今日は、賢治が書いた「食う」という問題を童話や詩の中から探してみたいと思います。

今日は取り上げない作品に、「なめとこ山の熊」があります。淵沢小十郎《ふちざわこじゅうろう》は熊獲りの名人で、熊を獲って生活しています。しかし、小十郎が獲った熊を町へ売りに行き、荒物屋で「熊の皮と熊の胆《きも》を買ってくれ」と頼むと、旦那に買いたたかれます。「毛皮二枚は二円にしかならない。余っているからいらない」と言われても、小十郎は生活が苦しいので、「何とかそこをお願いします」と頼みます。結局、「二円でいい」と言うと、旦那は「小十郎さんに一杯持ってきてくれ」となります。語り手の賢治はそこで、こういう嫌な世界があるということを述べています。

この童話の世界がおもしろいのは、小十郎が殺そうと思っていた熊が「二年待ってくれ」と言うと、小十郎は「じゃあ待ってやる」と約束するのです。人間は嘘をつきますけれども、熊の場合は、二年経つと、小十郎の家の前でちゃんと死んでいるわけです。つまり、人間と熊の間に崇高な関係があることを教えてくれるのです。

小十郎はある日、猟に出ますが、熊に出会って、があんと殺されます。熊たちが死んだ小十郎の周りを囲んで踊り、小十郎の魂を慰めるという場面で終わります。猟師は野生動物の熊と対等な関係にあって、お互いに食うか食われるか、命を獲って生きているという世界が描かれています。この作品では、猟師の崇高な精神と荒物屋の俗悪な態度、山の狩猟民と町の商売人の対立が際立っています。

最近は山へ入ると熊が出るということで、時々熊との接触があります。『遠野物語』を読んでも、熊が里まで下りて来ることはなく、山へ入った猟師が出会うという関係です。熊の生きる世界と人間の生きる世界はうまく住み分けられていたようです。むしろ、一〇〇年前くらい前、里へ下りてくるのは狼《おおかみ》でした。小学生の通学路で、山の上で狼が吠える声が聞こえ、その鳴き声ほど恐ろしいものはないと書いています。野生動物の生態系もずいぶん変わってきたと見るべきなのでしょう。

3 「フランドン農学校の豚」――食われる動物の恐怖

生きるか死ぬかという関係で崇高に向き合う猟師と熊の世界を念頭に置くとき、私が気になっているもう一つの作品が「フランドン農学校の豚」です。これはあまり話題になりませんが、絵本にもなって、よく読まれています。

フランドン農学校で豚が飼育されています。農学校ですから、どのように豚を育てればいいかというので、畜産学で豚の育て方を研究しているのです。豚の飼育の方法について改良を重ね、学問として発達させてゆくので、農学の中にある一つの世界だと思います。家畜を飼育し、増産し、人間生活に役立つものにすることが企てられ、一つの産業になってゆきます。

今、私たちは多くの肉を食べています。豚肉のみならず、牛肉と鶏肉もあり、日本の場合は宗教的なタブーがありませんから、この三種類が流通して、食生活の中に深く入っています。野生動物の肉を食べるのではなく、家畜の肉を食べるので、商品として流通しているのです。
この「フランドン農学校の豚」を見ますと、例えば、畜産学の先生が豚のところにやって来て、鋭い眼でその生体量を計算して、助手にこう言いつけます。

「も少しきちんと窓をしめて、室中《へやじゅう》暗くしなくては、脂《あぶら》がうまくかゝらんじゃないか。それにもうそろそろと肥育をやってもよかろうな、毎日阿麻仁《あまに》を少しずつやって置いて呉《く》れないか。」

「肥育」というのは、食用にする家畜の肉の量や質をよくするために、太らせることです。運動を制限して、よい肉をとるのですが、「強制肥育」となれば、管を入れて無理矢理に食べさせ、太らせることを指します。この畜産学の先生の話を聞いて、豚は嫌な気持ちになり、飼料である阿麻仁も喉《のど》を通らなくなります。そして、「(とにかくあいつら二人は、おれにたべものはよこすが、時々まるで北極の、空のような眼をして、おれのからだをじっと見る、実に何ともたまらない、とりつきばもないようなきびしいこゝろで、おれのことを考えている、そのことは恐《こわ》い、ああ恐い。)」という気持ちを抱きます。豚は先ほどの会話の真意がわからないので、なんとなく恐怖を感じるのです。
しかし、「ところが、」という接続で一転し、このときに「家畜撲殺同意調印法」という法律が発布されます。家畜を殺す者は、家畜から死亡承諾書を受け取らなければいけないという法律です。家畜にも人権のようなものが認められて、家畜が承諾しない場合には殺してはいけないことになったのです。そこで、農学校の校長はこの豚に判を押させようと考えて、やって来ます。豚と校長の間にこんな会話が続きます。

「校長さん、い、お天気でございます。」

「うんまあ、天気はい、ね。」

豚は日常のままに、さりげなくしゃべり始めます。しかし、校長はじろじろと豚の体を見るので、畜産の教師と同じでした。豚は人間の視線にすごく怯《おび》えています。

「私はどうも、このごろは、気がふさいで仕方ありません。」

これに対して、校長は立て続けに言います。

「ふん。気がふさぐ。そうかい。もう世の中がいやになったかい。そういうわけでもないのかい。」

「とにかくよくやすんでおいで。あんまり動きまわらんでね。」

豚が運動すると痩《や》せてしまいますので、休んでいて動き回らないようにと繰り返すわけです。豚はその言葉を聞いて、『とにかくよくやすんでおいで。あんまり動きまわらんでね』とは、「一体これはどう云う事か。あゝつらいつらい」と考えます。状況が飲み込めない豚は、漠然とした不安を抱きつづけます。つまり、この童話は、農学校で実験的に飼育されている豚の気持ちになって、豚の立場から飼育を見つめるのです。

私は、いろいろな作品を読んできましたが、こういう世界を描いた作家は他にいません。人間が豚を飼育するのは当たり前だという人間中心主義的な価値観ではなく、豚の気持ちになって考えてみるのです。こうしたことができた作家は宮沢賢治だけでしょう。それは、人間の食生活そのものを問い返すものになっています。

この童話の最後です。豚は強制肥育に入り、管からたくさんの物を食べさせられて太り、もうそろそろいいだろうということになります。寒い中豚を外に出して、小使と助手がこんなやりとりをします。

「風邪を引きますぜ。」
「い、だろうさ。腐りがたくて。」

豚が畜舎に入ると、敷藁《しきわら》がきれいに代えられていて、恐ろしい記憶が脳裏を巡ります。そこに生徒たちや助手がやって来て、

「外でやろうか。外の方がやはりい、ようだ。連れ出して呉れ。おい。連れ出してあんまりギーギー云わせないようにね。まずくなるから。」

豚が苦しむと、肉の質が落ちるのです。助手が入ってきて、「いかゞですか。お天気もい、ようです。今日少しご散歩をなすっては」と言って、鞭《むち》をあてます。外は雪に日が照って、まぶしいほどでした。そして、こう続きます。

全体どこへ行くのやら、向うに一本の杉がある、ちらっと頭をあげたとき、俄《にわ》かに豚はピカッという、はげし

い白光のようなものが花火のように眼の前でちらばるのを見た。
その後には、「とにかく豚のすぐよこにあの畜産の、教師が、大きな鉄槌《てつつい》を持ち、息をはあはあ吐《は》きながら、少し青ざめて立っている。又豚はその足もとで、たしかにクンクンと二つだけ、鼻を鳴らしてじっとうごかなくなってい た」とあります。教師が豚を鉄槌で殺害したのです。「それからあとのことならば、もう私は知らないのだ」というように、豚は「私」と一人称で語ります。教師も息をはあはあ吐いているわけですから、冷静に殺害できたわけではありません。そして、豚は解体されます。

生徒らはもう大活動、豚の身体《からだ》を洗った桶《おけ》に、も一度新らしく湯がくまれ、生徒らはみな上着の袖を、高くまくって待っていた。
助手が大きな小刀で豚の咽喉《のど》をザクッと刺しました。
一体この物語は、あんまり哀れ過ぎるのだ。もうこのあとはやめにしよう。

豚は解体されて雪の上に投げ出されて冷凍されるのですが、語り手は、この物語は哀れ過ぎて、これ以上語れないとして終結させます。最後はこう終わります。

さて大学生諸君、その晩空はよく晴れて、金牛宮もきらめき出し、二十四日の銀の角、つめたく光る弦月が、青じろい水銀のひかりを、そこらの雲にそゝぎかけ、そのつめたい白い雪の中、戦場の墓地のように積みあげられた雪の底に、豚はきれいに洗われて、八きれになって埋《うず》まった。月はだまって過ぎて行く。夜はいよいよ冴《さ》えたのだ。

こうして語ることを中止してしまうのですが、残酷な様子を冷静に見つめながら、豚の最期を書いてゆく視線は大変なものだと思います。私たちは豚肉をスーパーマーケットで買ってきて食べています。しかし、残念ながら、豚がどのように育てられ、どのように殺害され、どのように流通に乗ってきたのかということは見えません。これが近代の生産と消費の社会です。でも、その恩恵に浴しながら日々の食生活は成り立っているのです。豚の命を食べることによって我々は生きているのです。

この「フランドン農学校の豚」は、「なめとこ山の熊」が野生動物との関係だとすると、人間のために計画的に生産され、そして経済行為の中で流通してゆく家畜動物との関係を書いています。農学校の校長、教師、生徒によって命が奪われてゆく、何とも言えない豚の恐怖感が書かれています。私は、この「フランドン農学校の豚」を読んだときに、すごくショックを受けたことを思い出します。

「なめとこ山の熊」が、猟師と熊、猟師と商人、崇高な山の世界と俗悪な町の世界を描いているとすると、「フランドン農学校の豚」は、農学校の校長、教師、生徒と豚、言わば平地の生産と消費の世界を描いています。狩猟民の世界はこの岩手でもどんどん消えて、その狭間に『遠野物語』のような作品があったと思いますけれども、今は「フランドン農学校の豚」のような平地人の世界に生きていることを実感します。宮沢賢治のこういう世界観はすごく立体的だと思います。

賢治の童話の中に、もう一つ気になっている作品に、「税務署長の冒険」があります。この作品では、密造酒を禁止するという講演を、税金をとりたてる責任者である税務署長が行います。村人たちは何げなく聞いていますが、税務署長はどうもおかしいと感じます。そこで、自ら椎蕈《しいたけ》買《が》いに変装して、村に忍び込んで探るわけです。村の中に入ってみると、思ったとおり密造酒をつくっていることを見つけますが、工場で縛られてしまいます。工場の社長は、実は村の名誉村長で、村ぐるみで密造していたのです。結局、税務署長は救い出され、社長は逮捕されて、密造は認められないことになります。税務署長の果敢な冒険によって、村社会で密造酒をつくってきた事実が露呈したのです。村社会ではどぶろくをつくって楽しんできた暮らしがあって、それを作品化してゆくのです。

ですから、賢治の作品は、一つの作品がもう一つの作品を呼び出してくるようなところがあります。平地の社会に家畜の問題があれば、密造酒の問題はどうなのかという社会問題に突き刺さるのです。賢治はすごく社会派の作家だと思います。一〇〇年近く前の東北の変化をよく見ています。税務署長が出てくるのも、農学校が出てくるのも、近代化の中で、密造や家畜とどのように向き合ってきたかが主題化されているということなのでしょう。

4 「ビヂテリアン大祭」——菜食主義者の主張

家畜の問題は、「食」ではどこに行くかというと、私は「ビヂテリアン大祭」に見られる問題に進むのではないかと思います。冒頭はこう始まります。

> 私は昨年九月四日、ニュウファウンドランド島の小さな山村、ヒルテイで行われた、ビヂテリアン大祭に、日本の信者一同を代表して列席して参りました。

全体、私たちビヂテリアンというのは、ご存知の方も多いでしょうが、実は動物質のものを食べないという考《かんがえ》のものの団結でありまして、日本では菜食主義者と訳しますが主義者というよりは、も少し意味の強いことが多いのであります。菜食信者と訳したら、或《あるい》は少し強すぎるかも知れませんが、主義者というよりは、よく実際に適《かな》っていると思います。もっともその中にもいろいろ派がありますが、まあその精神について大きくわけますと、同情派と予防派との二つになります。

この名前は横からひやかしにつけたのですが、大へんうまく要領を云いあらわしていますから、かまわず私どもも使うのです。

ビヂテリアンは、古く仏教、ヒンズー教、キリスト教でも見られるようですが、食における思想信条です。「私」という主人公はビヂテリアン、菜食主義者、菜食信者であり、太平洋に面したヒルテイ村で行われたビヂテリアンの世界大祭に出席します。しかし、世間の人はビヂテリアンを知らないだろうと考えて、解説します。

同情派と云いますのは、私たちもその方でありますが、恰度《ちようど》仏教の中でのように、あらゆる動物はみな生命を惜むこと、我々と少しも変りはない、それを一人が生きるために、ほかの動物の命を奪って食べるそれも一日に一つどころではなく百や千のこともある、これを何とも思わないでいるのは全く我々の考が足らないので、よくよく喰《た》べられる方になって考えて見ると、とてもかあいそうでそんなことはできないとこう云う思想なのであります。

「私」は同情派に属しているとし、食べられる動物の身になって考えると、かわいそうで食べることはできないというのです。「フランドン農学校の豚」で、畜産学の施設・農学校で殺害された豚の気持ちになって考えてみるのと通底すると言っていいでしょう。

ところが予防派の方は少しちがうのでありまして、これは実は病気予防のために、なるべく動物質をたべないというのであります。則ち、肉類や乳汁を、あんまりたくさんたべると、リュウマチスや痛風や、悪性の腫脹《しゅちょう》や、いろいろいろいけない結果が起るから、その病気のいやなもの、又その病気の傾向のあるものは、この団結の中に入るのであります。それですからこの派の人たちはバターやチーズも豆からこしらえたり、又菜食病院というものを建てたり、いろいろなことをしています。

このように、同情派と予防派が精神的にはあって、これが菜食主義者の考え方だとします。では、「これをその実行の方法から分類しますと、三つになります」として、実際に菜食主義を行う方法を三つあげます。「第一に、動物質のものは全く喰べてはいけない」。これが一番厳しい菜食主義だと言います。そして、「則ち獣や魚やすべて肉類はもちろん、ミルクや、またそれからこしらえたチーズやバター、お菓子の中でも鶏卵の入ったカステーラなど、一切いけないという考の人たち、日本ならばまあ、一寸鰹《ちょっとかつお》のだしの入ったものもいけないという考のであります。この方法は同情派にも予防派にもありますけれども大部分は予防派の人たちがやります」と説明します。二番目はもう少しゆるくて、「第二のは、チーズやバターやミルク、それから卵などならば、まあものの命をとるというわけではないから、さし支えない、また大してからだに毒になるまいというので、割合穏健な考であります」と説明します。穏健派では、加工品並びに肉にならない卵ならばいいという判断です。

第三が一番ゆるいと思いますが、「第三は私たちもこの中でありますが、いくら物の命をとらない、自分ばかりさっぱりしていると云ったところで、実際にほかの動物が辛《つら》くては、何にもならない、結局はほかの動物がかあいそうだからたべないのだ、小さな小さなことまで、一一吟味して大へんな手数をしたり、ほかの人にまで迷惑をかけたり、そんなにまでしなくてもいゝ、もしたくさんのいのちの為に、どうしても一つのいのちが入用なときは、仕方ないから泣きながらでも食べていゝ、そのかわりもしその一人が自分になった場合でも敢《あえ》て避けないとこう云うのです。けれどもそんな非常の場合は、実に実に少いから、ふだんはもちろん、なるべく植物をとり、動物を殺さないようにしなければならない、くれぐれも自分一人気持ちをさっぱりすることにばかりかゝわって、大切の精神を忘れてはいけないと斯《こ》う云うのであります」と述べます。つまり、自分一人さっぱりしているのではいけないし、他の人に迷惑をかけてもいけない。そんなにまでしなくてもいいので、泣きながらでも、どうしても仕方がないときは、その命をもらい受けて生きなければいけないという考えです。利己主義に対する批判、利他主義のような思想です。

「雨ニモマケズ」の中にも、「アラユルコトヲ／ジブンヲカンジョウニ入レズニ／ヨクミキキシワカリ／ソシテワスレズ」とありました。自分を勘定に入れずにというところは、自分一人がという考えに対する批判として通じているのでしょう。「雨ニモマケズ」は後で触れますけれども、賢治のいろいろな童話や詩の一つの結晶体だと思います。

そういったビヂテリアンの同情派の人たちの大祭が、ヒルテイ村で行われるので、「私」はそこへ行ったということになるわけです。途中を省略してしまいますが、そこで世界中から集まってきた人たちと出会います。シカゴと出てきますから北米ですが、開会式前にシカゴ畜産組合からビヂテリアンの大祭に反対するアジビラがまかれます。内容は菜食主義への批判を述べたもので、五種類のビラがまかれますが、それぞれの論点は異なります。

第一に人口論の立場から言うと、動物を食べなければ人類の半分は死に、植物だけでは人類の半分しか生きられないので、今の人口は持たないというビラ。第二に動物心理学の立場から言うと、豚はかわいそうだと言いながら、豚に死の観念はあるはずがなく、死を豚は自覚していないと考えられるというビラ。第三に生物分類学的に言うと、動物と植物を分けても、動物と植物の境界は明確に分けられないので、どこまでが動物だとは限定できないというビラ。南方熊楠《みなかたくまぐす》は粘菌《ねんきん》を扱いましたが、粘菌は植物と動物の間で、曖昧なところがおもしろいと思ったのでしょう。第四に比較解剖学から言うと、人類は犬歯《けんし》があり臼歯《きゅうし》があって、歯の構造を見ただけでも動物と植物と両方を食べる混食に適しているので、それに従って生きるのが一番ふさわしいというビラ。第五に、せっかく魚が獲れても、それを食べる人がいなければ無駄にしてしまい、もったいないというビラ。

そういうビラがまかれた後、大祭が華々しく始まります。そうすると論争が始まり、ビヂテリアンたちがその主張をします。一方では、異教徒反対派の人たちの席も二〇くらい設けられていて、その人たちは今申し上げたビラに書かれたようなことを演説します。そのようにして、異分子を抱えながら、反対派とビヂテリアン派の論争が繰り返され、「私」も壇に上って主張する場面が出てきます。

ところが、最後に、やや唐突な感じがしなくもありませんが、多くの人が「私もビヂテリアンになります」と言うように、説得されて改宗してゆきます。例えば、キリスト教の神学博士が、「すべては神の摂理に従って生きるべきだ」と説いていたのに、「諸君、今日私は神の思召《おぼしめし》のいよいよ大きく深いことを知りました。はじめ私は混食のキリスト信者としてこの式場に臨んだのでありましたが今や神は私に敬虔なるビヂテリアンの信者たることを命じたまいました。ねがはくは先輩諸氏愚昧《ぐまい》小生の如きをも清き諸氏の集会の中に諸氏の同朋《どうほう》として許したまえ」と述べます。つまり、神のおぼしめしによって、ビヂテリアンになるので、仲間に入れてくださいと言うのです。神学博士が説得されてしまったので、異教徒席は大混乱になり、人々は「悔い改めます。許して下さい。私どももみんなビヂテリアンになります」と言って、改宗してゆくのです。

最後に、喜劇役者に似た人が、「諸君、私は誤っていた。私は迷っていたのです。私は今日からビヂテリアンになります。いや私は前からビヂテリアンだったような気がします。どうもさっきまちがえて異教徒席に座りそのためにあんな反対演説をしたらしいのです」と言って、深い反省をします。そして、「私はいよいよ本心に立ち帰らなければならない」と言って、元々ビヂテリアンであることを発見することができた喜びを語ります。

陳氏という中国人もビヂテリアンですが、「「やられたな、すっかりやられた。」陳氏は笑いころげ哄笑歓呼拍手は祭場も破れるばかりでした。けれども私はあんまりこのあっけなさにぼんやりしてしまいました」と続きます。みんなが一気に改宗して、ビヂテリアンになると宣言をしたので、むしろ戸惑ってしまいます。「あんまりぼんやりしましたので愉快なビヂテリアン大祭の幻想はもうこわれました」と述べます。「私」にとって、論争の結果、改宗するのはあまりに唐突だったのでしょう。

そして、「どうかあとの所はみなさんで活動写真のおしまいのありふれた舞踏か何かを使って勝手にご完成をねがうしだいであります」と結んで、読者にこの作品を完成させてほしいと呼びかけます。先ほどの「フランドン農学校の豚」も「もうこのあとはやめにしよう」と中断し、ここでも「ご完成をねがうしだいであります」と言ってしまうのです。書いてきた作品に対してブレーキをかけ、その問題を読者と共有しながら参加を促してゆくところがあるように思います。ですから、この作品を完成させるのは読者だというメッセージがあり、それはさらに言えば、今これを読んでいる私たちであるということになるのです。

この作品にも、やはり対立の構造があります。「なめとこ山の熊」が狩猟民と商売人の対立で、「フランドン農学校の豚」が農学校の先生、生徒と豚の対立で、この「ビヂテリアン大祭」はビヂテリアンと異教徒反対派が対立します。

異教徒派の最たるものが畜産組合の人たちです。休暇でたまたまいたので、援助をもらってビラを作ったとありますけれども、畜産組合は何かと言えば、「フランドン農学校の豚」で実験したことが一つのシステムになったとき、生産活動になり、畜産組合が生まれます。ですから、実は、「フランドン農学校の豚」の畜産学が実用化されて畜産組合に展開して、「ビヂテリアン大祭」でビヂテリアンと鋭く向き合うという展開になっていると見ることができます。みんなが改宗して、「私もビヂテリアンになります」と言ってしまうので、あまりの唐突さにぼんやりしてしまうという作品の終わり方は、賢治自身が自分の書いた作品に戸惑っていることを示すのでしょう。

賢治の作品がおもしろいのは、「なめとこ山の熊」では山と町、「フランドン農学校の豚」では平地、今度の「ビヂテリアン大祭」の場合は、カナダだと思いますけれども、世界を舞台にすることです。ですから、この「食」をめぐる問題は、なめとこ山という場所、フランドン農学校という場所、そして今はカナダでベヂテリアンの大祭を開くという世界規模の場所になっています。その中で、人間の食文化を改めて考えようとするのは、すごい野心だと思います。賢治には、そういう空間が食を通じて構造化されているのではないかと見えてきます。そういった系列の作品から見ると、ちょっと距離を置いているのが、次の「グスコーブドリの伝記」です。

5 「グスコーブドリの伝記」——自己犠牲による救済

今まで見てきた作品は、宮沢賢治の作品で言うと、だいたい『注文の多い料理店』の頃、大正一二年(一九二三)前後に書かれたとされています。しかし、それらから見るとずっと遅れて、「グスコンブドリの伝記」という初稿が昭和六年(一九三一)に書かれ、「グスコーブドリの伝記」は昭和七年(一九三二)に『児童文学』という雑誌に発表されています。亡くなる一年前の発表ですから、公開された童話としても、賢治が最晩年に行き着いた世界だと思います。そしてこれは、東北を考える上でも、とても重要です。

研究では、「グスコンブドリの伝記」と「グスコーブドリの伝記」の違いも重要ですが、今日はできあがった最終稿を見てゆきます。改変に改変を重ねて落ち着いたものがこういう世界だということになります。第一節から第九節まであります けれども、第一節は「森」で、こう始まります。

グスコーブドリは、イーハトーブの大きな森のなかに生れました。お父さんは、グスコーナドリという名高い木樵《きこ》りで、どんな巨《おお》きな木でも、まるで赤ん坊を寝かしつけるように訳なく伐《き》ってしまう人でした。

「イーハトーブ」は、ドリームランドとしての岩手と説明される世界ですが、グスコーブドリはその大きな森で生まれます。父親は木樵りの名人です。熊獲りの名人・淵沢小十郎と同じように、山で暮らす人です。ブドリにはネリという妹がいて、ふたりは毎日森で遊んでいました。母親が家の前の小さな畑に麦を播いているとき、ふたりは道に筵《むしろ》を敷いて座り、ブリキ缶で蘭《らん》の花を煮たりしました。ブドリには、木樵りの父親、料理を作ってくれる母親、遊び相手の妹のネリがいたのです。この家族は幸せな生活を送り、ブドリは一〇歳、ネリは七歳、ブドリは学校に行くようになっています。

ところがどういうわけですか、その年は、お日さまが春から変に白くて、いつもなら雪がとけると間もなく、まっしろな花をつけるこぶしの樹《き》もまるで咲かず、五月になってもたびたび霙《みぞれ》がぐしゃぐしゃ降り、七月の末になっても一向に暑さが来ないために去年播いた麦も粒の入らない白い穂しかできず、大抵の果物も、花が咲いただけで落ちてしまったのでした。

この年、春から夏にかけて気温が上がらず、霙も続き、冷害の年になったのです。

そしてとうとう秋になりましたが、やっぱり栗《くり》の木は青いからのいがばかりでしたし、みんなでふだんたべるいちばんたいせつなオリザといふ穀物も、一つぶもできませんでした。野原ではもうひどいさわぎになってしまいました。

この「オリザ」は稲のことです。冷害から凶作、凶作から飢饉へ向かう様子がリアルに出てきて、この家族を襲います。しかも、冷害は続きます。一年だけでは終わらず、二年、三年と続くことは記録からもわかります。最初は麦の粉などを持って帰って、どうにかその冬を過ごして、春になる。ところが、前の年のとおりで、秋になると本当の飢饉になってしまいます。翌年の方が飢饉は深刻です。年を追って、冷害、凶作、飢饉は厳しくなってゆくのです。

ブドリのお父さんもお母さんも、すっかり仕事をやめていました。そしてたびたび心配そうに相談しては、かわるがわる町へ出て行って、やっとすこしばかりの黍《きび》の粒など持って帰ることもあれば、なんにも持たずに顔いろを悪くして帰ってくることもありました。そしてみんなは、こならの実や、葛《くず》やわらびの根や、木の柔らかな皮やいろんなものをたべて、その冬をすごしました。

こならの実や葛餅、わらびの根餅というのは、実際に飢饉のときの食事として食べられています。木の柔らかい皮も飢饉のときの食べ物だったのでしょう。栄養が足りませんので、「春が来たころは、お父さんもお母さんも、何かひどい病気のようでした」となって、衰弱してゆきます。

ある日お父さんは、じっと頭をかゝえて、いつまでもいつまでも考えていましたが、俄かに起きあがって、「おれは森へ行って遊んでくるぞ。」と云いながら、よろよろ家を出て行きましたが、まっくらになっても帰って来ませんでした。二人がお母さんにお父さんはどうしたろうときいても、お母さんはだまって二人の顔を見ているばかりでした。

父親は「おれは森へ行って遊んでくるぞ」と宣言して家を出てしまうのです。子供たちが「お父さんはどうしたろう」と尋ねても、母親は何も答えません。母親は父親がいなくなった真実を知っているはずです。食べる物がなくなって、まず父親が森へ行って、家族の命を救ったのです。「遊んでくるぞ」というのは、子供たちを安心させるためだと思われます。

次の日の晩方になって、森がもう黒く見えるころ、お母さんは俄かに立って、炉《ろ》に榾《ほだ》をたくさんくべて家じゅうすっかり明るくしました。それから、わたしはお父さんをさがしに行くから、お前たちはうちに居てあの戸棚にある粉を二人ですこしずつたべなさいと云って、やっぱりよろよろ家《うち》を出て行きました。二人が泣いてあとから追って行きますと、お母さんはふり向いて、

「何たらいうことをきかないこどもらだ。」と叱《しか》るように云いました。

母親は「お父さんをさがしに行く」と言って、父親に続いて家を出て行く。でも、「お父さんをさがしに行く」というのは、子供たちに便宜上の説明をしただけでしょう。子供たちは母親を一晩中呼びつづけますが、どこからも人の声は聞こえません。とうとう子供だけが残り、まるで死んだように眠ってしまうのです。こういう父親と母親の態度をどう受け止めたらいいのかはなかなか難しいところです。けれども、世界中のいろいろな事例を見ますと、これはとてもリアルな感じがします。おそらく童話の世界だけでなく、そういうことが実際にあったのだろうと思います。

北海道の北にカムチャッカ半島があります。そこの民俗の報告例の中に、こんな話があります。年をとって病気になると、年寄りが「私を森へ連れてってくれ」と言います。それで、家族が森に連れて行き、その年寄りはそのまま帰って来ません。そういうことが二〇世紀の後半くらいまでずっと行われていたのです。日本では尊厳死や安楽死を認めていませんけれども、どうもこういう飢饉や病気と向き合うときに、自らの命を自ら決めるという生き方があったのだろうと思います。

残された子供たちの孤独な生活が始まります。しかし、母親が言ったように、戸棚には袋に入れたそば粉やこならの実がたくさん入っていて、子供たちが生きてゆく食糧はありました。でも、家族四人が生きてゆくのは無理だったのです。そこに目の鋭い男がやって来て、こう言います。

「私はこの地方の飢饉を救《たす》けに来たものだ。さあなんでも喰べなさい。」二人はしばらく呆《あき》れていましたら、「さあ喰べるんだ、食べるんだ。」とまた云いました。二人がこわごわたべはじめますと、男はじっと見ていました

が、

「お前たちはい、子供だ。けれどもい、子供だというだけでは何にもならん。わしと一緒についておいで。尤《もっと》も男の子は強いし、わしも二人はつれて行けない。おい女の子、おまえはここにいても、もうたべるものがないんだ。おじさんと一緒に町へ行こう。毎日パンを食べさしてやるよ。」

女の子を連れてゆく男が現れて、ネリを連れて行ってしまう。この作品では森の世界と町の世界があって、町の世界に行けばパンが食べられたのです。父親が出て行き、母親が出て行き、妹が連れ去られ、ブドリは孤独になってしまう、というのが第一節の「森」です。

第二節の「てぐす工場」のテグスというのは糸のことです。ブドリがいる森は買い占められ、家はイーハトーブのテグス工場になります。ブドリは男に使われて、テグスの網をかける仕事を続け、秋冬は森で留守番をします。翌年も同じ仕事に従いますが、火山が爆発して工場は閉鎖されます。ブドリはそこにいるわけにはゆかないので、第三節の「沼ばたけ」で、テグスの仕事をやめ、森を出て平野に行きます。すると、出会った山師の男に使ってもらい、くたくたになるまで田んぼで働きます。田植えの稲運びをしてだんだん労働に慣れてゆきます。やがて、この稲が病気に罹《かか》ってしまうと、その主人である男は稲を石油漬けにしたりします。周りの男たちから非難され、あきらめて蕎麦《そば》を蒔《ま》きます。ブドリは本で勉強したように蕎麦を作り、豊作になります。でも、翌々年は干魃《かんばつ》になり、主人はブドリに暇を出します。冷害、飢饉、爆発、干魃というように、すごい自然災害ばかりが出てきます。それらは向き合って生きなければならない少年ブドリの成長を促します。

次の第四節からはこうなります。ブドリは、その後、イーハトーブ市に向かいます。森から平野に出て、今度は町に行くわけです。そして、クーボー博士の学校を探し当て、博士の授業を聞きます。何人かの学生たちと一緒に授業を聞き、試験を受けて合格し、就職の世話をされる。従って、ブドリは転職を繰り返すわけです。転職したのはイーハトーブの火山局です。仕事に就いたブドリは、ペンネンナームという技師に会います。火山局で仕事を学んだブドリは、国中の火山の動きがわかるようになります。サンムトリ火山が爆発すると、サンムトリ市を守るために、技師とブドリは火山の手直しに行き、クーボー博士は飛行船で見舞いに行きます。ブドリの工事は成功し、火山は爆発しますが、サンムトリ市は難を避けることができました。その後、クーボー博士は発電所を建設し、そこに雨や肥料を降らせます。その結果、豊作になりますけれども、誤解した農民たちがブドリを襲撃します。ブドリが怪我《けが》をして入院したということが新聞に出て、連れ去られた妹のネリがやって来て、再会します。

最後の第九節「カルボナード島」では、火山局で生きがいのある仕事を見つけたブドリは、五年間楽しく暮らし、再会したネリは牧場の息子と結婚して、かわいらしい男の子が生まれていました。

冬に仕事がひまになると、ネリはその子にすっかりこどもの百姓のようなかたちをさせて、主人といっしょに、ブドリの家に訪ねて来て、泊って行ったりするのでした。

解体したブドリの家族が平和な暮らしを取り戻す様子が見えます。

ある日、ブドリのところへ、昔てぐす飼いの男にブドリといっしょに使われていた人が訪ねて来て、ブドリたちのお父さんのお墓が森のいちばんはずれの大きな榧《かや》の木の下にあるということを教えて行きました。

家を出た父親のお墓が教えられます。テグス飼いの男が森に来て見て歩いて、ブドリの父親たちの冷たくなった体を見つけたのです。「お父さんたちの冷くなったからだ」の「たち」は、母親も含まれることを示します。そこで、ブドリに知らせないように、そっと土に埋め、上へ一本の樺《かば》の枝を立てておきました。それがお墓の目印でした。それを聞いたブドリは、ネリたちを連れてそこへ行き、白い石灰岩のお墓を立てて、それからはその辺を通るたびに寄ってくるのでした。失踪した両親の墓が建てられ、こういうかたちで解体した家族が再編成されるのです。

そしてちょうどブドリが二十七の年でした。どうもあの恐ろしい寒い気候がまた来るような模様でした。測候所では、太陽の調子や北の方の海の氷の様子からその年の二月にみんなへそれを予報しました。それが一足ずつだんだん本当になってこぶしの花が咲かなかったり、五月に十日もみぞれが降ったりしますと、みんなはもう、この前の凶作を思い出して生きたそらもありませんでした。

「あの恐ろしい」の「あの」はブドリが一〇歳のときの飢饉を指します。すでに天気予報という科学が発達して、今年は冷害になることを予報したのです。その予報が本当になって、こぶしの花が咲かず、五月に一〇日も霙が降ったのは、前のときと同じです。平和だった家族も再び厳しくなり、あの年と同じようになってきます。クーボー博士も気象や農業の技師たちと相談し、意見を新聞へ出して乗り越えようとします。しかし、六月になっても稲の苗や芽を出さない木を見ると、ブドリは居ても立ってもいられなくなります。「このままで過ぎるなら、森にも野原にも、ちょうどあの年のブドリの家族のようになる人がたくさんできるのです」と述べます。

あのときの自分たちのような家族が思い出されるのです。それゆえ、父親と母親が家を出て亡くなり、妹が連れ去られた二の舞になりかねないと恐れます。そこでブドリが、「カルボナード火山島が、いま爆発したら、この気候を変えるくらいの炭酸瓦斯《ガス》を噴《ふ》くでしょうか」と尋ねると、博士は「地球全体を平均で五度位温《あたたか》にするだろうと思う」と答えます。その後には、「先生、あれを今すぐ噴かせられないでしょうか」、「それはできるだろう。けれども、その仕事に行ったもののうち、最後の一人はどうしても遁《に》げられないのでね」、「先生、私にそれをやらしてください。どうか先生からペンネン先生へお許しの出るようお詞《ことば》を下さい」、「それはいけない。きみはまだ若いし、いまのきみの仕事に代れるものはそうはない」という対話が続きます。

そこで、ペンネン技師に相談をすると、技師は、「俺がやろう。僕は今年もう六十三なのだ。ここで死ぬなら全く本望というものだ」と言いますが、ブドリは、「先生、けれどもこの仕事はまだあんまり不確かです」と応じ、成功するかどうかわからなので、「先生が今度お出《い》でになってしまっては、あと何とも工夫がつかなくなると存じます」と説得します。そして、ブドリは、三日後、火山局の船でカルボナード島へ行き、島に残るのです。

そしてその次の日、イーハトーブの人たちは、青ぞらが緑いろに濁り、日や月が銅《あかがね》いろになったのを見ました。けれどもそれから三、四日たちますと、気候はぐんぐん暖くなってきて、その秋はほぼ普通の作柄になりました。そしてちょうど、このお話のはじまりのようになる筈《はず》の、たくさんのブドリのお父さんやお母さんは、たくさんのブドリやネリといっしょに、その冬を暖いたべものと、明るい薪《たきぎ》で楽しく暮すことができたのでした。

ブドリが火山を爆発させて地球の気温を上げたので、人々は飢饉に陥らずにすんだのです。冒頭の森のところにあったような家族の幸せな生活が、ブドリの自己犠牲によって守られたことになります。自己犠牲による救済は、例えば、「銀河鉄道の夜」で、祭りの日に船から落ちた友達を救おうとしてカンパネルラが川に飛び込み、飛び込んだ本人は亡くなります。父親は「落ちてから四十五分たちましたから」と宣言します。自分の命と引き換えに人を助けるということは、賢治の作品に根強くあります。しかし、科学的に考えたときに、命を捧げることで火山を爆発できるのか、それで気温が上げられるのかというと、賢治の童話の楽観性、非科学性が批判されることになります。確かに非科学的ではあるけれども、文学的ではあると思います。

科学者が見れば、噴火にしても地震にしても、まだよくわからないことがたくさんあります。しかし、その中で、人々をどのように救うことができるのかが大きなテーマになっていることは間違いありません。人間が自然災害とどのように向き合ったらいいのかということが、「グスコーブドリの伝記」の提示した課題であり、冷害や噴火は日本列島が抱えてきた重要な問題だったのです。

6 「永訣の朝」「雨ニモマケズ」に示された思想

先ほどの山の世界、平地の世界、海外の世界、それにこういう「グスコーブドリの伝記」ような世界を構築しながら、賢治は童話を書いてきました。食べることと命との深い関係は、賢治の作品を見ると、いろいろなところに出てきてます。妹のトシが亡くなった時の「永訣の朝」の中にも、「あめゆじゅとてちてけんじゃ」とありました。雨雪を取ってきてくださいと言って、妹が命と向き合うのです。

おまえがたべるこのふたわんのゆきに

わたくしはいまこころからいのる

という祈りの世界になります。

どうかこれが兜率《とそつ》の天の食《じき》に変って
やがてはおまえとみんなとに
聖《きよ》い資糧をもたらすことを
わたくしのすべてのさいわいをかけてねがう

異文では、「どうかこれが天上のアイスクリームになって」です。「祈る」とか「願う」という言葉は、賢治の詩や童話の重要なキーワードであると思います。

あるいは、先ほども触れた「雨ニモマケズ」の有名な一節の中には、こうあります。

一日ニ玄米四合ト
味噌ト少シノ野菜ヲタベ

「玄米四合」といいますが、今、日本人は白米でもそんなに食べません。かつての日本人は、米を食べることによってエネルギーを維持していたのです。この「玄米四合」は、大変な量の食ではなく、非常に慎ましい食であり、しかも白米ではなく、玄米です。おもしろいのは、今、玄米食は人気があることです。かつて玄米は、白米に比べれば貧しい食でした。しかし、花巻辺りでも、今は雑穀がいっぱい出ていて、米を買うより粟《あわ》や稗《ひえ》を買う方が遥かに高いのです。雑穀はかつては貧しい食だったのに、今はブランド食であり、健康食です。人間の価値観は一義的に決められないことがわかります。

この「玄米四合ト／味噌ト少シノ野菜ヲタベ」は質素であるばかりでなく、ここには菜食主義が出ています。「雨ニモマケズ」は、賢治はそういう人だったと読みがちですけれども、そうではありません。詩の最後に、

ソウイウモノニ
ワタシハナリタイ

と言っていることは、見逃せません。あれは賢治の生き方ではなく、こういう生き方をしてみたいという理想を述べたものです。「東ニ……」「西ニ……」というのも、自分にはできないけれども、そういう理想を掲げて生きることが大事だというのです。だから、私たちは賢治にまだ手が届かないのだろうと思います。

今、世界を見ますと、例えば、TPPのような形で環太平洋パートナーシップ協定が結ばれ、関税の撤廃が進められようとしていますが、和牛がどうなるかということが話題になっています。和牛の生産農家が減っていますので、北海道に移してつくれるようにしようとしています。あるいは、野生動物で言うと、ジビエ料理のような形で、増えすぎたシカやイノシシを食べるようになっています。しかし、そこには、虫のよい人間中心主義的な価値観が出ています。だから私は、ジビエ料理と言っている方に、「なめとこ山の熊」や「フランドン農学校の豚」を読ませたいと思

うのです。

　また、学校では何が行われているかと言えば、食育です。朝ごはんを食べてこない子供たちが不健康なので、心と体の健康を養うために食育をしなければいけないとなりました。でも、この食育はすごく狭くて、地産地消と結びついて、伝統野菜を学校で作って給食で食べさせようという程度の展開です。おもしろかった映画に「ブタがいた教室」（二〇〇八年）があって、食育をしようというので、担任の先生が子供たちに子豚を飼わせます。だんだん大きくなって大豚になり、卒業するときに、この豚をどうするか困ってしまい、クラスで相談します。選択肢は三つで、自分たちで責任もって殺して食べる、食肉センターに送る、五年生に預ける、です。本当は自分たちで殺して食べるべきだと思うのです。でも、現代では、自分たちで殺して食べたら、保護者は黙ってないので、なんでそんな残酷なことをするのかということになる。あの映画でも、最後は食肉センターに送っています。

　去年（二〇一五）話題になったのでは、ウルグアイという国の四〇代のムヒカ大統領で、日本にも来ました。世界でも貧しい国の大統領だと言われ、「一〇万円くらいで生活し、寄付して学校を建てたい」と言っています。「物を生み出して、物を欲しがってきた産業社会は、私たち人類に本当の幸せをつくり出すとは思えない」と言っています。私は、ムヒカ大統領と宮沢賢治はどこかで手をつなぐのではないかと思います。ムヒカ大統領の発言が衝撃なのは、我々は何が本当の幸せかということをきちんと思い描けていないからです。日本人は東日本大震災を経て、何が本当の幸せかということを切実に考えなければなりません。私は、この被災して厳しい生活を続けてきた被災地から、何が本当の幸せかという強烈なメッセージを送り出してほしいと思うのです。その時の大きな礎《いしずえ》は、賢治の中から汲み取れるのではないかと思っています。


（二〇一六年六月一八日、釜石市立図書館にて講演）

13 渡された「思い残し切符」——宮沢賢治と井上ひさし

1 東日本大震災と井上ひさし

井上ひさしに関する関心は東日本大震災の前からで、柳田国男の『遠野物語』の研究に関わりはじめた時期にさかのぼります。岩手県の未来を考えるときに、井上ひさしの作品は大きなヒントを与えてくれると考えています。井上ひさしほど岩手県の可能性を考えた人はいなかったと感じるからです。ですから、今日は、宮沢賢治に言及しながら、私たちは「思い残し切符」を受け取っているかというテーマでお話しします。

宮沢賢治は明治二九年（一八九六）に生まれて、昭和八年（一九三三）に三七歳で亡くなっています。奇妙なことに、井上ひさしは昭和九年（一九三四）、山形県東置賜《ひがしおきたま》郡小松町（現川西町）で生まれています。山形県の県南です。鎌倉で亡くなったのは平成二二年（二〇一〇）で、七五歳でした。奇妙なことにと言ったのは、宮沢賢治が亡くなった翌年に井上ひさしが生まれていることです。若くして亡くなった宮沢賢治の志を引き継ぐように、井上ひさしはこの世に生を受けてきたのではないかと思います。『遠野物語』の中にも拾遺二四五話と拾遺二六三話に「生れ変り」の話がありますけれども、井上ひさしの生き方を見ると、そんなことを感じます。

ご存じのとおり、井上ひさしは昭和を代表する小説家・劇作家として活躍しました。昭和四七年（一九七二）には『手鎖心中』で直木賞を受賞して、大衆的な作家になります。昭和三九年（一九六四）から翌年の『ひょっこりひょうたん島』はＮＨＫの放送で幼い頃によく見ましたし、昭和四九年（一九七四）の『藪原検校《やぶはらけんぎょう》』は、大学生の頃に劇場で見ました。やがて井上ひさしは岩手県を掘り起こしながら自分の作品を書くようになります。

岩手県に関わる初期の作品には、昭和五一年（一九七六）の小説『新釈遠野物語』があります。これは、「新釈」と言うように、遠野の佐々木喜善が柳田国男に語った『遠野物語』のパロディーです。『遠野物語』は悲しい実話ばかりですが、井上ひさしはそれを笑いに変えてゆきます。『遠野物語』に対する果敢な挑戦だったと言えましょう。

その後で、釜石を舞台にした小説『花石物語』が昭和五五年（一九八〇）に出ます。『花石物語』は作品名が示すように、「釜石」が「花石」になり、『遠野物語』が『花石物語』になったと考えられます。『花石物語』は「釜石」と『遠野物語』を二重にパロディーにしたと言えましょう。もちろん、釜石は母親を頼って暮らした土地であり、この作品の基礎には実体験があるはずです。

さらに今日お話ししようと思っているのは、花巻出身の宮沢賢治を題材に採った『イーハトーボの劇列車』です。これは同じ昭和五五年に出ています。そして、大作『吉里吉里人《きりきりじん》』が翌昭和五六年（一九八一）に出て、渋民《しぶたみ》出身の石川啄木に取材した戯曲『泣き虫なまいき石川啄木』が昭和六一年（一九八六）に出ています。遠野から始まって、釜石、花巻、吉里吉里、盛岡と、まさに岩手県を巡るように作品が生まれたのです。

なぜ故郷の山形県ではなく、岩手県だったのでしょうか。明治から昭和にかけて、井上ひさしが生まれる前に、先人たちの遺産が岩手県には豊かにありました。佐々木喜善や石川啄木・宮沢賢治のような、寄り添うべき人材が岩手県から輩出しています。井上ひさしの本領はパロディーにありますから、それらの遺産をばねにしながら作品を書いてゆくわけです。

井上ひさしは、自分は山形県で生まれた東北出身者だという意識が常にあり、その意味を生涯問い続けたと思います。岩手県を題材にした小説や戯曲を書いて、研究者ができなかった東北論を雄弁に書きます。それは突きつめて言えば、岩手県論と言ってもいい側面を持ちます。それが昭和五一年から昭和六一年という、最も脂の乗っている一〇年間に集中しています。

東京にいながら岩手県に身を置いて、中央である東京に対する強烈なメッセージを流します。『遠野物語』は地方が東京に収奪された作品だと考えていたそうです。小説や戯曲によって、収奪された地方の文化を回復し、自立する手立てを探ろうと考えたのでしょう。ただし、『新釈遠野物語』は地の文も会話文も共通語で書かれていて、まだ東北の言葉は発見されていません。ところが、『花石物語』になると、東北の言葉が俎上《そじょう》に載せられてきます。

主人公の小松夏夫は東京の大学に行きますが、吃音症《きつおんしょう》に悩んで、母親の暮らす花石市（釜石市がモデル）に来ます。そこで暮らすさまざまな人々と出会い、東北の言葉に接します。印象深いのは、烏賊裂《いかさ》きのおばさんたちが猥雑《わいざつ》な話をして笑い合っている場面です。夏夫はその話を聞いて、中身よりも語られる言葉そのものにうっとりとなり、「精神の按摩にかかっていた」と言っています。まさに言葉の力が吃音症を治してゆくのです。この作品はそういう物語として読むことができます（本書第2章参照）。

岩手大学の大野眞男《おおのまきお》先生は、震災後、三陸海岸の被災地の言葉を広く深く調査して、絆を作る地域の言葉を甦らせる昔話の語りの復活に尽力しています。地域の言葉である方言の継承が震災からの復興の支えになると考えているにちがいありません。建物ができれば復興したというのではなく、「精神の復興という一番難しい課題は地域の言葉が支えるのではないか」と思います。

振り返ってみますと、井上ひさしは饒舌《じょうぜつ》に宮沢賢治のことを語っています。母親が宮沢賢治のファンであり、学校で「雨ニモマケズ」を学びましたが、『朝日新聞』の広告を見て、生まれて初めて、小遣いを貯めたお金で単行本を買ったのが、中央公論社の「ともだち文庫」に入った『どんぐりと山猫』でした。初版は昭和一一年（一九三六）ですけれども、昭和二一年（一九四六）に再版が出ています。井上ひさしが買った単行本は、この『どんぐりと山猫』の再版でした。

中を見ますと、表題は『どんぐりと山猫』ですけれども、『注文の多い料理店』から五編、その中には入っていない「林の底」という一編が入っています。ですから、これは、新たに編集された『注文の多い料理店』だったと言っていいと思います。戦中から戦後にかけて、中央公論社が子供向けの文庫の中でこういう本を出していたのです。これが井上ひさしと宮沢賢治をつなぐ決定的な機会になったと思います。生まれて初めて自分で本を買って読んで、宮沢賢治の世界に魅《ひ》かれてゆくわけです。それ以来、ずっと宮沢賢治に狂ってきたと言っていますので、尋常ではありません。熱狂的な賢治ファンと言っていいでしょう。

2　扇田昭彦の指摘と「1　農民たちによる注文の多い序景」

演劇評論家の扇田《せんだ》昭彦《あきひこ》は、『イーハトーボの劇列車』の新潮文庫版の「解説」で、「だが、興味深いのは、井上氏の『イーハトーボの劇列車』が、長年にわたる熱い思いと深い敬愛から生じがちな一方的な賢治賛美にはおちいっていないことである。むしろ、この戯曲が際立つのは、賢治への心からの共感と、賢治の限界をみすえる批判的な姿勢とが、たがいに妥協することなく、鋭い緊張関係をたもちながら、一種痛快なかたちで共存していることだ」と指摘しました。その上で、この作品には三つのポイントがあるとします。

まず第一は、宮沢賢治の作品を読むだけではなく、とにかくその人生をよく調べたことです。賢治は九回東京に行っていますが、その中から転機になった四回を抜き出して構成したと言います。「劇列車」と呼んだように、花巻から東京へ行く車中が四回出てきて、さらに東京に着いてからの滞在が四回あります。その構成力を評価しました。

第二は、『銀河鉄道の夜』をはじめとする賢治の作品からの華麗な引用です。賢治の作品を読み込んだ上での鮮やかな引用によってパロディーの世界を創っています。見事だと感心するような引用になっています。

第三は、あの世へ行く長距離列車を待つ間に演じられた劇中劇が間に挟まれていることです。「1　農民たちによる注文の多い序景」に始まり、「10　思い残し切符」で終わりますが、その間の「2　大正七（一九一八）年十二月二十六日夜の上野行き上り急行二〇二列車は dah-dah-dah-dah-sko-dah-dah……」から「9　最後の滞京」までの八回が四回の上京と四回の滞京にあたります。四回というのは、大正七年（一九一八）、大正一〇年（一九二一）、大正一五年（一九二六）、昭和六年（一九三一）です。この部分が劇中劇になりますが、そのことはこれから述べましょう。賢治はそれから二年後の昭和八年に亡くなります。

冒頭の「1　農民たちによる注文の多い序景」を読んでみますと、いきなりパロディーです。「わたくしたちはホテルのりっぱな料理店へ行かないでも、きれいにすきとおった風をたべることができます。コカコーラの自動販売機なぞなくとも、桃いろのうつくしい朝の日光をのむことができます」と始まります。すぐわかるように、これは『注文の多い料理店』の「序」のパロディーです（本書第12章参照）。「氷砂糖をほしいくらいもたないでも」を「ホテルのりっぱな料理店へ行かないでも」と変え、さらに、「コカコーラの自動販売機なぞなくとも」を加えています。ホテルの立派な料理店に行き、コカコーラの自動販売機があるというのは、『イーハトーボの劇列車』が生まれた時代の豊かな都会生活でしょう。しかし、そんな豊かな都会生活がなくても、風を食べることができるし、日光を飲むことができるというのです。『注文の多い料理店』を使いながら、豊かな都会生活ができなくても、もっと豊かな自然の恵みを受けて生きる農民たちの主張を述べるのです。宮沢賢治を利用しながら、今の時代にそれを甦らせているのです。

そして、「これからのわたくしたちのおはなしは、みんな林や野原や鉄道線路やらで、虹や月あかりからもらってきたのです」と、また『注文の多い料理店』を引きますが、さらに、「それから筑摩書房発行の宮沢賢治全集全十四巻の中からもらってきたのです」と加えます。賢治は『注文の多い料理店』を「林や野原や鉄道線路やらで、虹や月あかりからもらってきた」としましたが、それだけでなく、『イーハトーボの劇列車』は筑摩書房発行の『宮沢賢治全集』からもらってきたとします。これは創作の種明かしでしょう。ここに引く『宮沢賢治全集』は『校本　宮沢賢治全集』のことで、全一四巻が出たのは昭和四八年（一九七三）から昭和五二年（一九七七）までです。フランス文学研究者が宮沢賢治の原稿を読み、その作品の生成過程を詳らかにした新たなテクストでした。それを利用して、三年後に作品にしたのです。宮沢賢治の作品に加えて、最新の宮沢賢治研究の成果を使って、『イーハトーボの劇列車』を書いたのです。

そして、「ほんとうにもう、どうしてもこんなことがあるようでしかたがないということを、村から、この世から旅立つ最後の仕事として、こうして劇に仕組んだまでです」とします。これも『注文の多い料理店』の「序」を引いたパロディーですが、村で暮らす農民たちが死んでゆく間に、農民たち自身が演じた劇中劇であるとしているのです。この場面は、農民たちがみんなで語るわけですけれども、それについてのナレーションは、「語り終えて農民たちは、冴《さ》え冴《ざ》えしていて何か笑っているようにさえみえる。なお、賢治の作品においては、死んですぐの者は常に「冴え冴えして何か笑って」（たとえば『なめとこ山の熊』『よだかの星』）いることになっている」と説明します。たしかに、「なめとこ山の熊」の淵沢《ふちざわ》小十郎《こじゅうろう》も、「よだかの星」のよだかもそうです。この死んでゆくときの冴え冴えとした笑いには、命とは何かという賢治作品の思想が強烈に出ているように思います。これは、全集を読み通した井上ひさしの重要な発見と言っていいでしょう。論文ではなく、こうしたところに宮沢賢治研究の成果がさりげなく、それでいて、したたかに述べられています。

3　車掌から渡される四回の「思い残し切符」

この作品が四回の上京と四回の滞京で構成されることは述べましたが、それぞれ列車に乗って東京に行きます。第一回の滞京は「3　三菱《みつびし》高級社員に対する、賢治の生れてはじめての演説」で、場所は妹のとし子が入院している永《えい》楽《らく》病院です。賢治がとし子や三菱社員の福地第一郎と妹の福地ケイ子と話をしていると、突然赤い帽子を被った背の高い車掌が現れます。現実の中に幻想が入り込むような感じですけれども、東京の病室に列車の世界が入り込んでくるのです。

車掌は、「いま、この永楽病院で、三十歳の主婦が腎結核で死にました。それから東京帝国大学医学部附属病院の本院で、二十八歳の詩人の卵が心臓性肝硬変症であの世へあっけなく旅立ちました。これはその二人からの「思い残し切符」です」と言って、賢治ととし子に白い小さな紙片を渡します。若くして病気で亡くなった人たちの「思い残し切符」です。その紙片には何も書かれていません。

そして、第二回の滞京は「5　六字の称名、七字の題目」です。場所は賢治が下宿した稲垣という家です。賢治が稲垣と父の政次郎と話していると、やはり赤い帽子を被った背の高い、例の車掌が現れます。車掌は、「昨四月一日、丹那《たんな》トンネルで崩壊事故が発生し、十六名の死者が出ました。そのうちのひとり、十八歳の若者からの、これは「思い残し切符」です」と言います。賢治は切符を手に立ち尽くします。

これは大正一〇年の滞京です。丹那トンネルは昭和九年（一九三四）に開通するまで何度か崩壊事故を起こしていますが、この一節は大正九年（一九二〇）四月一日の崩落事故を踏まえているのでしょう。犠牲者の中に一八歳の若者がいたにちがいありません。一年のずれはあっても、歴史に取材したところがあると見るべきでしょう。

第三回の滞京は「7　あなたは何者ですか」です。東京の下宿旅館で賢治が花巻警察署の伊藤儀一郎と話していると、対話を引き裂くように、襖《ふすま》が開いて車掌が顔を出し、「思い残し切符」を差し出します。車掌は、「一昨日、東京=横須賀間、および東京=国府津《こうづ》間の電化工事……が完成しましたが、完成間際に二十七歳の電気夫が誤って感電死しました。これはその電気夫からの「思い残し切符」です」と言います。この場合も若者が事故で亡くなっています。

そして、第四回の滞京は「9　最後の滞京」です。宮沢賢治の人生最後の東京滞在を指します。昭和六年九月二五日のことです。またしても、旅館で賢治が福地第一郎と話していると、車掌が入ってきます。第一郎は架空の人物かと思いますが、関東軍の石原莞爾《いしわらかんじ》と組んで一大ユートピアを作るために満州国政府の実業部局長になると約束をされたことが見えます。石原莞爾は山形県出身の軍人で、満州国建国は昭和七年（一九三二）三月のことです。ここも歴史に取材しています。

車掌は、「福地ケイ子さんの意識がまだ回復していません。この「思い残し切符」を兄さんの第一郎さんにお預けします。これは、長野の紡績工場で肺結核で亡くなった十九歳の娘からの「思い残し切符」です」と言います。第一回の滞京のとき、永楽病院で妹のとし子と一緒に入院していたのが、同じ大学を先に卒業していた第一郎の妹の福地ケイ子でした。この人の意識が回復していなかったのです。

この場合は、紡績工場で働く一九歳の女性が肺結核で病死したというのですから、まさに細井和喜蔵の『女工哀史』（一九二五年）のような世界です。車掌は、その娘の「思い残し切符」を、兄の第一郎から、意識不明のケイ子さんに渡してほしいと頼むのです。ケイ子がその場所にいないので、ケイ子あての「思い残し切符」は第一郎に託されることになります。
病死にしろ事故死にしろ、みな若くして亡くなっていて、そういう死者たちの「思い残し切符」を車掌が渡してゆくわけです。この切符は、もちろん、『銀河鉄道の夜』の「ジョバンニの切符」を念頭に置いているはずです。井上ひさしは、死者たちが車掌に見せる「切符」は「思い残し切符」だと読み取ったのだと思います。

4 「思い残し切符」を渡されなかった宮沢賢治

実は、車掌の言葉には続きがあって、「(ちらと賢治を見て)……あなたにはありません」と言います。これまで三回、賢治は「思い残し切符」を渡されてきましたが、この時は賢治に渡す「思い残し切符」はなかったのです。それに対して賢治は、「(かすかに笑って)わがってる」と答えます。

先ほど冴え冴えとした笑いに触れましたが、この笑いはやはり重要です。賢治作品では、淵沢小十郎にしてもよだかにしても、微笑んで亡くなる。この微笑は死の予感であることがわかります。賢治が「わがってる」と言ったのは、死に対する自己認識です。二年後の昭和八年九月に宮沢賢治は亡くなるわけですから、「思い残し切符」は渡されなかったのです。

車掌はさらに、「(第一郎を見て)こちらにもありません」と言います。第一郎にも「思い残し切符」は渡されなかったのです。この人のその後の人生は作品の外になっていて、わかりませんけれども、このあと満州国建国に関わったはずですが、あまり経たないうちに亡くなったはずです。一方、「思い残し切符」を渡されたケイ子は、意識が回復して生き残ったと想像されます。

第一郎は賢治に、「なんだい、これは?」と尋ねます。それに対して賢治は、「だから「思い残し切符」ですよ。おれも三回ばかり貰《もら》いました。……はじめのうちは何のことだかちっともわからなかった。そこで散々考えた末、このごろようやくこの切符の意味がわかりかけてきました。たとえば思いがけない事故で電気工事夫が死ぬでしょう。彼はとっさに「いま死んだら、小学一年生の末の娘はどうなるのだ。ああ、あの娘《こ》のことを考えると死ぬに死にきれない」と考え、思いを残す。その思いが切符となって、生きている人間に伝えられる」と説明します。

この電気工事夫は、第三回の滞京で現れた車掌の話に見えた、二七歳で感電死した電気夫のことです。車掌は話しませんでしたが、賢治は切符を渡されて、その「思い残し」は、「いま死んだら、小学一年生の末の娘はどうなるのだ。ああ、あの娘《こ》のことを考えると死ぬに死にきれない」という思いだったにちがいないと想像しました。「生きている人間に伝えられる」「思い残し切符」は、若くして死んだ人の無念の思いだと理解したのです。

ところが、第一郎はその説明に対して、「しかし何も印刷されちゃいないぜ。受け取った方は何のことかわからない」と不審と疑問を表明します。その切符は白紙で、何も印刷されていないのです。合理的に考えれば、第一郎の言い分はよくわかります。それに対して賢治は、「不幸のうちに死んだ人たちの心の中の様子をようく考えれば、見当はつくんじゃないかなあ。この切符の贈り主は死際にたぶんこう考えたんじゃないかな。「ああ、一日でいいから金持の娘に生れてみたい。そしたらおいしいものを一食だけたべて、きれいな着物を一着だけ買って、それから両親に千円仕送りして、残ったお金でこの工場のそばに病院をたてるわ」なんてね」と説明します。

「この切符」というのは、先ほどの紡績工場で肺結核で亡くなった一九歳の娘の「思い残し切符」です。「思い残し」の内容は、金持ちの娘に生まれて、おいしいものを食べ、綺麗な着物を買い、両親に千円仕送りし、病院を建てるというところまで広がります。賢治は、白紙を埋めるのは受け取った人の想像力だと言っているのです。

しかし、第一郎は、「(賢治の額に手を当てて)熱はないいな」と言って、信用しません。賢治はさらに、「その切符についてたったひとつ、たしかにわかっていることがある。それはね、第一郎さん。切符を受け取った人間は、すくなくとも三年か四年は、決して死ぬことはないってことです。早くケイ子さんの手に握らせてあげなさい。請け合ってもいい。ケイ子さんは必ず意識を回復します。元気になります。信じてください！」と説得します。

賢治はそれまでの経緯を踏まえて、まだ十分にわかっていないけれども、「思い残し切符」を受け取れば、三年から四年は生きられると確信したのです。逆に言えば、宮沢賢治は、三回の切符を受け取ることによってここまで命をつないできたことになります。車掌に「あなたにはありません」と言われて、「わがってる」と答えたのは、死と向き合う覚悟をして、自分の寿命が三、四年はないことを自覚していることを意味するわけです。

伝記上、宮沢賢治は、二年後に三七歳で亡くなるわけです。賢治の人生を正確に計算し、「思い残し切符」を受け取って生きながらえてきたけれども、最後は「思い残し切符」を渡されなかったので、それ以上生きられなかったということになります。『銀河鉄道の夜』のパロディーと言いながらも、周到な構成によって、新たな思想を表現したことがわかります。

5 「10 思い残し切符」と観客を巻き込む作劇法

この『イーハトーボの劇列車』の最後は、「10 思い残し切符」です。「1 農民たちによる注文の多い序景」では農民が『注文の多い料理店』のパロディーで登場して、そのあと四回の上京と四回の滞京があって、最後に再び「10 思い残し切符」で農民たちが出てきます。つまり、「2 大正七（一九一八）年十二月二十六日夜の上野行き上り急行二〇二列車は dah-dah-dah-dah-dah-sko-dah-dah……」から「9 最後の滞京」まで、劇中劇になっているのです。

農民たちが、「生の世界から死の世界へ住所を移す短い時間を利用して、みなさんにお見せした劇はこれでおしまいです」と言うのは、2から9の生の世界から、「10　思い残し切符」の死の世界へ移ってゆくことを意味します。この「みなさん」は劇場の観客を指します。

旅行の荷物を持った農民たちが何人も舞台に登場してきますが、列車の名前はグスコーブドリ号という長距離列車です。これは「グスコーブドリの伝記」からの引用で、列車に乗っている女車掌は妹のネリになっています。

最初に出て来るのは、農薬を飲んで亡くなった三人の女たちです。その次に出て来るのは、灰皿をひっくり返して焼け死んだ三人の男たちです。そして、最後に宮沢賢治が出て来ます。「思い残し切符」を貰えず、死んで農民になって出て来て、女車掌のネリと対話します。

賢治に扮した農民　肺炎をこじらせてしまって。

女車掌　あんまり無理をしたからでしょ。思い残すことは？

賢治に扮した農民　ひろばがあればなあ。どこの村にもひろばがあればなあ。村の人びとが祭をしたり、談合をぶったり、神楽《かぐら》や鹿踊《しかおどり》をたのしんだり、とにかく村の中心になるひろばがあればどんなにいいかしれやしない。

女車掌　ずっと先《せん》にも同じことを思い残して行った人がいたわ。あなたの思いをまたきっとだれかが引きつぐんじゃないかしら。

賢治に扮した農民　しかし日本では永久に無理かな。

女車掌　でもないでしょ。どんな村もそれぞれが世界の中心になればいいのだわ。そして農民がトキーオやセンダードやモリーオの方を向かなくなる日がくれば、自然に、村の中心にひろばができるわ。だって農民は村をみつめるしかなくなるもの。

賢治に扮した農民　なるほどね。これからは百姓も頭がよくならなければだめだな。

賢治に扮した農民の「思い残し」は、村の中心になる広場が生まれれば、そこで村の人々が祭りや談合をしたり、神楽や鹿踊りを楽しめるようになると言うのです。宮沢賢治における広場の思想がはっきりと提示されています。しかし、「日本では永久に無理かな」と嘆くように、広場は西洋で生み出されましたが、日本にはまだ存在していない空間でした。

確かに、西洋と違って、日本は広場を発達させなかった社会でしょう。都市は城下町ならば居城、門前町ならば寺社を中心に発達しましたが、道路が交差する中心に形成されるような広場をついに持ちませんでした。しかし、賢治は広場があれば、祭礼や政治・芸能が展開できると考えたのです。しかし、「日本では永久に無理かな」と悲観的です。

それに対して女車掌のネリは、「どんな村もそれぞれが世界の中心になればいい」と提案します。そうすれば、農民はトキーオ（東京）やセンダード（仙台）やモリーオ（盛岡）の方を向かなくなる日が来ると考えます。都市に村の人々の関心が向かって、村が忘れ去られていると認識していたのです。しかし、農民が村をみつめれば、それぞれの村が世界の中心になり、その結果、「村の中心にひろばができる」と考えます。賢治はそれを受けて、そのためには「百姓も頭がよくならなければだめだ」とまとめます。

そして、女車掌のネリは両手にいっぱいになった「思い残し切符」を赤い帽子の車掌に渡します。そして最後に、「赤い帽子の車掌は舞台前面まで進み出ると、万感の思いをこめて、「思い出し切符」を**観客席めがけて、力一杯、撒**《ま》

く」のです。もちろん、劇場では、たくさんの白い切符を舞台から観客席に撒くわけです。高橋敏夫は、この「思い残し切符」は「希望の切符」であると読み取っています。たくさんの「思い残し切符」というのは、死者たちから託された希望を意味します。

車掌は舞台の外に向かって「思い残し切符」を撒き、死者たちの残したを希望を観客に渡すわけです。井上ひさしは観客までもこの劇の中に巻き込んでゆくわけです。ということは、劇場であれば観客ですが、書物になれば読者にも「思い残し切符」を渡すことになります。観客は劇の中の出来事と無関係ではいられず、読者は読書空間に閉じ籠もることはできず、当事者にならなければならなくなります。井上ひさしの大胆な作劇法が見えてくるように思います。

6　東日本大震災の死者たちの「思い残し切符」

震災から六年目を迎えて、復興の渦中にあるこの時期に、井上ひさしを通して宮沢賢治を再評価しようと考えた私の意図は、露骨なほど明らかではないかと思います。今、被災地が忘れられてゆくということが言われますが、私たちは、一八〇〇〇人、関連死を含めれば二〇〇〇〇人の人たちが亡くなった東日本大震災の死者たちの「思い残し切符」を渡されて生きていると考えなければならないことになります。

冒頭で申し上げましたように、井上ひさしは震災の一年前に亡くなりましたので、この惨状を見ることはありませんでした。でも、震災から復興を考えるときに、井上ひさしの遺産はとても重要であることがわかります。そして、井上ひさしを通して宮沢賢治を読み直すことによって、直面している課題に向き合う手立てを明確にすることができるようにも思います。

私がここへ出てきたのは、今日はおいでくださった方々に、井上ひさしになりかわって、そして、赤い帽子を被った車掌になりかわって、東日本大震災の死者たちの「思い残し切符」を渡したいと考えているからです。追悼や供養も大事ですけれども、私たちはその「思い残し切符」を受け止めて、白紙に言葉を与えなければなりません。

今日いらっしゃっている方々の中には、ご家族やご親戚を亡くされた方々もいらっしゃると思います。そうでなくても、他人事とはせずに当事者意識を持つためには、亡くなった方々の無念な思いを想像する力が必要です。災害大国の日本では、誰もが被害者になる可能性を持っています。震災を風化させないためにも、今一度立ち止まって当事者意識を養うことは、どんな防災訓練にも増して重要なことではないかと思います。

東日本大震災の教訓から、私自身が暮らす東京を見つめ直してみたいと考えています。今日は日帰りで東京に戻って、明後日の三月二〇日は、東京の文京区で関東大震災の話をします（本書第5章参照）。それは東日本大震災を他人事にしないためでもあります。やがて東京にも首都直下型に近い地震が来るでしょう。そのときに、東日本大震災に対する当事者意識を持っている人だけがしっかり向き合えるのではないかと思います。風化どころか、東京の人々こそ、東日本大震災から学ばなければいけないことがたくさんあるはずです。

そして、三月二五日には、宮城県亘理《わたり》郡山元町に講演に行きます（本書第3章参照）。山元町は六五パーセントが浸水して、多くの方が亡くなっています。今はリンゴやイチゴが作られて、町が復興していますけれども、その様子に立ち会いながら、復興の渦中にいる方々と民話の力、言葉の力を考えたいと思っています。ですから、文京区の本郷でも山元町でも、今日の岩手大学の話をして、伝書鳩のようにあっちへ行ったりこっちへ行ったりして、ばらばらになっている地域を結びたいと考えています。

（二〇一七年三月一八日、岩手大学で開催された「賢治と語り合う二十一世紀の地域創生〜盛岡フォーラム〜」にて講演）

参考文献
・石井正己・岡村民夫・山本昭彦「フォーラム　賢治と語り合う二十一世紀の地域創生」岩手大学宮澤賢治センター編『賢治学』第四輯、東海大学出版部、二〇一七年
・石井正己「地域の言葉で語ること」『昔話の読み方伝え方を考える』三弥井書店、二〇一七年
・石井正己編『復興を支える民話の力』東京学芸大学、二〇一七年
・井上ひさし著『新釈遠野物語』新潮文庫、一九八〇年（初版は一九七六年）
・井上ひさし著『花石物語』文春文庫、一九八三年（初版は一九八〇年）
・井上ひさし著『イーハトーボの劇列車』新潮文庫、一九八八年（初版は一九八〇年）
・井上ひさし著『吉里吉里人』新潮社、一九八一年
・井上ひさし著『泣き虫なまいき石川啄木』新潮社、一九八六年
・井上ひさし著『本の運命』文芸春秋、一九九七年
・井上ひさし・こまつ座編著『宮沢賢治に聞く』文春文庫、二〇〇二年（初版は一九九五年）
・高橋敏夫著『井上ひさし　希望としての笑い』角川ＳＳＣ新書、二〇一〇年

付記
鵜飼哲は『まつろわぬ者たちの祭り―日本型祝賀資本主義批判―』（インパクト出版、二〇二〇年）で、山口素明の「グスコーブドリのいないイーハトーブはない」を引いて、「この二重否定のタイトルには、この童話にはらまれたある種の供犠の思想と科学信仰に対する批判的意思が表現されているという風に私は読みました」とあることを指摘しておきます。

初出一覧

適宜改題を施し、質疑に対する応答は付記に残しましたが、挨拶や経緯は割愛しました。初出は以下のとおりです。

1原発事故と昔話……第4節から後は、東京学芸大学編『東日本大震災と東京学芸大学』東京学芸大学出版会、二〇一三年三月。

2地域の言葉で語ること……研究代表者石井正己『平成二六年度特別開発研究プロジェクト報告書　命を見つめて生きる力を育む国語科の授業に関する総合的研究』東京学芸大学、二〇一五年三月。石井正己『昔話の読み方伝え方を考える』三弥井書店、二〇一七年に再録。

3復興を支える民話の力……石井正己編『復興を支える民話の力』東京学芸大学、二〇一七年一〇月。石井正己・やまもと民話の会編『復興と民話』三弥井書店、二〇一九年三月に再録。

4関東大震災の本郷……『東京学芸大学紀要　人文社会科学系Ⅰ』第六八集、二〇一七年一月。

5関東大震災の本所……石井正己編『関東大震災と本所区』東京学芸大学石井正己研究室、二〇一八年三月。研究代表者石井正己『令和元年度広域科学教科教育学研究経費成果報告書　北海道・東北および沖縄・九州を視野に入れた歴史認識の構築と教材開発に関する戦略的研究』東京学芸大学、二〇一九年三月。

6小学一年生が書いた関東大震災……研究代表者石井正己『平成三〇年度特別開発研究プロジェクト報告書　言葉を通して生きる力を育む国語科の授業に関する総合的研究』東京学芸大学、二〇一九年二月。

7エリートたちの関東大震災……研究代表者石井正己『令和元年度広域科学教科教育学研究経費成果報告書　北海

道・東北および沖縄・九州を視野に入れた歴史認識の構築と教材開発に関する戦略的研究』東京学芸大学、二〇一九年三月。

8釜石を歩いた柳田国男と佐々木喜善……研究代表者石井正己『平成二九年度広域科学教科教育学研究経費報告書　国際化時代を視野に入れた歴史・文化・教育に関する戦略的研究』東京学芸大学、二〇一八年三月。

9残された教訓を未来へつなぐ……研究代表者石井正己『平成三〇年度特別開発研究プロジェクト報告書　言葉を通して生きる力を育む国語科の授業に関する総合的研究』東京学芸大学、二〇一九年二月。

10明治三陸大津波と釜石……研究代表者石井正己『令和元年度広域科学教科教育学研究経費成果報告書　北海道・東北および沖縄・九州を視野に入れた歴史認識の構築と教材開発に関する戦略的研究』東京学芸大学、二〇一九年三月。

11河童や幽霊は今もいるか?……研究代表者石井正己『平成二七年度特別開発研究プロジェクト報告書　命を見つめて生きる力を育む国語科の授業に関する総合的研究』東京学芸大学、二〇一六年二月。

12宮沢賢治を食う!……研究代表者石井正己『令和元年度広域科学教科教育学研究経費成果報告書　北海道・東北および沖縄・九州を視野に入れた歴史認識の構築と教材開発に関する戦略的研究』東京学芸大学、二〇一九年三月。

13渡された「思い残し切符」……岩手大学宮澤賢治センター編『賢治学』第五輯、東海大学出版部、二〇一八年七月。

著者紹介

石井正己（ISHII MASAMI）

1958年、東京生まれ。東京学芸大学教授、一橋大学大学院連携教授、柳田國男・松岡家記念館顧問、韓国比較民俗学会顧問。日本文学・民俗学専攻。
単著に『100分de名著ブックス　柳田国男　遠野物語』（NHK出版）、『ビジュアル版　日本の昔話百科』（河出書房新社）、『昔話の読み方伝え方を考える』（三弥井書店）、『図説百人一首（新装版）』（河出書房新社）、『図説遠野物語の世界（新装版）』（河出書房新社）、『菅江真澄と内田武志』（勉誠出版）、『現代に共鳴する昔話』（三弥井書店）、『旅する菅江真澄』（三弥井書店）、『柳田國男と福崎』（福崎町教育委員会）、『感染症文学論序説』（河出書房新社）、編著に『博物館という装置』（勉誠出版）、『国境を越える民俗学』（三弥井書店）、『昔話を語り継ぎたい人に』（三弥井書店）、『現代に生きる妖怪たち』（三弥井書店）、『文学研究の窓をあける』（笠間書院）、『外国人の発見した日本』（勉誠出版）、『菅江真澄が見た日本』（三弥井書店）、『世界の教科書に見る昔話』（三弥井書店）、『全訳古語辞典　第五版』（旺文社）、『復興と民話』（三弥井書店）、『国語教科書の定番教材を検討する！』（三弥井書店）、『沖縄文化論集』（KADOKAWA）、『管江真澄　図絵の旅』（KADOKAWA）、外国で出版された単著に『日本民譚の研究と教育』（韓国・民俗苑、韓国語）、『帝国日本が刊行した説話集と教科書』（韓国・民俗苑、韓国語）がある。

震災を語り継ぐ　関東大震災の記録と東日本大震災の記憶

令和5（2023）年3月31日　初版発行

定価はカバーに表示してあります。

©著　者　石井正己
発行者　吉田敬弥
発行所　株式会社 三弥井書店
〒108-0073 東京都港区三田3－2－39
電話03-3452-8069
振替00190-8-21125

ISBN978-4-8382-3404-2　C0039　製版・印刷　亜細亜印刷